生活因阅读而精彩

生活因阅读而精彩

醍醐灌顶 书系

爱，是一场被爱的开始

纸墨飞花 ⊙编著

中国华侨出版社

图书在版编目(CIP)数据

爱,是一切被爱的开始 /纸墨飞花编著.—北京:
中国华侨出版社,2012.7

ISBN 978-7-5113-2593-8

Ⅰ.①爱… Ⅱ.①纸… Ⅲ.①爱的教育-通俗读物
Ⅳ.①G40-02

中国版本图书馆 CIP 数据核字(2012)第 154185 号

爱,是一切被爱的开始

编　著 / 纸墨飞花

责任编辑 / 文　心

责任校对 / 高晓华

经　销 / 新华书店

开　本 / 787×1092 毫米　1/16 开　印张/17　字数/238 千字

印　刷 / 北京建泰印刷有限公司

版　次 / 2012 年 8 月第 1 版　2012 年 8 月第 1 次印刷

书　号 / ISBN 978-7-5113-2593-8

定　价 / 29.80 元

中国华侨出版社　北京市朝阳区静安里 26 号通成达大厦 3 层　邮编:100028

法律顾问:陈鹰律师事务所

编辑部:(010)64443056　　64443979

发行部:(010)64443051　　传真:(010)64439708

网址:www.oveaschin.com

E-mail:oveaschin@sina.com

前　言

爱是世界上最伟大的情感，最伟大的力量，是一切问题的答案。

如果一个人的心中没有爱，他看到的世界就是苍凉而悲切的，他的生活会十分空虚，恐惧的阴影也会随时追随着他。一旦人的心中有了这种叫做"爱"的特别的情感，并能体会到它的深度、喜悦和魅力，他就会发现，世界其实很美丽、很迷人。生命中有了爱，人就会变得精神焕发、谦恭有礼、富有生机，新的希望会油然而生，仿佛有千百件事情正等着我们去完成。如果一个人能够更多的考虑和关爱他人，尤其是陌生人时，他对于自我的认同就会更高。当一个人能够舍弃个人的爱恨，站在更高的立场上看待问题时，就会产生一种我们所说的"大爱"的感觉，其自我慨念也就更完善。

对于一个人来说，小爱容易大爱难，小爱可以是出于一种本能，而大爱，则是一种升华。它要求我们超越自身去爱，所以首先要学会爱。我们正是站在这个角度上，编写了这本书。

本书上篇的主旨是"大爱"，它会帮你打开狭隘的思维，让你明白，爱不是只关乎自己的事，爱不是只关乎亲情、友情和爱情的事。有时，我们总说感觉不到爱，感叹人心冷漠，埋怨老板苛责，抱怨工作不顺心……但你可曾想过，

1

自己是否用一颗充满爱的心在对待身边的这一切人和事呢?真正的爱,不是自私的索取,而是无私的奉献;不是贪婪的占有,而是无怨无悔的付出;不是只关爱自己和家人,而是对每一个生命的敬畏。

本书下篇的主旨是"去爱",它会告诉你带着爱去生活的益处。这个世界从不缺少美,只是缺少发现美的眼睛;我们的生活也从不曾缺少爱,只是缺少体悟爱的心。得到爱的唯一途径,不是去占有、去索取、去争抢,而是从心出发,勇敢地付出爱。你爱,创意就会在喜悦感动中爆发;你爱,冷漠的人心会渐渐被焐热;你爱,工作会让你变得斗志昂扬;你爱,管理就不是一条条冰冷的制度;你爱,家人永远都会为你留一盏充满关爱的灯;你爱,执子之手与子偕老就会变成现实。只要你敢于去爱,就会收获到意想不到的幸福。

从现在起,重新认识爱、学会爱,付出爱吧!因为,爱是一切被爱的开始!

目 录

上篇　爱,是生命的火焰

> 爱是人性中最耀眼的光芒,是生命的火焰,没有它,一切都会变得暗淡。爱是深谷里最久远的清泉,它如同清新的溪流潺潺流下,浇熄愤怒的指责,唤醒远去的灵魂。真正的爱,是一种勇敢的担当、一种信任、一种感恩、一种真诚、一种尊重,一种奉献,一种鼓励,一种心灵的交融和一种不计个人得失的包容。它会让你感受到幸福快乐,让你永远充满积极向上的力量。

第1章　爱是一种责任

当爱在心里扎根,就成了永恒的使命

责任胜于能力,责任激发潜能,责任体现忠诚。所谓的责任"就是对自己要去做的事情有一种爱"。一个心中有爱的人,首先就是要对自己负责,因为只有对自己负责,才能对他人负责,才能有能力去爱他人;其次,就要勇于对他人,对社会承担自己的责任,不为自己寻找任何借口,在爱与责任中不断成长,逐渐走向成熟,化责任为永恒的使命。

1

第2章 爱是一种信任

若人心没有猜疑，爱的力量会超越恐惧

信任是理解，是赏识，是期望，是鼓励，是启发；也是一种尊重，一种智慧，一种艺术。当你给他人一个希望，他将还你一个成功；当你给他人一份期待，他将还你一个奇迹；当你给他人一份信任，他将还你一个惊喜。由此看来，信任是多么伟大的一种爱，所以，对待他人，要多一点尊重，多一点理解，多一点信任，少一点埋怨，少一点挖苦。这时，你就会发现，若人心没有猜疑，爱的力量会超越恐惧，创造奇迹。

第3章 爱是一种包容

海纳百川的博爱，温暖了世间万物

面对这个生活步伐越来越快，压力越来越大，困扰越来越多的社会，我们需要包容来为自己缓解压力，需要包容来润滑人际关系，也需要包容来度己修身。一个真正能够做到恢宏大度、胸无芥蒂、肚大能容、海纳百川的人，内心便有了一束不灭的阳光，永远晴空万里。而这必须靠爱来完成，因为爱是一种包容，当你拥有了一颗包容一切的心，世界万物便都在你海纳百川的博爱中，变得温暖、可爱起来。

第4章 **爱是一种真诚**

放下自己让别人快乐,爱才真正活出来

真诚,是一种美德、一种原则、一种能力,是衡量一个人人格魅力的最佳方式……一个人不管成功与否,最重要的就是要具备真诚的品质。因为只有真诚才能让别人信赖;只有真诚,才能让人打开心扉,与你并肩携手,合作共享;也只有真诚,才能使一个人的行为和信仰一致。如果所有的人都缺乏真诚,彼此戴着面具,相互交流时互打太极,那么社会就会因为人与人之间缺少真诚的沟通而崩溃。

第5章 **爱是一种尊重**

敬畏每一个生命,尊重每一个敬畏生命的人

爱是一种尊重,一种对生命的敬畏,包含着对自我、他人的尊重以及对每一种生命的敬畏。我们敬畏每一个生命,也尊重每一个敬畏生命的人。因为我们知道,只有尊重别人的人,敬畏生命的人,才有权受人尊敬,也才能受到别人的尊重。

所以,我们每一个人都应该用一颗宽容豁达、尊重理解的心去待人或看待世界。另外,尊重别人,会让你有一颗谦卑的心,因为在怀有一颗尊重的心态之前,你首先是包容的、理解的。

第6章 爱是一种鼓励

冲破万难的不是勇气,是爱的鼓励

爱的表达多种多样,鼓励是人皆有之、人皆爱之的表达爱的方式之一。一旦缺少了鼓励,人就会像缺少食物一样感到饥饿,就会因为自暴自弃而自毁前程。

相反,当我们身处逆境难于自拔,绝望无助时,一句恳切的鼓励之言,一句真诚的赞美,就会让我们重新振作起来,勇往直前。所以说,冲破万难的不是勇气,而是爱的鼓励。因此,在珍惜别人对你的鼓励时,也不要吝惜自己对别人的鼓励、欣赏和赞美。

第7章 爱是一种奉献

得到爱的唯一途径,就是付出爱

奉献是什么?奉献是李商隐"春蚕到死丝方尽,蜡炬成灰泪始干"的坚贞不渝;奉献是龚自珍"落红不是无情物,化作春泥更护花"的人生态度;奉献就是文天祥"人生自古谁无死,留取丹心照汗青"的英雄气概;奉献就是范仲淹"先天下之忧而忧,后天下之乐而乐"的政治抱负。而今,奉献就是你我献出一份爱,共建美好明天的和谐举动。

第8章 爱是一种感恩

用爱的眼睛看世界,爱无处不在

爱是一种感恩,感恩则是一种生命态度,一种看待世界的方式。只有你拥有了一颗感恩之心,你才会用爱的眼睛看世界,而心中有了爱,爱便无处不在,所以,你对了,世界自然就对了。重要的是你用什么样的眼睛去看待世界。一切皆取决于你看待世界的方式。

下篇　爱，是被爱的开始

当你知道了爱是什么之后，理所当然地就想尝试着主动去爱。可是，我们究竟应该去爱什么，又有谁需要我们的爱呢？这就是我们在下篇需要解决的问题。其实，世间的一切都需要你的爱，只要你敢于去爱，就会收获到意想不到的幸福。因为爱，是一切被爱的开始。

第9章　你爱，人心不冷漠

温暖的人间渴望爱心的传递

爱是可以传递的，温暖的人间渴望爱心的传递，当我们把爱传递给别人时，我们在精神上便获得了安慰。尤其当别人对我们的爱予以回报时，那更是一种幸福。

所以，生活于尘世之中，我们要去爱别人，把自己的爱心传递出去，才能更好地被人所爱。

第 10 章 ## 你爱,创意不休眠

灵感总会在喜悦感动中迸发

著名雕塑家罗丹说:世界并不缺少美,缺少的是发现美的眼睛。从某种角度来说,美就是灵感的源泉,它源自对生活的爱,每一个艺术家的创造力无不来源于此,正因为他们热爱生活、热爱生命,所以他们总是善于观察生活的一点一滴,能够被一瞬间发现或者感受到的美所感动,从而让灵感一触即发。

生活需要爱,没有爱,生活将变得索然寡味,了无生趣。只有抱着对生活的热爱去欣赏生活,才能发现存在的美,感受有所发现的美,创造有所感受的美。唯其如此,才能永远保持旺盛的创造力和生命力。

第 11 章 ## 你爱,激情不冷却

带着爱去工作会让热情延续

热情是什么呢? 热情就是音乐家痴迷地演奏出一串串美妙的音符;热情就是科学家在实验室里一次次失败后重新来过的执著;热情就是“粉丝”追着自己喜爱的明星的疯狂呐喊;热情就是球迷在赛场上为自己的偶像拼命加油。这就是说,只有干自己喜欢的事情,从事自己喜欢的工作,爱自己所做的工作,才能保持热情高涨,并让这种热情不断延续,永不冷却,有了这种对工作的热情,还有什么困难不能克服的呢?

第12章 你爱,管理不呆板

人性的关爱比任何制度都贴心

　　管理即管人,本质还是对人的管理,平庸的管理者只会坐在那里颐指气使、发号施令,惹得员工都讨厌他,避之唯恐不及,工作上消极怠工、怨气冲天,而杰出的管理者总能用真诚打动员工的心,让员工爱上他的工作,自动自发地地去工作,以努力工作来回报公司。

　　评定一个人是不是一个优秀的管理者,关键在于他能不能得人心,因为任何管理是以“人心”为本的,正所谓“得人心者得天下”。所以,最重要的还是人性的关爱,而不是冰冷的规章制度。

第13章 你爱,客户不拒绝

真诚和微笑拉近心的距离

营销活动中,难免会碰到各种各样的客户,在面对这些不同的客户时,我们该如何和客户进行有效的沟通,卖出我们的产品,并让客户感到满意呢?真诚、诚恳、耐心、热情、担当负责的服务精神自然是必不可少的。以礼待人、以诚相待,耐心负责地对待客户,不仅是企业服务精神的要求,也是企业责任与社会道德的约束。从根本上讲,这也是保证企业发展、实现企业利益的必要保障。当然,更是我们能够取得成功的关键所在。

第14章 **你爱,亲情不褪色**

································· 爱的砖瓦支撑起完整的大家

敢问亲情是什么?是母爱的无私,还是父爱的含蓄?或者……是一句关切的叮嘱,是大雨中一把小伞撑起的一方晴空。也许它只是那首耳熟能详的《常回家看看》。但,无论亲情是浓是淡,它一定每时每刻都伴随在你身边,把你的生活染得绚丽多彩。

然而,岁月是无情的,不要等到失去了再来哀叹"子欲养而亲不在"。从现在开始,把家放在心上,把爱付诸行动吧!多抽出点时间陪陪父母,多关爱一下兄弟姐妹,多给孩子一点鼓励。只要你爱,亲情便不会褪色;只要你爱,便能时刻感受幸福。

第15章 你爱，友情不背叛

唯有真心才能换来不离不弃

试问友情是什么?是钟子期与俞伯牙的高山流水,断琴祭友?是马克思、恩格斯几十年的风雨同舟?还是……见面后一声久违的问候,患难中的一只温暖的手,或是同病相怜时一个会心的微笑。但无论友情有多伟大,或是多普通,它一定是重要的。生活需要它!

对待朋友,相识就是一种缘分,不管这份情谊能走多远,且珍惜当今有缘!生命是一种缘,友情也是,你刻意追求的东西或许终生得不到,而你不曾期待的灿烂反而会在你的淡泊从容中不期而至。还是那句话,重要的是爱,是对朋友的真诚相待。唯其如此,才能换来朋友的不离不弃。

第16章 你爱，爱情不走样

风花雪月的浪漫不如平淡流年的相守

真正的爱情,不只是风花雪月的浪漫,更是经得起平淡流年的相依相守。再长的爱情,也长不过生活,唯有把一份爱真真切切地溶解在生活中,才能够让爱情的火花永不熄灭。在漫长而平淡的婚姻岁月里,多给爱人一点空间、一点宽容,彼此的关系会更融洽、更亲密;多看看对方的优点,少一点苛责与埋怨,婚姻就不会变成一根刺,伤了爱人的心。幸福的婚姻需要爱,更需要用心经营,唯有真正地懂得爱、学会爱,才能够让平淡的每一天变得闪闪发光。

上篇
爱，是生命的火焰

　　爱是人性中最耀眼的光芒，是生命的火焰，没有它，一切都会变得暗淡。爱是深谷里最久远的清泉，它如同清新的溪流潺潺流下，浇熄愤怒的指责，唤醒远去的灵魂。真正的爱，是一种勇敢的担当、一种信任、一种感恩、一种真诚、一种尊重，一种奉献，一种鼓励，一种心灵的交融和一种不计个人得失的包容。它会让你感受到幸福快乐，让你永远充满积极向上的力量。

第 *1* 章

爱是一种责任

当爱在心里扎根,就成了永恒的使命

> 责任胜于能力,责任激发潜能,责任体现忠诚。所谓的责任"就是对自己要去做的事情有一种爱"。一个心中有爱的人,首先就是要对自己负责,因为只有对自己负责,才能对他人负责,才能有能力去爱他人;其次,就要勇于对他人,对社会承担自己的责任,不为自己寻找任何借口,在爱与责任中不断成长,逐渐走向成熟,化责任为永恒的使命。

只有对自己负责才有能力去爱他人

每个人都有责任让自己过上更好的日子,都有责任让自己爱的人过上更好的日子,让整个社会都充满爱和喜乐。而做到这一切的前提条件,就是对自己负责。

毫无疑问,我是一切的根源,没有我,就没有了一切,如果你爱你的家人,爱你的妻子(丈夫)和孩子,首先就要让自己好好地活着,因为"我"是一切的根源。只有对自己负责才能对他人负责,只有对自己负责才有能力去爱他人。

其实,每个人本身都至少值一千万的资产,当然,这一千万的资产并不仅仅是用钱来衡量的。我们用"1"代表自己，不同的"1"后面的"0"所代表的可能会有所不同。比如，"1"后面第一个"0"代表的是我们的妻子或丈夫，第二个"0"代表的是我们的父亲和母亲，第三个"0"代表的是我们的孩子，第四个"0"代表的是我们的房子，第五个"0"代表的是我们的车子，第六个"0"代表的是我们的金子，第七个"0"代表的是我们的票子，等等。如果把"1"去掉了，后面再多的"0"也没有任何意义了，因为总数还是"0"。

据某报纸报道，温州有一个富翁，拥有 30 多亿的资产，有一位年轻美丽的妻子和一个可爱的孩子。可惜，这个令人艳羡的男人，40 多岁时就得了癌症，主要是他平时工作太忙且饮酒过量所致。登载在报纸上的那张他临终之前的照片显得极其悲凉，看了无不让人感到心酸。那一刻，很多人都有着同样的感慨：活着真好，他一定很舍不得离开这个世界。是啊，他如何舍得呢？从年少到中年，通过自己的努力拼搏，打下一片江山，真正"成家立业"之后，却失去了"我"这个一切的根源，那在"我"之外所拥有的一切还有什么意义呢？

所以，若你真的爱你的家人，爱这个世界，珍惜生命，珍惜目前所拥有的一切，那么请你首先善待自己，不要去伤害自己，因为你对自己的伤害和忽视就是对你的家人的最大伤痛。

古人讲："身体发肤，受之父母，不敢毁伤，孝至始也。"我们的身体是上天赐给我们的神圣礼物，也是我们与父母之间奇妙关系的一种表现。只有懂得珍惜自己的人，才会懂得去珍惜他人。只有对自己负责，你才能对他人负责，才能有能力去爱他人，才能有能力去对他人负责。

当然，并不是说对自我负责就是要好好保护自己，为自己而活，不思进取，坐吃山空，这样想就是没有理解自我负责的真正含义。试想一下，自我负责的目的是什么呢？不就是为了更好地去对他人负责，有能力对他人负责，去爱他人吗？所以，更重要的是要对自己的人生承担起责任，这也是对自己

负责的一种的表现。因为每个人都有责任让自己,自己的家人、自己爱的人、自己身边的人过上更好的生活,有责任让自己的国家,甚至是这个世界变得越来越美好。

试想一下,例子中的温州富豪,如果他不是怀抱着对自己,对家人、对社会的责任,不断进取,他最后能取得那么大的成功吗?只是他过犹不及,为此忽视了自身的健康,得不偿失。但这至少比毫无责任感,成天浑浑噩噩地活着要有意义得多,因为他证明了自己,取得了成功,赢得了人们爱和尊敬。

可有些人胸无大志,终日无所事事,做一天和尚撞一天钟,这是一种对自己极端不负责任的态度;有的人懒惰成性,好吃懒做,最终踏上了一条不归路,这同样是对自己极端不负责任的态度,而一个对自己不负责任的人,最终只能有一条路可走,那就是万劫不复的路。

相反,一个有魅力的人,应该是一个对自己负责任的人,它最终表现为自尊、自爱、自立、自强、自信、自制。如果一个经常认为自己是个矮子的人,他就真的会变成个矮子;一个经常认为自己是巨人的人,他就将会成为真正的巨人。一个连自己都不尊重的人,岂能得到别人的尊重?一个连自己都不爱的人,岂能得到别人的爱?一个懂得控制自己的人,他也就控制了自己的命运。

所以,如果你真的对自己负责,对自己的人生负责,那么你就要相信,在这个世界上,你有责任积极进取,顽强拼搏,有责任带领你的家人感受幸福和成功。不管在生活和工作上遇到多大困难,你都不可以放弃,因为你的放弃会使更多人失去希望。带给他们希望和幸福,这就是你的责任,你对自己和他人的责任。

自我负责的终极表现就是要促进自我和谐。自我和谐就是要在生活和工作的诸多矛盾中找到平衡点,使自我的身、心、灵达到一种相对平衡的状态。让自己成为一个优秀的人,成为一个有能力承担责任的人,敢于挑战现状,精进成长,追求卓越;同时,还要合理地控制自己的欲望,修炼自己的心智,明心见性。既要努力工作赚钱,买房子和车子,让自己及家人过上更好的日子,同时又不要迷失自己,成为金钱的奴隶,失去人生的真义。这看起来非常矛盾,但正因为有矛盾,才会有和谐,和谐就是在矛盾中找到平衡。这就是人生,这就是人生之所以美妙的地方。

要促进自我和谐,最重要的是修炼一颗和谐的心。因为心若改变,一切跟着改变。要以积极主动的心态去面对人生,学会选择,选择自己喜欢的,喜欢自己选择的。要相信,对任何事,我们都有选择的自由,同时我们也要对自己的生活负起全部的责任,要"明象位,立德业",明确愿景和建立价值观,依据内心道德的指引,一切从改变自己开始,为他人创造更多价值。

最后,平静我们的心,自净其意,明心见性,认清自己的内心,珍惜所拥有的一切,生活在感恩的世界里,以达至身、心、灵和谐的状态。

责任就是对自己要去做的事情有一种爱

歌德曾经说过:"责任就是对自己要去做的事情有一种爱。"

爱是责任而不是义务,是动力而不是负担。当一个人爱着另一个人或者他的祖国时,为了让他爱的人过上幸福的生活,为了让他的祖国变得更美好,他就会自动自发地去努力拼搏,因为爱本身就意味着责任,它既是责任,又是动力,从而给人带来一种使命感。

只要心中有爱,我们就会自动自发地去承担我们的责任,感到"为了他人"是一种责任,而不是义务。一旦你感到那是一种负担,那就不是爱,不是责任了。

记得曾经在《读者》上读到这样一个感人肺腑的故事。

一对相恋三年的年轻人不得不分手了，因为女孩家穷，男孩家更穷，女孩的父母不愿意让女儿的未来更穷，于是就逼迫女孩嫁给另一个富有人家的公子。

然而，就在女孩订婚的那天，女孩病倒了，通过医生的检查，竟然是严重的尿毒症，需要几十万的费用来换肾。富人家就以此为由将婚事退了。就在女孩痛苦不堪甚至已经绝望的时候，男孩忽然悄悄地来到了她身边，紧紧握着她的手，鼓励她要坚强地活下去，因为他不会抛弃她，无论如何都会去帮助她，让她重新好起来的。有了男孩的许诺，女孩变得坚强起来，和病魔展开了搏斗。

而男孩呢，为了筹措女孩的巨额医疗费，竟然不顾亲友反对，变卖了家里的房子，不但跑去卖血，还在街头行乞求助。

很多人说男孩傻，因为两人已经分手了，男孩没有这个义务去帮她。可男孩依然不管不顾，坚持走到底。

一个偶然的机会，他们的事迹被一个记者所知并被报道了出来。经过报纸的渲染，男孩的真情感动了无数的人们，一时间，捐款如雪片般飞来，女孩的换肾费用很快就筹齐了。

等到女孩康复出院后，为了回报男孩，女孩义无反顾地嫁给了男孩。

后来，在接受采访时，男孩说："当初很多人说我傻，说我们已经分手，我没有义务去帮她，但我是这样想的，既然爱她，我就有责任承担她的痛苦和困难，我并不觉得自己很傻，我觉得我这样做是值得的。因为，爱一个人不一定是为了拥有她，而是希望她过得幸福。"

一句"值得"，道出了多少难以言喻的爱和因爱而生、因爱而存的责任啊！虽然男孩和女孩分手了，但因为爱，责任并没有因此而消失，依然因为爱而紧紧的和女孩的命运连接在一起。他爱这份责任，这难道不就是对爱和责任最好的诠释吗?

人活在世上,就要承担各种各样的责任,没有人能逃脱出责任的束缚,不管是对家庭,对工作,对社会,甚至于对自己,都要有责任感,都要富有一颗责任心。只有富于责任心的人,时时处处尽责的人,才不愧为真正的人,也才能成就大事。而一个对自己的行为后果没有责任心的人,是社会化的一种失败,因为他很难形成社会的归属感,很难适应社会生活。

四川新希望集团董事长刘永好先生曾说:"我必须承担起对社会的责任,对于中国这样一个农业大国来说,只有农民富了,中国才算真正的富了。"因此他把企业的服务方向,锁定在为农民增产上,为农民开发出了多种能提高产量的饲料,造福于民,造福社会,自然也就得到了社会的认可和回报。

从道德上来讲,一个人的行为,只有出于对社会的责任时,也才具有道德价值,并显现出超凡的人格魅力。美国总统肯尼迪曾说过:"一个具有高尚人格魅力的人,不会问社会能给你什么,而是时常问自己,我能为社会做点什么。"所以,一个有魅力的人,不仅能担负起自身的责任,还要能为社会承担责任。

人作为万物之灵,既是自然人,也是社会人。作为社会人,无论在什么样的社会形态中,他都不是孤立存在的,是社会关系的组成部分,所以,从这个方面看,也应该是社会责任的承担者。

是的,只要心中有了对人类,对社会,对国家,对世界的爱,爱就会转化成动力的源泉,有了爱的动力,还有什么是不能战胜的呢?

勇于承担责任是一种无比强大的力量

如水逝去的,是青春;勇于担当的,是责任;默默奉献的,是真情。勇于承担自己一份责任,是做人的基本。如果一个人连自己的责任都不敢承担,那么他也不可能获得成功。未来的社会,将是竞争更加激烈的社会,只有敢于承担责任的人才会被社会所接受。

对于中国来讲,2008 年注定是不平凡的一年。

年初,一场突如其来的大雪,阻挡了人们回家与亲人团聚的路。可是,我们用爱传递温暖,大爱融冰,冷暖与共;五月,汶川发生 8 级大地震,瞬间地动山摇,无数的生命灰飞烟灭,川蜀悲悯,举国阵痛。可是,我们用坚强守望家园,用爱传递温暖,用责任照亮生命的尊严,感受到了人间的温暖和震撼;八月,奥运盛举,寰球瞩目,我们化悲痛为力量,化磨难为财富,用爱与责任造就的完美圆了中华民族百年的梦想。

这一切,如果用一个词来形容的话,那就是——责任!中国人的价值观和心智模式,在这个特殊的年份,在人们共同的努力下,被彻底改变了。我们突然明白,勇于承担责任,对一个民族、一个企业、一个人的价值和意义!一个民族缺乏勇于负责的精神,这个民族就没有希望;一个企业不负责任,就会作茧自缚,失去客户,最终倒闭;一个人不负责任,就会被人轻视,失去信任,一生碌碌无为。

曾经担任英国首相的丘吉尔说过:"成功便是承担着更大的责任,去面对更加棘手的问题。"承担属于自己的一份责任,是做人的根本。如果一个人连承担责任都做不到,那么他也不可能获得成功。一个主动承担责任的人,勇于负责的人,就会感到身上有一股无形的压力,而有压力就自然有动力,就会把自己的责任和义务承担到底。这样的人是正直的、是高尚的,更是有人格魅力的。既然是一种人格的力量,因此它就是一种无比强大的力量。

美国有一部非常感人的电影叫《勇敢的心》,讲述的是苏格兰人追求独立自由的故事。其中男主角对苏格兰王位继承者说的一句话让人至今难忘。

"人们总是追随勇敢的人,如果你为他们争得自由,他们就会追随你,我也会。"主人公将民族的责任用简单的语言表述得清清楚楚,不难看出,一个人最有魅力的时刻莫过于他承担起责任的那一瞬间。

在金融界,巴菲特有"股神"之誉,他倡导的价值投资理论风靡世界;在慈善界,他于2006年7月捐出的375亿美元,攀上了美国历史上慈善捐款数额的顶峰。为人谦逊低调的巴菲特用自己的实际行动,承担着作为最富有的人应承担的社会责任。

在巴菲特看来,一个男人一定要敢于承担社会责任。如果连属于自己的责任都不敢承担,这样的男人是不配女人嫁给他的。他告诫两个儿子要敢于承担责任,尽职尽责。

在巴菲特担任所罗门董事长的时候,前后九个月他遇到了各种各样的问题:被起诉的财务问题、国库券丑闻、债券市场的崩盘等。这些事情,每一件都足以让所罗门关门。但是作为人家聘用的董事长,巴菲特必须让它支持下去不能倒闭,进而,他还必须想办法让所罗门获得收益。这是一个董事长应尽的责任。如果身在其位不谋其政,就不是巴菲特了。

就是因为心中有一份责任支撑着,巴菲特最后尽一切力量让所罗门股票在他卸任的时候升到33.63美元/股,比他上任之前高出了25%。在巴菲特离开所罗门的时候,他告诉比尔·麦金托他与所罗门同在。为什么要这样说呢?巴菲特认为他为它付出过,尽职过。

尽管巴菲特不曾担任任何行政职务,但他杰出的赚钱能力和高度的社

会责任感赋予了他超越众人的权力。无怪乎《财富》杂志 2003 年 8 月 11 日发布的第一份"美国最有权势商人排行榜"把巴菲特列为榜首，并作出如此评价——"巴菲特比世界上其他任何活着的商人更受人尊敬。不仅商人尊敬他，全体公众都热爱他。这就是权力。"

巴菲特将自己个人资产的 85%（约 370 亿美元）捐给慈善基金。他给社会留下的不仅仅是物质财富，更多的是精神财富。他的善举充分体现了他的社会责任感。的确，如果每个人，不管能力大小，只要尽自己所能为社会为他人出点力，为缩小贫富差距奉献一份爱心，我们的世界将会更加美好。

未来的社会，将是竞争更加激烈的社会，只有敢于承担责任，保持勇于负责的积极进取的精神的人才会被社会所接受，才能在社会立于不败之地。所以，如果一个人想实现自己心中的梦想，决定改变自己的生活状况与人生境遇，首先需要改变的就是自己的思想与认识。只有学会从责任的角度着手，对自己所从事的事业保持一个清醒的认识，努力培养自己勇于负责的精神，才会取得成功。

任何一个人都会得到社会的回报，荣誉也好、财富也罢，但前提是你一定要转变自己的思想与认识，努力培养自己勇于负责的工作精神。唯有具备了勇于负责的精神以后，你才会拥有改变一切的力量。

多承担一点，在爱与责任中不断成长

你可以不成功，但你不能不成长。只有经历了才能成长，而承担责任就是一种经历。

美国著名小说家、文学奖获得者海明威说："只有自己经历的才是可信的。"

为什么只有自己经历的才是可信的呢？我们借用美国的另一个作家弗格森的一段话对此作出解释："谁也无法说服他人改变，因为我们每个人都守着一扇只能从内开启的改变之门，不论动之以情晓之以理，我们都不能替别人开门。"

的确，每一个人只有自己经历了才能真正懂得，才能改变他自己。光靠道德说教，是改变不了什么的。所以说，我们需要的是自己的经验，而不是别人的说教。这就决定我们必须去多承担一点，多经历一些，只有这样，我们才能获得更多的经验，更多的自信。

然而，什么"我不会做，我没有经验"已经成为当今部分年轻人的口头禅。有一些年轻人过惯了舒适的生活，就像刚从温室孵化出来的雏鸡一样，当他们一脚跨进社会大门时才明白，原来的避风港没有了，迎接他们的将是惊涛骇浪般的考验。一时间，在社会生存的现实困难面前，有的人迷茫了，有的人退缩了，有的人则想方设法地逃避责任。

由此就引发了这样一个问题：人是不是应该对自己苛刻一点？当面对这样的问题时，每个人的答案都不尽相同。有的人认为对自己不要太苛刻了，一辈子不就是图个安逸享受吗？何必让自己那么累呢？有的人则认为，只有对自己要求严一点，多经历一些事情，才能够担当更多的重任，才可以经受

磨炼,才能够实现人生的价值。

那我们究竟应该怎样对待自己呢?请看下面关于腔棘鱼的故事:

腔棘鱼又称"空棘鱼",这种生物由于脊柱中空而得名。由于科学家在白垩纪之后的地层中找不到它的踪影,因此曾认为这个物种已经告别了世间,全部灭绝了。1938年在南非,人们发现了一条腔棘鱼,这个史前鱼种居然还活着。在距今四亿年前的时代,腔棘鱼的祖先凭借强壮的鳍,爬上了陆地。经过一段时间的挣扎,其中的一支越来越适应陆地生活,成为真正的四足动物;而另一支在陆地上屡受挫折,又重新返回大海,并在海洋中寻找到一个安静的角落,与陆地彻底地告别了。

而这个安静的角落居然是在11000米深的海底。众所周知,人类入海比登天还要难。首先是因为巨大的压力:水深每增加10米,压力就要增加一个大气压。在11000米深的海底,压力将高达1100个大气压,别说人的血肉之躯,就是普通的钢铁构件也会被压得粉碎。还有海底的恶劣环境:黑暗、寒冷。太阳光进入海洋中很快被吸收,海洋深处光线稀少,热量自然难留,水下的寒冷、黑暗可想而知。然而,腔棘鱼却能生活在非常深的海底,并把自己隐藏在海底礁石的洞穴里。在恶劣的海底世界里,它们以生存为目标,不断给自己施加压力,在自己创造的历史里痛并快乐地生存着,超乎想象地存活了四亿年。就是在艰难的压力下生存的腔棘鱼,足以成为人类学习的楷模。

再举一个比较容易理解的例子。当你挑担子的时候,如果你能挑得起50公斤重量,你感觉不舒服,于是就减掉10公斤,这样感觉起来就舒服多了。但是,如果你想继续这样舒服下去,于是一而再再而三地给自己减压,到最后恐怕10公斤也挑不起来了。但是,如果你在能够挑起50公斤的基础上,再加上5公斤。也许你刚开始会觉得很累。但是,你咬咬牙、挺一挺就会扛过去,这样你可以逐渐将肩上担子分量加到100公斤,甚至可以比100公斤更重。

有人曾经做过这样的比喻,人就像一根弹簧,当外界施加的压力越大时,产生的反弹力就越强,也就越能提高个人面对困难、克服困难的能力。这个比喻很贴切,人必须像弹簧一样,经历过了,才能够承担更多。而为了承担更多,必须首先积极地去经历。

人生的价值绝不是在安逸中的享受,而是在于不断地挑战。说到这里,就让人想起清代的曾国藩。他在初期征剿太平军时屡战屡败,甚至在安庆之役失败之后,一度想投湖自尽。但是,他在给咸丰皇帝奏折中写道:"臣屡战屡败,屡败屡战。"正是这种负责任的精神和永不放弃的韧劲,曾国藩取得了最后的胜利。

所有人都是一样的,没有承担,便没有经历,也不会有经验,就永远不会享受到成功的喜悦。如果我们为企业创造了价值,我们也就为自己创造了价值,并且为自己创造了机会。在现实工作中,做得越多的人,总是成长越快;相反,斤斤计较的人,就会止步不前。只有敢于担当,经受无数的磨砺,坚持不懈地努力,才能一步步接近成功。

不找任何借口,让责任到此为止

任何借口都是推卸责任,在责任和借口之间,是选择责任还是选择借口,体现了一个人的人生态度。

静下心来的时候,想想自己有多少理想没有实现,多少计划和目标化成了泡影,想想自己有多少次在为自己的懒惰、懦弱找借口,获取宽慰?知道吗?这是一种对自己不负责任的表现,因为正是这些借口扼杀了一个成功的你,一个理想的你,一个让自己满意的你!

世界上大概没有比借口更容易办到的事了。你做不好一件事情，完不成一项任务，有成千上万个借口在那儿响应你、声援你、支持你。抱怨、推诿、迁怒、愤世嫉俗成了你最好的解脱。如果你想为自己开脱，你就总能找出理由。把"事情太困难、太费劲、太花时间"等种种理由合理化，要比相信"只要我们更努力、更聪明、信心更强，就能完成任何事情"的念头容易得多。

然而，寻找借口的实质，就是把属于自己的责任掩饰掉、推卸掉，把本来应该自己承担的责任转嫁给社会或他人。一个敢于担当的人不应该浪费宝贵的时间和精力去寻找一个合适的借口，而忘记自己的责任。

由于借口往往听上去好像都是"理智的声音"、"合情合理的解释"，譬如"这项工作的难度太大了"、"那个客户还没给我回信，"等等。所以，很多时候，当这些自我辩解的话从我们嘴里脱口而出时，我们自己都还没有意识到这是借口以至于借口几乎成为了一种抚慰我们伤口的麻醉剂。但不论借口是多么的冠冕堂皇，借口就是借口，倘若不得到及时医治，即便它让我们暂时忘却了疼痛，最终伤口也还是会反复发作。

在美国，有一所军校，因在历史上培养了众多赫赫有名的军官而闻名世界，它就是著名的西点军校。

在西点军校，新生报到后的第一课是由一位高年级学员来大声训导。在训导中，被反复强调的是一个内容，即不管什么时候遇到学长或军官问话，回答只能有四种："报告长官，是！""报告长官，不是！""报告长官，没有任何借口！""报告长官，我不知道！"除此之外，不能多说一个字。

西点军校为什么会有这样一堂训导课呢？其实很简单，就是想让新的学员明白自己的责任。

"只有责任，没有任何借口"，这是西点军校奉行的最重要行为准则，它让每一个学员懂得：失败是没有任何借口的，工作是没有任何借口的，人生也是没有借口的。当然，西点军校的军规有些过于严格，但是从这里走出去的每一位军官，在以后的作战中，都能担当起属于他们的责任。

西点军校的莱瑞·杜瑞松上校在第一次赴外地服役的时候，有一天，连长派他到营部去，交代给他七件任务：要去见一些人，要请示上级一些事，还有些东西要申请，包括地图和醋酸盐（当时醋酸盐严重缺乏）等。杜瑞松下定决心把七件任务都完成，虽然他并不知道该怎么去做。

果然，事情并不顺利，问题就出在醋酸盐上。为了完成任务，杜瑞松滔滔不绝地向后方补给的中士说明理由，希望他能从仅有的存货中拨出一点。杜瑞松一直缠着他，到最后不知道真是被杜瑞松说服了，还是再没有其他办法来摆脱杜瑞松，中士终于给了他一些醋酸盐。当杜瑞松回去向连长复命的时候，连长虽然没有多说话，但是显然感到有些意外，因为要在短时间里完成七件任务确实非常不容易。或者换句话说，即使杜瑞松不能完成任务，也是可以找到借口的。但是杜瑞松根本就没有想到去找借口，因为他心里根本就没有推脱责任的念头。

杜瑞松上校的精神给我们树立了不找任何借口的典范。无论是对家人还是对社会，我们都应该像杜瑞松上校一样做一个敢于承担责任，不找任何借口的人。

据说美国前总统杜鲁门的桌子上摆着一个牌子，上面写着：Thebuck-stopshere（责任到此为止，不能再推）。让责任到此为止，就是不找任何借口，勇于承担责任。

每个人都肩负着责任，对工作、对家庭、对亲人、对朋友，我们都有一定的责任，正因为存在这样或那样的责任，才能对自己的行为有所约束。寻找借口就是将应该承担的责任转嫁给社会或他人。一旦我们有了寻找借口的习惯，那么我们的责任之心也将随着借口烟消云散。其实，没有不可能的事情，只要我们不把借口放在我们的面前，就能够做好一切，就能完全地尽职尽责。

"不找任何借口，让责任到此为止"，就是要求自己负责任地生活。没有多少别的东西能像它一样让你心情愉快、信心满怀！只要你真正做到负责任，它给你带来的乐趣、信心就会加倍放大、扩充！

第 **2** 章

爱是一种信任

若人心没有猜疑,爱的力量会超越恐惧

信任是理解,是赏识,是期望,是鼓励,是启发;也是一种尊重,一种智慧,一种艺术。当你给他人一个希望,他将还你一个成功;当你给他人一份期诗,他将还你一个奇迹;当你给他人一份信任,他将还你一个惊喜。由此看来,信任是多么伟大的一种爱,所以,对诗他人,要多一点尊重,多一点理解,多一点信任,少一点埋怨,少一点挖苦。这时,你就会发现,若人心没有猜疑,爱的力量会超越恐惧,创造奇迹。

去除猜疑,不要作茧自缚

猜疑源自自卑,源自爱的缺失,带来的是恐惧和不安全感这些生存中最不可或缺的需求。疑心重重的人,不仅是对自己没有自信,而且对他人也缺乏信任,自然就难在社会上立足了。

佛说:菩提本无树,明镜亦非台,本来无一物,何处惹尘埃?生活中有很多东西,往往不是因为真有其事,而是因为我们自己的猜疑而产生的,如果不能消除猜疑,让心灵从中得到解脱,那就是作茧自缚,自寻烦恼。

无论是什么样的人,一旦被猜疑心理控制,便常常会自我孤立,敏感度

骤升，情绪紧张，整日提心吊胆、谨言慎行，害怕走近别人，也拒绝别人走近自己，更怕被别人拒绝。以至于有时因为一件小事，一个偶然的手势，一句无心的话，都足以让他猜测不已、惴惴不安。比如，有的人看到两个同事窃窃私语，自己一走近，他们便立刻终止了谈话，沉默不语或是各自走开。这时他就会在心里犯嘀咕：他们会不会在说我的坏话？如果某人不赞同他的观点，他就会怀疑这个人对自己怀有成见；与朋友相遇，对方没和自己打招呼，他可能立刻会怀疑朋友对自己不满……

猜疑，是一个人精神上的瘫痪，它好像是人性中的一条毒蛇，稍不注意，它就会流出毒液。一旦腐蚀人的思想，让其丧失理智，以主观、片面、刻板的思维逻辑来主导自己的推理，毫无根据地进行判断。猜疑的人不信任他人，总对他们作出过低或不切实际的评估。究其"不信任根源"，就在于其内心深处缺乏足够的自信。

如果你在生活工作中，总以不信任的态度与他人交往，长此以往，别人就会逐渐疏远你。因为没有人能长期忍受你的这种无谓的"敏感"，被你长时间地怀疑着，当然你也就很难成就什么大事。所以说，猜疑只会徒增你的烦恼和痛苦，使你众叛亲离，最后落得个自怜自艾的悲惨下场。

有人说，猜疑是一个人交往中最大的障碍，是人成功旅途中的大敌。要成大事的人千万不要忽视多疑这个细节，忽略了它，就意味着你甘愿与平庸做伴。

才华横溢的魏丽毕业于北大，无论在工作态度上还是能力上，她都是出类拔萃非常出色。可是，毕业四年来，魏丽却频频跳槽，达七次之多。

现在，就职于某大公司的魏丽，凭借自己的聪明才干，仅用了三个月的时间，就从销售员做到了市场总监。然而时间不长，魏丽就再一次扬言说想辞职。

有朋友不解地问为什么，魏丽义愤填膺地说道："当我职位升迁到老总

直接管辖范围时,我就隐约觉得与老总之间的关系有些微妙。老总对我越来越不信任,甚至有些猜疑,还时常给我穿'小鞋',同事们也纷纷排斥我,我现在是'四面楚歌'。最近更可气了,老总特意为我招聘了一位助理,美其名曰是协助我管理市场,其实我心里很清楚,是派来监督我工作的。这是对我极大的不信任!是对我的侮辱!我实在忍无可忍了,我要辞职!"

试想一下,是什么造成了魏丽职业生涯发展的瓶颈?是什么使她在职场频频受挫,不断跳槽,职业生涯"坠入负面轮回"?不是别的,正是魏丽那颗敏感多疑的心,是它构成了魏丽成就大事的障碍。

在激烈的职场竞争中,许多人都遭遇过与魏丽相类似的问题,有过相近的感觉:当你工作做得好了,或者升到较高职位时,你的内心便感觉背后有一双"眼睛"在盯着自己,仿佛在对你说:我不信任你。而这双"眼睛"可能是你的上司,也可能是你身边的同事。于是,关系莫名其妙地变紧张了,冲突也时不时出现了。而冲突的结局,是让你感受到莫大的伤害和压抑,认为整个环境是不信任、不安全的,产生深深的恐惧感和愤怒感,继而升起强烈的排斥感——逃!

可见,猜疑心理损害极大,它会阻碍你走向成功的脚步。所以,我们一定要经常反省自己是否有被猜疑左右生活的迹象, 如果有不妨试试下面的方法,必能早日突破生命的严冬,发现新春的绿芽。

当疑心在你心中初露端倪时,先让自己冷静下来仔细分析,考虑一下自己的"猜疑"有无确凿的根据。多从自身想想,"是不是我太多心了","也许别人并不是针对我,而只是就事论事","他也许只是一时心情不好,心不在焉,所以迁怒于我或者冷落了我,与我并无关系"。尝试着用信任代替猜疑,用理智遏制猜疑心理的升级,一天两天也许看不出太大的变化,可时间长了,你会发现曾经的"猜疑",实际上完全是你自己无中生有的想象,只不过是杞人忧天而已。

只要你能坚持无论在什么样的情况下，都始终不放弃"信任"的立场，那么，你对他人的敏感、多疑，也就会慢慢地不治而愈。伴之而来的将是增强了的自信，止跌回升的人生。

放弃猜疑，给他人一份信任

对待他人，最值得尊敬的做法，就是即便别人真的值得怀疑，且被很多人怀疑过，你也能放下偏见，给他一份信任。有时候，这种信任可以改变一个人的人生。

人总是感叹世界太复杂，活得太辛苦，其实真正让生活变得复杂的是人心。因为人太容易把虚幻的东西当成真实，把简单的东西无限地复杂化，就像故事中的这个农夫一样。

古时候，有个农夫在院子里劈柴，无意中把斧子落在了堆放的柴中。后来，农夫想用斧子，却找不到了。他找遍了院子里的每一个角落，都没看到斧头的影子。他心想：是不是邻居偷了我的斧子呢？于是他开始怀疑是邻居的小儿子偷的，因此，他特别注意观察起邻居小儿子的一举一动，从走路的姿势，到言谈话语、面部表情和神色，怎么看都像是偷了斧子的样子。于是，他就断定，自家的斧子就是被邻居家偷的。可是后来，他在那堆柴中找到了丢失的斧子，再见到邻居的小儿子时，觉得他的一举一动全不像偷斧子的人了。

"丢斧人"的心理就是一种典型的猜疑心理。本来，邻居一家人从始至终并没有任何变化，他们的言行举止也都是正常的，改变的只是农夫的思想，是他毫无根据的猜疑让邻居家的小儿子"看起来像"偷了他斧子的人，当他找到自己斧子的时候,明白邻居家的小儿子并没有偷时,他又看人家不像偷东西的人了,所以佛说,一切皆由心生。

当然,有时候,人难免会对他人产生猜疑,不过,要是杯弓蛇影就未免有些过了。最值得尊敬的做法还是,即便是别人真的值得怀疑,且被很多人怀疑过,你也要试着放下偏见,给他一份信任。有时候,这种信任可以改变一个人的人生。

马克是一个德行不好的人,好吃懒做不说,还有小偷小摸的坏习惯,而且借了别人的钱也不还,甚至还拿去赌博,所以,认识他的人都很讨厌他,久而久之,周围的人没有人愿意借钱给他了。没有了他人的帮助,马克的日子越过越艰难,几乎都过不下去了。

一天早上,受够了饥饿之苦的马克终于爆发了,他再也忍受不了这样的自己,再也不想这样下去了,他开始考虑着如何为自己找到一个出路,思来想去,他决定去做一个小买卖,先把自己养活再说,可手中连吃饭的钱都没有,于是他又想到了去借。但身边的人已经没有人再相信他,愿意把钱借给他了,无奈之下,马克只好跑到一个远房亲戚家去借钱,那是他第一次向她张口,他还以为她不知道自己的底细呢。

马克很顺利地就拿到了钱,有1000美元,攥着手中的那沓钱,他忽然又产生了去赌的冲动,但就在他转身准备离去的一刹那,女主人叫住了他,"曾经有人打电话告诉我说你不会还钱,让我不要把钱借给你,但我相信你不是那样的人,我想你们之间一定有什么误会。"

这句话给了马克很大的震动,还从来没有人对他说过这样的话,其他的人,即便是愿意借钱给他也总是不忘侮辱他一番,所以,一直以来,他都怀着自暴自弃的心理,总是不思进取。此时,面对他人的信任,马克深受感动,他说了一声谢谢,然后关上门离开了。

自此之后,马克决定重新做人,他离开了故乡,拿着那笔钱到外地去发

展了。

半年后,他的亲戚收到了他从外地寄来的1000美元。

三年后,马克衣锦还乡,把从前欠的钱全部还清了。

对于任何人,对他的信任是他自信成长的动力。所以,要相信自己,相信他人,不要吝惜你的赞美之辞,可能对你来说不重要的一句话、一件事,有可能会改变另一个人的一生。

而对于自己,要努力看自己的长处,相信自己可以与周围的人融洽相处。当你充满信心地工作和生活时,就不用担心自己的行为,也不会随便怀疑别人是否会挑剔和为难自己了。

相信自己:天生我材必有用

信任不仅是要相信他人,而且还包括对自我的信任。猜疑往往是因不自信而生,想要彻底摆脱猜疑,首先就要相信自己。

不管人们是否承认,每个人都会时常生活在恐惧和害怕中,担忧未来,害怕失败,对自己没有信心,对他人也缺乏信任。猜疑、恐惧让我们几乎失去了判断力、勇气和力量。

人之所以会感到恐惧,是因为低估了自己的能力,对自己缺乏信心,夸大了面临的困难。一旦知晓了这一点,你就可以断然拒绝这些消极的感觉。所以,与其把时间花在恐惧上,不如把时间花在行动上,花在建设信心上,规划出最希望出现的结果,并提醒自己,这是可能出现的结果。在心理上接受和消化这些乐观和信心,使它们固化为积极的心理倾向,你就会丢掉恐惧,产生由信心、自信和勇气合并的必胜信念。

其实,唯一值得恐惧的就是恐惧本身——模糊的、轻率的、毫无道理的恐惧本身!没有什么比恐惧本身更可怕的了,因为我们所感到的"危险"、"恐惧",往往是预先设置的,被歪曲的。它扭曲事实真相,夸大了问题的危险,只要努力面对恐惧,战胜恐惧,恐惧就会烟消云散。

在人们的心中,美国的大金融家摩根,向来是一个无所畏惧的勇者,他性格刚烈,意志坚定,当他从街上走过,素不相识的陌生人都会为他的气势所震。他灼热的目光在直视人的时候,总会令人在震慑之余,深信他所说的每一句话都是真理。

然而,这样的一个无所畏惧的智者对于"没有什么比恐惧本身更恐惧"这句话却深有感触,说明恐惧这个幽灵同样没有放过他。

那是在摩根八岁那年的夏天,全家人一起去海边度假。在一个阳光明媚的上午,父亲带着摩根来到海滩上,只见海滩上、海里到处都是玩耍、嬉戏的孩子;不远处,有几个和摩根年龄相仿的孩子像跳水运动员一样,纷纷从一块离地大约有六英尺高的岩石上跳入海中。他们一边跳,一边发出爽朗的欢笑声。

"你敢像他们一样跳下去吗?"父亲指了指那些孩子问。

摩根知道父亲想听到什么样的回答。但他自己确实没有信心和勇气从那么高的地方跳到海里,一想到要从那么高的地方一头栽进水里,他就感到一阵莫名的恐惧,那种恐惧就好像他每次孤身一人处在黑暗中时感受到的一样。摩根不想欺骗父亲,但也不想让父亲失望,于是他为难地摇了摇头,说:"不敢,但我可以试试。"

父亲没想到摩根会回答得这么巧妙,因而感到很欣慰,他欣慰地冲着摩根笑了笑。他的笑从某种程度上增加了摩根的信心和勇气,于是,摩根真的决定要去试一试,他不想让父亲觉得自己的孩子比别人差。

当从未跳过水的摩根走上岩石的时候,因为害怕他的双腿开始瑟瑟发

抖，他回头看了看父亲，只见父亲正在他身后微笑着望着他。他知道他别无选择，只能纵身一跳，于是，他闭上眼睛，纵身一跃。事实上，一旦跳下去之后，摩根就不再害怕了。

等到摩根钻出海面，回到海滩上，父亲递给他一块浴巾，让他擦干身子，然后给他买了一杯饮料作为对他的奖励。

"怎么样？感觉是不是很美妙？"父亲欣慰地笑着问道。

"嗯，"摩根喝着饮料无比惊奇地说，眼神里闪烁着神奇的光芒，"太美妙了。一点都不可怕，完全不是我想象的那样。"

"现在懂了吧，让你害怕的是恐惧本身，而不是什么游泳、跳水、失败以及一切让你感到害怕的东西。当你勇敢尝试之后，就会发现，恐惧根本不存在。"父亲教导摩根说。

听完父亲的教导后，摩根心满意足地躺在沙滩上晒着太阳，望着云淡风轻的碧蓝的天空，回味着自己刚才体验到的美妙感觉。他感觉在跳下去的那一瞬间，他飞了起来，然后掉进了美丽的深渊里，仿佛回到了母亲的怀抱里。那美妙的感觉吸引着摩根又一次走上了岩石。

这一经历对摩根后来的人生产生了深远而又深刻的影响。在他取得巨大的成功后，他不无深情地回忆道："我的一切都要归功于我的父亲，是他教会了我如何克服恐惧，树立自信。可以说，我的一切就从我拥有自信的那天开始的。"

西方成功学家及心理学家在对魅力领导人研究中发现，把他们与普通人区分开来的第一个特征就是自信。《华尔街日报》上一份研究企业家品质的文章认为"成功的企业家都有感人至深的自信"。心理学家丹尼斯·华特利在《成功心理》一书中也曾写道："成功者具有实现自我价值的坚定信念。"麦肯锡公司在对大量的成功企业家进行研究后发现他们"都具有一般人所没有的自信心"，"他们的自信表现不会像其他人一样被失败的心理摧垮"。

这些难道还不足以证明自信的重要性吗?如果你还是感到自卑,如果以上的理由还不足以说服你相信自己的话,那么你不妨试着这样去想:我相信自己,因为在这个世上,每个人都是独一无二的,每个人的诞生自有他的意义和使命,正所谓"天生我材必有用"。我所做的事,别人不一定做得来;我之所以为我,必定是有一些相当特殊的地方——有谁的基因会和我完全相同?有谁的个性会和我一毫不差?我们姑且称之为特质吧!而这些特质又是别人无法模仿和取代的。

基于这种种重要的理由,你难道还不能坚信:天生我材必有用,我有权活在这世上,而我存在于这世上的目的,也是别人无法取代的吗?

自信是赢得他人信任的基础

一个人的自我观念就是他人格的核心,你自己认为是怎么样的人,你就真的会成为怎么样的人。

俗话说:打铁还得自身硬。为人处世,想拥有一个好人缘,要想在社会上取得成功,除了依赖自信外,还得赢得他人对于我们的信任。因为他人信任我们,我们方能按照计划实行,能够制造优越的货品,能够管理雇员,能够供给任何人们所需要的事物。要是他人对我们稍有一些疑虑,这些计划就将全被打破,尽管你有极大的自信力,有时候也会到处碰壁。所以,"自信力"必须配合了"他人的信任",然后方能"所向无敌、无往不利"。

不过,他人的信任,大都是我们自信的一种反映,也可以说是我们自己对于他人的一种人格影响。比如说,你不论在什么事上,要是能够热情待人,就更能获取多数人对你的信任,不是吗?

一天，有位叫胡里奥的人在河边散步，遇见了一位叫费列姆的年轻人。胡里奥见年轻人满面愁容，忧心忡忡，便关切地上前询问：

"忧郁的年轻人，看你这么健康、这么年轻，为何如此闷闷不乐呢？究竟有什么事情使你这样呢？"

费列姆看着好心的胡里奥，无奈地摇着头说："尊敬的先生，你看看我吧。我是一个名副其实的穷光蛋。我没有房子，没有钱，也没有工作，整天饥一顿饱一顿地度日。像我这样一无所有的人，甚至连一个遮风蔽雨的地方都没有。没有人瞧得起我，我怎么能不忧愁呢。怎么高兴得起来呢？"

胡里奥听完年轻人的话，开怀大笑起来。费列姆疑惑地看着胡里奥，问道："我都这个样子了，您还笑，是笑我真的没有用吗？"

"傻孩子，"胡里奥笑道，"其实，你应该开怀大笑才对！"

"开怀大笑？为什么？"费列姆不解地问。

"因为照我看，你是个百万富翁呢！"

"您取笑我吧？"费列姆看着自己身上的破衣烂衫说，"我身上可是连一个子儿也没有，您就别拿我开心了。"费列姆不高兴了，转身欲走。

"我怎会拿你寻开心？孩子，现在能回答我几个问题吗？"

"什么问题？"费列姆有点好奇。

"很简单的几个问题。"

"只要不是拿我寻开心的就行。"

"好的，"胡里奥说，"我问你，假如现在我出 20 万金币，买走你的健康，你愿意吗？"

"不愿意。"费列姆摇摇头。

"好，我再问你，假如现在我要出 20 万金币，买走你的青春，让你从现在起变成一个小老头，你愿意不愿意？"

"当然不愿意！"费列姆干脆地回答道。

"好,我再问你,假如我现在出 20 万金币,买走你的美貌,让你从此变成一个丑八怪,你可愿意?"

"不愿意!当然不愿意!"费列姆头摇得像个拨浪鼓。

"假如我再出 20 万金币,买走你的智慧,让你从此浑浑噩噩,度此一生,你可愿意?"

"傻瓜才愿意!"费列姆一扭头,又想走开。

"别慌,请回答完我最后一个问题——假如现在我再出 20 万金币,让你去杀人放火,让你从此失去良心,你可愿意?"

"天哪!干这种缺德事,魔鬼才愿意!"费列姆大惊失色地回答道。

"好了,刚才我已经开价 100 万金币了,却买不走你身上的任何东西,你说你不是百万富翁,又是什么呢?"胡里奥意味深长的微笑着说。

费列姆忽然恍然大悟,他知道自己并非一无所有,他有他自己,他自己的生命就是他的资本,他只是暂时缺少钱,除此之外什么都不缺。而有了自己身上的一切,钱是可以赚来的。他相信这一切都是暂时的,都是可以改变的。自此,他不再叹息,不再怨天尤人,他变得自信起来,开始了他的新生活。

不是每个人生来就是百万富翁,生来就才智过人,也不是每个人生来就有美满的家庭。不论出身如何、资质如何,通过自身的奋斗去赢得成功,去赚取财富,这才是真正的智慧,才是真正的成功。而我们自身就是一笔财富,我们自身的努力和智慧才是成功的支点。所以必须把握好自己,充满自信,发挥自己的长处和优势,我们才能成就事业。

永远不要怀疑自己的能力,坚信你神圣的权利,昂起你的头,勇敢地去面对世界。无论遇到任何困难,都要坚定地向前走。这样你就能走出自己的路,取得最后的成功。如果连你自己都怀疑自己的能力,那么没有人会信任你。

我们思想的大小决定我们成就的大小。这其中最重要的就是要相信自己,克服人类最大的弱点——自贬。如果你能够成功地摆脱对自身能力的怀

疑,如果你在做事时充满了自主性,你就能凭自己的勇敢和自信赢得别人的信任和喜爱,那么不管遇到任何困难,你都一定能克服,并最终获取成功。

不要抱怨自己一无所有,技不如人,生不逢时,哪怕是你孑然一身,你都可以从头再来,因为你的自身就是一笔宝贵的财富。一个有自信心的人,可以克服"命运"。等到能够操纵自己的事情,或者已经能够控制其范围以内的事情时,就可以克服"命运",打消他人的疑虑,使他们信任自己。

用信念掌控自己的命运

"如果世界明天就毁灭,今天我依然要种一颗苹果树。"这就是爱和信念的力量。

其实,从某种角度来说,自信就是对生命的一种信念,如果一个球员不相信自己或他的球队能够获胜,事实上他已经输掉了比赛;一个医生要是不相信自己或他的病人能够得救,事实上这个人已经死定了;你,若不相信自己,不相信自己从事的是一项有意义的事业,那就趁早放弃,别再浪费宝贵的时间,因为你缺乏对生命的信念。

假如你想求证爱和信念的力量,不妨研究一下运用过这种力量的人取得的成就。就让我们先来看看爱赋予著名的印度圣雄甘地的力量。

虽然甘地没有一般传统的权力工具,如金钱、战舰、军队和战略资源,但他比同时代的所有人都更善于运用爱和信念激发自身的潜能。虽然他没有钱、没有势,甚至没有像样的衣着,但他却有一种力量。他是如何拥有那种力量的呢?

他的力量就来自于对爱和信念原则的理解,而且通过自己的能力,他把爱和信念移植到两亿人的心中。他影响了两亿人。他把他们团结起来,创造了万众一心的奇迹。除了爱和信念,世上还有哪种力量可以创造如此大的成就?

信念,说简单一些,就是我们平常所说的精气神。一个人缺了精气神,从表面上看就给人一种此人正在生病的感觉,往深里说,这人干不成什么大事!大部分的年轻人都没有显赫的身世,都要经历一段窘迫的日子,但是千万不要被暂时的困难磨去了锐气,有道是:少年壮志当凌云。一定要坚信自己,凭着坚定的信念继续走下去。要知道,人们生存、拼搏、奋斗直至取得成功,不是一蹴而就的,而是靠着信念的支撑,正所谓坚持就是胜利。

下面这个事例中的波斯王子从一个驼背的少年王子,转变成一个挺拔的英俊青年靠的无疑就是信念的支撑。

在古代,一位波斯王子生来就是驼背,在他12岁生日那天,国王答应送他一件他希望得到的礼物。出乎意料的是,王子要一个自己的雕像,而那雕像必须有一个完美的躯体,挺直而美好。雕像做好后,就放在宫廷的花园里,每天早晨起床后和晚上睡觉前,他都要跑到自己的雕像前伫立一会儿,并且自己对自己说:"这就是你,王子!这就是你长大后的样子,挺拔的身躯,英俊的面庞。"就这样,石雕的形象一天天在王子心中扎下了根,成为他的梦想和信念。每天晚上躺在床上,他都比前天晚上把身子伸得更直些。每个白天走路时,他也努力将胸膛挺得更高些。日复一日,年复一年,王子坚持着自己的信念,等到他长大成人后,人们惊奇地发现,那个驼背的少年王子,已变成了一个挺拔的英俊青年。

是的,信念犹如一座大厦的柱梁,有了它,大厦才会高入云端,屹立不倒!信念是一个人的脊梁,有了它,人们才能挺起腰杆儿,顶天立地真正做人!信念还是一个力大无比的巨人,有了它,就可以创造出令人难以置信的奇迹。正如一位外国现代心理学家在一本新著中说:"相信信念的力量,唤醒你体内酣睡的巨人。它比阿拉丁神灯的所有神怪都强大,而且,那些神怪都

是虚构的,而潜藏在你身心中的巨人却是真实的。"

而缺失了信念,一切美好的理想都只是无源之水、无本之木,与海市蜃楼无异。一个人可以长得丑陋,可以遭遇贫穷,可以经受磨难,但绝不可以丧失信念。因为强大的信念可以将一切厄运转化为适合幼苗生长的空气、土壤和水分等元素。

相信并不能保证战无不胜,但不相信却一定会输。一旦相信成了内心的主宰,力量就会随之而来,这时的相信便成了信念,成为一种真正的精神动力:我们一定要赢:我们一定能赢!我们每一个人生来精力充沛、思维活跃,拥有无穷无尽的意识力量,触角伸到世界的角落。我们必须让它有用武之地,有事可干,只有这样,意识才会发挥出它的威力。

这样形成的乐观主义绝不是自负,而是一种对纯粹信念的自信,这种自信使威尔森一度成为世界卓越领袖,这种自信也使林肯在美国内战那段最黑暗的日子里深受鼓舞,这种自信曾经引领汉尼拔和拿破仑翻越阿尔卑斯山,激发亚历山大征服世界,支持哥尔顿和他的军队征服整个国家。只要你了解这一点,你的视野将大大扩展,你的能力将全面提升。你将突破自身的局限,掌控自己的命运,使任何困难或是反对都无法成为你前进的羁绊。

拿一份信任,换一份真心

信任,是架设在人心的桥梁,是沟通人心的纽带,是震荡感情之波的琴弦。

花朵因为有春天的信任,才绽放得争奇斗艳;高山因为有大地的信任,才屹立得巍峨壮观;小溪因为有大海的信任,才获得更广阔的生命。

信任,是架设在人心的桥梁,是沟通人心的纽带,是震荡感情之波的琴弦。不敢去信任一个值得你信任的人，那永远不能获得爱的甘甜和人间的温暖，你的一生也将会因此而黯淡无光。

写到这里，想起了一件发生在一个朋友身上的亲身经历。

柱子是在10年前下的岗，刚开始他在街上开摩的，常常在地铁口拉客，每天还能赚个十几二十来块钱，但前年的一个雨天，他不慎撞上了一棵树，残了一条腿，后来就转行掏下水道了。每天一大早出门，跛着一条腿，骑着一辆自行车，背着包，拿着小喇叭，在各个小区里喊："掏下水道哎！"

一天下午，柱子到一户人家干活。女主人是一家杂志社的美编，本来她下午不需要上班的，但三点多钟的时候，社里打电话要她马上去一下。见她要出门，柱子就收拾东西跟她说，"明天我再来吧！"

她很奇怪地望着柱子，问："不好修吗？"柱子摇了摇头，"那你怎么要走？"

柱子说："你家里没人，我怎么能待这儿呢？"

女主人笑了笑，说："你一个大男人，不会是因为一个人感到害怕吧？"

柱子知道她在开玩笑，便说："我一个陌生人留在你家，万一你家丢了什么东西，我就不好说了。"

那女人哈哈一笑，说："不会的，你一看就是个好人，我放心，我把钱先付给你，你修好了，带上门就行了。"

起初，柱子还以为她是在开玩笑，没想到她真的走了，留下柱子一个人在她家。

柱子当时很感动。他掏了近一年的下水道，对他客气的人给他倒点水喝，给根烟抽，但多数人对他不冷不热，好像他是专门来骗他们的钱似的。有一次他去一个人家忘了换鞋，那家的女主人马上把他喝住，他只好退回来，光着脚进去了。还有一次，他在口袋里掏螺丝，女主人以为他要抽烟让他先出去抽，抽完再进来。遇到这样的人，谁心里也不会舒服，但为了生计，柱子只好忍了。今天这个女人这么信任他，他还是第一回碰到。现在还有多少人

能够如此信任一个陌生人?

柱子修完下水道之后,做美编的女主人还没有回来,柱子就带上门走了,也没拿桌上的钱。有人说柱子太傻了,但他们不知道,女主人的那份信任对柱子来说多么重要。

信任是巍巍大厦的栋梁,没有它,就只是一堆散乱的砖瓦;信任是滔滔大江的河床,没有它,就只有一片泛滥的波浪;信任是熊熊烈火的引星,没有它,就只有一把冰冷的柴把;信任是远洋巨轮的主机,没有它,就只剩下瘫痪的巨架。

试想一下,如果我们每一个人都不拿有色眼镜看人,人人多一分信任,就少一分隔阂,这样不是更好吗?

第 *3* 章

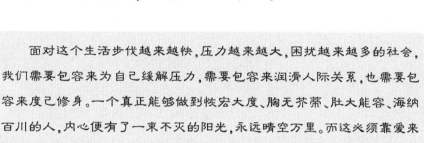

爱是一种包容

海纳百川的博爱,温暖了世间万物

面对这个生活步伐越来越快,压力越来越大,困扰越来越多的社会,我们需要包容来为自己缓解压力,需要包容来润滑人际关系,也需要包容来度己修身。一个真正能够做到恢宏大度、胸无芥蒂、肚大能容、海纳百川的人,内心便有了一束不灭的阳光,永远晴空万里。而这必须靠爱来完成,因为爱是一种包容,当你拥有了一颗包容一切的心,世界万物便都在你海纳百川的博爱中,变得温暖、可爱起来。

包容自己,别为打翻的牛奶哭泣

著名诗人泰戈尔说:"如果错过了太阳时你流了泪,那么你也要错过群星了。"所以,不要为打翻的牛奶哭泣,努力走出过去的阴影,迎接美好的明天。

包容,不仅意味着要宽以待人,容人之过,也包括要包容自己,原谅自己的过失,只有首先包容自己的人,才能更好地去包容别人。

包容自己,就是不要对过去的事情耿耿于怀,既然事情已经发生,就要积极地去面对,而不是一直沉溺于过去。这个时候我们能做的就只有包容自己,原谅自己犯下的错误,将自己从过去的痛苦中拯救出来,让错误"到此为

止"，如果你不能卸下过去的包袱，你就无法前行。

无论如何，过去的生活总是给人带来某种遗憾，总有某种不可能得到的东西，这就是生活的经验。所以，对你的过去能够做到最好的，就是忘掉你曾经犯下的错误，带着一种从过去吸取教训的决心来开始新的一天，把生活变为一块需要重新书写的黑板。

叶子大学毕业后，进入了公司。因为表现优秀，很受领导器重。她也暗下决心一定要做出成绩来，一次，上级领导要她负责一个企划案，为一个重要的会议做准备，还透露说如果这次企划案能赢得客户的认可，她将有可能被调到总公司负责更重要的职务。对叶子来说，这是个千载难逢的机会。她非常卖力，每天都熬夜准备这份企划案。

可是，到了会议那天，叶子由于过度紧张，出现了身体不适，脑子一片混乱，甚至没有带全准备好的资料，发言的时候词不达意，几次中断，会议的结果可想而知……

失去了一个这么好的机会，叶子为此懊恼不已。之后，由于她的状态一直不好，又有过几次小的失误，她对自己更加不满。以前自信的她，现在忽然觉得自己不适合这个工作，不然为什么老是在关键时刻出错呢? 她开始惩罚自己。经常不吃饭，想通了又暴饮暴食，或者拼命地喝酒。

叶子的情绪越来越不好，领导找她谈过几次话，宽慰她过去的事情都过去了，人应该向前看。虽然她的情绪渐渐稳定了下来，但是她还是不能原谅自己，没有心情做好手中的事情，以致对工作失去了当初的信心。最后，她不得不向公司递交了辞呈。

事例中的叶子在犯下错误之后，一直沉溺于过去，耿耿于怀，结果把自己的现在和未来也搭进去了。殊不知，生活总是要继续的，工作总是要做的，人要向前看，正如著名大学足球教练卢·霍尔兹说的："神让你的眼睛生在前额下。是为了让你向前看、向前行，而不是老往后看。"你既已经为过去付出了沉重的代价,就不要再搭上自己的现在和未来了。

包容自己,就别抓住自己的弱点、缺点、过失不放,太苛求自己,只会使自己丧失自信和勇气。

在人漫长而又短暂的一生中,任何人都难免会有一些错失,如果我们背负着这些失败的记忆、不愉快的思想生活,那就好比背着一大兜垃圾行走在世界上,这些思想会制造忧虑、挫折感和自卑感,会损耗我们的心灵和精神,而当别人轻松前行的时候,我们却被累得蹲在路边。

然而,很多人好像故意和自己作对似的,任由那些不快、令人沮丧和不幸的记忆充斥头脑,还不时地想起那些让人悲伤、痛苦和感到耻辱的事,以至于使自己得不到片刻的平静和快乐……为什么要让那过失、羞耻和错误继续缠绕着自己呢?难道它不是已经占据了自己大部分的内心世界吗?难道它不是已经在很大程度上加深了自己的皱纹、压伤了自己稚嫩的肩膀,并使年轻的步伐失去了弹性吗?难道它不是已经赶走了快乐和欢唱,使自己日益变得沮丧而趋于早衰吗?为什么还继续让它掠走自己体内更多的东西呢?为什么不把它从生活中驱除、从记忆中抹去,以彻底忘却来解脱自己呢?为什么要让过去来破坏、控制自己的未来呢?

生活是需要你学会选择、学会忘却的。对于那些思想中的垃圾,要把它们及时迅速地清除,不要再去想象和描绘它们,不要让它们在你的意识中越描越深,要彻底忘掉它们!不要为一件你无法补救的事情感到遗憾,不要总是试图抓住一些无法挽回的不幸,以及一些给自己带来痛苦、造成担忧和焦虑的事情,更不要因为担忧过去而错过了未来更好的机会!这么做不能给自己带来任何好处,而经常反思只会在记忆中遗留下更多的遗憾,只会更深地伤害自己,经常回忆过去的错误会引发更大的不快乐!生活需要学会忘却、学会遗忘、学会包容,这是生活本身对我们的教导。

当然,包容自己,也是因为我们的生活并不完全属于自己,我们承担着

各种各样的责任。我们不能自私到只为自己活下去，我们的情绪不仅仅对自己，如果因为我们的心情恶劣而影响别人，那样的人生是多么的荒芜、悲哀。

所以，一定要学会原谅自己。曾经的失败，只要已经吸取教训了，就放它过去，就让它随风而逝吧！为什么要对那些自己无法阻止和改变的事情哀叹不已呢？为什么要为此而气愤和懊恼呢？为什么要让自己变得沮丧，并使自己为此而焦虑烦忧呢？无论发生什么事情，都让它随风而逝吧！在神话故事里，既然连神灵都可以原谅自己，你为什么就不能包容一下自己呢？

包容别人，宽恕比报复更有力量

雨果曾说过："比海洋更宽阔的是天空，比天空更宽阔的是人的胸怀。"当我们怀着宽容的心的时候，我们的胸怀既能容纳海洋，也能容纳天空，又怎么会容不下别人一个小小的错误呢？

孔子的学生子贡问孔子："老师，有没有一个字，可以作为终身奉行的原则呢？"孔子回答说："那大概就是'恕'吧！"

恕，用今天的话来讲，就是宽容。宽容待人是一种美德，是一种思想修养，也是人生的真谛；宽容是一种福气，是一粒种子，它不仅在我们的心里开花结果，而且还能吸引别人，让别人因为我们的宽容而来到我们身边；宽恕也是一种勉励、启迪，它能催人弃恶从善，使歧路人走入正途。

在云南宾川境内有一座世界著名的佛教名山——鸡足山，在鸡足山的第一座关隘前，有一座名叫"洗心"的小桥。据说，鸡足山的金华长老曾在此桥前以一颗宽容的佛心，点化八个大盗，使其彻底洗心革面，从善改恶，皈依我佛。

世传金华长老曾有偈语："大慈大悲度众生，洗心桥上洗邪心。是非恩怨从此了,净水一滴悟道真。"八个大盗的邪心分别是:黑心如墨,残忍狠毒;黄心如橙,阴险狡诈;白心似冰,六亲不认;五花之心,暮楚朝秦;桃花之心,嗜色好淫;紫心贪婪,欲壑难填;绿心狭隘,嫉贤妒能;褐色之心,薄德鲜能。

这八个大盗杀人越货,无恶不作,后因抢劫鸡足山的财物而被官府捉拿归案。官府为了杀一儆百,决定在鸡足山下将其全部凌迟处死。金华长老得到消息后,亲自出面恳求官府放他们一条生路,让自己来点化他们。官府敬重金华长老的盛德,答应了他的请求。金华长老于是将他们带到洗心桥边,以洗心桥下的净水,逐一洗去八颗邪心的颜色,使其全部变为红色的良心。八个大盗后来全部幡然悔悟,出家鸡足山,成为守山护寺的和尚,并且最终修得正果。

金华长老以自己一颗"宽容"的佛心,净化了八个大盗的邪恶灵魂,使其皈依正途。这虽然是个神奇的传说,却向我们喻示了这样一个道理:宽容无敌,宽恕别人才能拯救别人。

下面这个故事也说明了这个道理。

有一年非洲某国闹饥荒,商店里的食品顿时紧张起来,即使有钱,人们也不容易买到粮食了。

一天,国际红十字会从外地调来一车玉米,指定用来拯救那些老弱病残的人们。分配工作就交给了酋长。

一大早,酋长就背着玉米,挨家挨户地向人们分发起来,当酋长来到一个叫山姆纳的年轻人家里时,生病很久的山姆纳正躺在床上呻吟。

酋长赶忙从口袋里捧出一些玉米粒,山姆纳见了,感激地说:"酋长,谢谢你,可我现在是又渴又饿,你能不能帮我找点水来?"

酋长答应了。他把口袋放在山姆纳家的凳子上,拿起水桶,走了很远的山路,才来到河边。当酋长提着满满一桶水回到山姆纳家时,见他已睡着了,而放在他家的那袋玉米却不见了。

酋长万分着急起来,因为这袋玉米能救活很多人的命,许多缺粮的家庭正等着他救命呢。

"山姆纳,山姆纳,你快醒醒。"酋长急忙去摇山姆纳的肩膀,想把他叫醒,询问那袋玉米的下落。

"吵什么吵!谁把我吵醒的?"山姆纳睁开眼,看了一下酋长,"您怎么来了?"山姆纳好像完全忘了刚才的事儿。

"山姆纳,你清醒一下,刚才我放到你家的那袋玉米到哪儿去了?"

"什么玉米?我连鬼影子都没有见过,不要说玉米,要有,我还会饿得四肢无力?"山姆纳说完,故意很响地拍了拍干瘪的肚皮。

"山姆纳,我知道你生活很困难,加之腿伤未好,不能外出寻找食物,但你想过没有,现在弄一点儿吃的真不容易啊,还有好多人早就断粮了,他们现在每天只靠嚼一点儿树叶,喝一点儿凉水充饥,都快撑不住了……"

"我……我真的不知道那袋玉米被谁拿走了,我一直在睡觉。"说这话时,山姆纳的眼神很不自在,他甚至低下了头,躲开酋长的目光。

"山姆纳老弟,我很同情你的处境,你再好好想想,我走后有谁来过你家没有?无论你做了什么,我都不会责怪你,现在是非常时期,大家都不容易。"酋长劝说道。

山姆纳沉默了一会儿,终于开口说:"是我,是我趁你去提水后,把那袋玉米拖到了床底下,实在对不起。"说完,他揭开床单,露出了那袋玉米。其实,酋长进门放下水桶时,就发现了从凳子到床之间撒了几粒玉米,又见玉米袋不见了,他心里便明白是怎么回事。但他知道在这困难时期,山姆纳这样做,也是不得已。所以,他一直没有揭穿山姆纳的谎言,照顾了他的自尊,而用真诚的劝诚,让山姆纳承认了错误,并主动交出了玉米。

可见,宽恕所产生的道德上的震动,比责罚产生的要强烈得多。

人非圣贤,孰能无过,人的一生,谁都会常常碰到自己利益受到他人有意或无意地侵害的事情，但我们要学会管住自己的大脑，控制报复的冲动，说服自己，把仇恨在心里慢慢地化解。因为，仇恨在伤害别人的同时也会伤害你自己，而宽容和忍让，是保自己一生平安的"护身符"。

如果你能容己之过，却不能容忍别人犯下一点点错误，那不是太自私，太自以为是，太狂妄自大了吗？

用宽容的心溶解仇恨

用一颗宽容的心，原谅那些曾经伤害过你的人，学会以德报怨。用真诚的心去溶解他们对你的误会或者仇恨。你会发现，即使对方的心像冰一样坚硬，也会被你宽容的心所融化，而成为你最忠实的朋友。

莎士比亚说："不要为你的敌人燃起一把怒火，结果烧伤的是你自己。"

我们总是记住仇恨，燃起仇恨的怒火，结果燃烧了自己，也烧伤了别人。做人就应该宽容，用宽容的心去溶解仇恨，只有溶解了仇恨，心才是轻松的，才会容纳更多的朋友。正如马丁·路德·金说："恨使生活瘫痪屋里，爱使它重获新生。恨使生活混乱不堪，爱使它变得和谐；恨使什么漆黑一团，爱使它光彩夺目。"

只有用宽容的心包容自己的敌人的人，才是高尚的人。宽容是一缕阳光，照耀着自己，也让别人的心温暖；宽容是一丝春雨，滋润着自己的心灵，也滋润着别人的心田；宽容是一粒种子，播种在自己的心里的同时，也在别人的心里生根发芽。宽容是赢得别人支持和赢得友谊最好的武器。

有一个富翁，他有三个儿子，当他年事已高的时候，决定将自己的财产只留给一个儿子，但是留给哪一个儿子，他开始为难了，想了几天，他终于想

出了一个办法。于是,他决定给三个儿子设定一场考试,谁胜出谁就是他的财产继承者。于是把三个儿子叫到身边说:"孩子们,为父决定在你们之中选一个人来继承我的财产,你们三个都出去周游世界,我给你们一年的时间,谁做的事情最高尚,谁就是我的财产继承人。"于是富翁的三个儿子都出去周游世界了。

时间有如白驹过隙,一年很快过去了,三个儿子陆陆续续也都回来了,于是富翁要他们三个人讲述自己这一年来的经历,说出他们做的最高尚的事。

他的大儿子得意地说:"我在旅行期间,有一次,我遇到了一个陌生人,他和我一见如故,我们聊得很投缘,他十分信任我,将他的一袋金币交给了我,让我保管,可是没过多久,那个人就因意外去世了,我并没有因为他死了,就把金币据为己有,而是原封不动的还给了他的家人。"

他的二儿子说:"我在周游世界的时候,路过一个很贫穷的村子,我看到一个可怜的小乞丐失足掉进了湖里,眼看就要被淹死了,于是我跳进湖里,把他救了上来,并且给了他一笔钱让他衣食无忧,以后不用再靠乞讨过日子了。"

三儿子看到自己的两个兄长都得意地说着自己做的最高尚的事情,他黯然地说:"我就没有两个哥哥的那么好的运气了,也没做过两个哥哥那么高尚的事,在我周游世界的过程中,我遇到一个人,他看上了我的钱,想将我的钱占为己有,于是他千方百计的算计我,意图谋我的财,害我的命,有好几次我都险些命丧他手。

"有一次,我看到那个人正在悬崖边的一棵大树底下熟睡,当时,我只有轻轻一脚就可以让他掉落悬崖,摔得粉身碎骨。但是我没有那么做,我想了想,还是原谅了他。当我正打算走的时候,我又担心他翻身掉下悬崖,于是就叫醒了他,那个人很感动,后来他和我成了朋友我们一起周游世界。我也不知道这算不算得上有高尚的事情。"

富翁听完,点了点头,他对他的三个儿子说:"孩子们,诚实、见义勇为都是一个人应有的品质，这些事情都是我们应该做的，称不上高尚；而面对自己的仇人有机会报仇，却放弃了，原谅了自己的仇人并且帮助仇人脱离危险，那种以德报怨的品质才是最高尚的，才是高尚的人。我的财产就全部都给老三了。"

就像富翁说的一样，能够秉持着宽容的心态，以德报怨，以宽容的胸怀去化解仇恨，不和与自己为敌的人计较，并且帮助敌人脱离险境的人才是高尚的人，那种品质才是最高尚的。富翁的小儿子，有机会报仇却选择放弃，并且帮助敌人脱离险境，这样的人才是高尚的人。人心都是肉长的，当那个人体会到这一点的时候，还会与他为敌还会想加害于他吗？他肯定会为自己的行为而后悔，肯定会誓死追随于宽容他的人，成为他最忠实的朋友。

在交际的过程中，只有懂得"舍得"二字，才会让我们明白；只有放下仇恨，用宽容的心溶解仇恨，才能拥有快乐，才是最高尚的人。一个人如果连仇恨都可以放下，都可以溶解，那么他还有什么不能放下的呢？同样，一个人如果连他的敌人都可以成为朋友，那么还有谁不能成为他的朋友呢？

懂得宽容的人是幸福的，是一个有大智慧的人，宽容是人最高尚的品德，是人际关系中的相处之道。只有懂得宽容的人才是心胸宽广的人，只有心胸宽广的人才有可能去爱我们身边的每一个人。

用一颗宽容的心，原谅那些曾经伤害过你的人吧！学会以德报怨，用真诚的心去溶解他们对你的误会或者仇恨。你会发现，即使对方的心像冰一样坚硬，也会被你宽容的心所融化，而成为你最忠实的朋友。

少一分怨恨，就多一分快乐

　　心宽的人，人生之路越走越宽，日子越过越红火；心胸狭窄之人，人生之路只会越走越窄，日子越过越没有生机。宽厚待人，包容一切，是事业成功和家庭幸福美满之道；事事斤斤计较，患得患失，会因活得很累而丝毫体会不到人生的乐趣。

　　生存在这个世界上，为了生存而搏斗，最容易产生的一种情绪无疑就是怨恨了。当一个人在遇到伤害的时候，无论是被欺骗、背叛，还是被污蔑，抑或是感到社会对自己不公的时候，出于本能的反应，都会产生怨恨的情绪。如果不想办法摆脱这种怨恨的情绪，它很快会成为一种感情习惯，会让人习惯性地感觉到，自己是非正义的牺牲品。一个人一旦怀有这种内在的感情，就会向外在寻找合适的借口，而他果真会找到诸多蒙受不公的"证据"，比如幻想自己被亏待了，把别人完全没有恶意的话和中性的话理解为恶意伤害。

　　习惯性的怨恨还有一个孪生姊妹就是自我怜悯，后者又是最坏的一个习惯。一旦这些习惯在一个人的内心扎下根来，他就会视这些习惯为正常和自然，一旦离开它们，就会感觉不舒服，最终他就会走上寻找"不公平"之路，只有在受罪时才会感觉正常。

　　一个人如果带有这些情感伤疤，不仅会招致或真或假的不公平，让自己沦为可怜虫的境地，还会将生活的世界想象为一个充满敌意的地方。他与这个世界最基本的关系也必然是敌对关系，他无法与别人建立起给予和接受、互相合作、共同享受的关系，而会对他人采取压倒、击败、防范等态度。久而久之，他对别人和自己都不会怀有仁慈之心，而挫折、侵犯和孤独将是他需要付出的代价。

所以说,怨恨的情绪看似是外界某个人、某件事、某种环境引起的,实质上却是我们自己感情上的反应。与其终日生活在怨恨里,还不如把自己从怨恨中解放出来,这样自己就会活得更轻松、自在。停止怨恨,就是放过自己,让自己获得自由。

有一个动不动就恨别人的人,觉得生活很沉重,便去见哲人,寻求解脱之法。

哲人给他一个篓子,指着一条沙砾路说:"你每走一步就捡一块石头放进去,看看有什么感觉。"那人照哲人说的去做了,哲人便到路的另一头等他。过了一会儿,那人走到了头,哲人问:"有什么感觉?"那人说:"越来越觉得沉重。"哲人说:"这也就是你为什么感觉生活越来越沉重的道理。当我们来到这个世界上时,每人都背着一个空篓子,有的人每走一步都要从这世界上捡一样东西放进去,所以才有了越走越累的感觉;如果你想过得轻松些,你就要学会舍弃一些不必要的负担。而你的怨恨是你最大的负担,要想快乐,你必须学会放弃怨恨。"

生活中,每个人都曾经历过来自他人的伤害与欺骗,但是有些人选择记仇,选择无休止的怨恨,有些人则选择宽容相待,慢慢忘记。选择无休止怨恨的人犹如为自己戴上了一道无法打开的痛苦的枷锁,而选择忘记的人则会轻易地从痛苦中解放自己,活得轻松惬意。

如果生活是一朵美丽的花,那么怨恨就是啃噬花叶的虫;如果生活是一泊宁静美丽的湖,怨恨就是在湖中注入一道污秽的炼油。怨恨会破坏生活的美丽,让生活憔悴不已;怨恨会让人生染上污点,并且总是漂浮在表面。所以怨恨别人有百害而无一利。

怨恨会使我们失去原有的冷静与理智,使我们无心维持正常的生活秩序,使自己的生活越来越糟。怨恨对别人的过失毫无弥补,怨恨别人只是在

对自己进行惩罚而已。所以我们不要怨恨,我们要学会宽容,宽容他人对自己造成的伤害,宽容他人为自己带来的痛苦。用宽容来浇灌被怨恨啃噬的花朵,用宽容来净化被怨恨污染的湖泊。

用宽容来对待他人,同时也是在解放我们自己;用怨恨对待他人,同时也是在束缚我们自己。那些还在怨恨他人的人,请你停止你的怨恨。当你开始怨恨一件事,一个人的时候,其实已经走向了伤害自己的第一步。既然别人对自己的伤害已经形成了,何苦再继续伤害自己呢?何必让自己因为怨恨失去常态变得歇斯底里呢?停止怨恨,就是解开束缚自己的枷锁;停止怨恨,就是尽早治愈对自己造成的伤害;停止怨恨,你可以看到生活的美好,让自己的心灵更加的轻松。

人们常说:爱产生爱,恨产生恨,这句老话是不会错的。因此,别再让怨恨夺去你的快乐了,少一分怨恨,就多一分快乐,只有摆脱它,你的生活才会充满欢声笑语。当你真正能够做到恢宏大度、胸无芥蒂、肚大能容、纳吐百川,内心便有了一束不灭的阳光,永远晴空万里。

心胸有多宽,世界就有多大

没有对小溪的包容,就没有大海的浩瀚无垠;没有对风雨的包容,就没有潇洒的长空雄鹰!包容是一种海纳百川的宽宏与智慧,只有拥有了这份广阔的心胸,才算是活出了真正的人生。

有一句诠释"包容"的经典之言是这样说的:"当一只脚踏在紫罗兰的花瓣上时,它却将香味留在了那只脚上,这就是包容。"

虽然每一个人都是独立的个体,各自做着自己的事情,但生活在社会群体中,在熙熙攘攘中难免有碰撞,难免会产生矛盾,要想化解矛盾,首先要学会包容。只要彼此能相互忍让,遇事多一分冷静,少一点暴躁;多一点豁达,少一点狭隘,就能使矛盾"冰消雪融"。

要想学会包容,首先要冷静地看清自我。要用自己的良心,审视自己的过错与不足,而不是主观性地蒙蔽自己的错误,一味将眼睛窥向别人的缺点。只有如此,才会心清如镜。而一个心清如镜的人,无论遇到什么矛盾,都可以清醒地透过内心世界,行在海之涯,领悟博大的百川;站在山之巅,解读包容的内涵。包容之人必豁达,豁达的人,不计较一城一地的得失,故必为成大气候之人。

一只河蚌安逸地住在河里,它无忧无虑与世无争,一天一粒沙子闯进了它的身体。沙子在河蚌的肉体里蠕动,因摩擦造成的疼痛,让河蚌撕心裂肺、肝胆欲碎。赶不走又吐不出沙子,河蚌只有用自己分泌的"心血"去包容沙子。天长日久沙子被包容成了一颗珍珠,疼痛没有了。包容痛苦的结果使河蚌拥有了昂贵的身价。所以,黎巴嫩诗人纪伯伦说:"一个伟大的人有两颗心:一颗心流血,一颗心包容。"

记得台湾星云法师在其《包容的智慧》一书里,讲到了一个包容的故事:

有一天,在禅堂里面,忽然发现一个小偷偷东西,在禅堂这么一个清静的地方是不可以原谅的,并且大家都知道是谁,就齐心跟堂主要求开除这个小偷。大和尚听了:"哦哦哦。"

大和尚并没有着手处理这件事。过了不久,这个小偷觉得第一次没有事,第二次他又下手,大家就更加不能容忍了,请堂主把他赶走。大和尚听了,还是:"哦哦哦。"

事实上也没有赶他走。到了第三次,这个小偷再一次下手,大家就不能原谅了,要求如果不把这个小偷赶出清静的禅堂,就统统离开,都不参禅了。大和尚一听,说:"你们统统离开,这个小偷留下来。你们都是很健全的人,离

开了以后到什么地方都有人要啊，这个小偷他毕竟身心不健全，我叫他走，到别的地方，他能到哪里去呢？我这个禅堂是佛门慈悲的驯服场啊，我都不能包容他，这个世间又哪里能包容他呢？"小偷听了，羞愧难当，从心里觉得自己错了，从此不再偷了，洗心革面，重新做人。

生活好像一杯放在桌上很久的水，每天都有灰尘落到里面，但是它依然澄清透明，为什么呢？因为所有的灰尘都沉淀到了杯子底。如果猛烈摇晃水杯，就会使整杯水混浊一片，但是如果你让它慢慢地、静静地沉淀下来，用心去包容，这样水就不会被污染，反而更加纯净。当我们付出"包容"的胸怀，收获的却是心灵的纯净。

生活中需要包容，包容的后面是春暖花开，唯有包容方可蓄能纳才。或许别人给你套的枷锁，却能让你在寂寞中蛰伏而生成前所未有的壮举；而你的狭隘刻薄，则是一把锋利的刀，最终会割伤了自己。学会包容的人，总是以宽广的胸襟去看待他人；学会包容的人，总是能在繁杂的生活中感到轻松和闲逸；学会包容的人，总能把黯淡的日子点缀得风和日丽、五彩缤纷；学会包容的人，总是对生命中的点滴事情心存感激……

当然，包容不是怯懦，不是无视别人的伤害，也不是纵容别人去犯错，而是为了给对方一个机会，有时包容引起的自我反省比惩罚更强烈。所以，多一些包容吧，你包容多少，就拥有多少；你的心有多大，世界就有多大。

变对抗为包容,只有相互包容才能共同进步

生而为人,每个人都有他自己的过人之处和不足之处,试着包容每一个人,变对抗为包容,在相互包容中相互学习,共同进步,你就会拥有一个完整的世界。

每个人都在走他自己的路,何苦非要别人和自己一样呢?既然生活在千万众生共沐的阳光世界里,又为何将自己的心灵禁锢在对抗、羡慕、嫉妒、恨的阴影里,只见方舟不见海呢?为什么就不能变对抗为包容,在冲突中相互包容共同进步呢?

是的,只有相互包容,求同存异,才能相互学习,共同进步,而不是做什么事情,都是一分为二,不容于和自己有冲突的任何人任何事,甚至将冲突发展成一种尔虞我诈的斗争。

可可在佛光丛林学院念书,对训导老师非常不满,总是抗拒并排斥老师的要求与言教。

一日,禅师将她找来,问道:"听说你对训导老师不以为然,说说看,你对她有什么不满?"

可可抓住机会,开始数落老师的不是,一说就说了半个小时。

禅师并没有因为忙碌而打断她的话,却不断要求素素再举几个例子来说,直到她想不起来还有什么例子可以举证老师的过错时,禅师就说:"你讲完了,现在可以换我讲了吗?"

可可点了点头。

禅师说:"你的个性属于黑白分明、嫉恶如仇的。"

可可满意地点头说："师父，您说得真准，我正是这样的人呢！"

禅师又说："你知道，这世界是一半一半的世界。天一半，地一半；男一半，女一半；善一半，恶一半；清净一半，浊秽一半。很可惜，你拥有的是不全的世界。"

可可听了之后，愣了半晌，问道："您为何说我拥有的是不全的世界呢？"

禅师说："因为你要求完美，只能接受完美的一半，不能接受残缺的一半，所以你拥有的是不全的世界，毫无圆满可言。"

可可顿时好像失去了重心，不知所措，问道："那我该怎么办才好呢？"

禅师慈悲地说道："学习包容不完美的世界，你就会拥有一个完整的世界了。"

其实，对于任何事，从广义上来说，无好坏对错之分，好坏对错是基于某种标准而言的。若你想赢得某人的信任，想与某人或某团队进行有效的人际沟通与合作，就要去关注他们的不同，了解其个人或组织的心智模式和行为习惯，先引后导，在相互包容中相互学习共同进步。

了解他人的心智模式和行为特点，对不同人应该采用不同的沟通方式，要以对方能接受的方式与其沟通，而不是千篇一律。这就要求我们向水学习，正所谓"上善若水"。有容德乃大，无求品自高。水滋润万物生长，去人们不愿意去的地方，无固定的形和态，或存在于沙漠的深处，或存于地的深处。它尊重万事万物，不与其争利，遇到岩石，分而流之。在河里它变成了水，在空气中它变成了水蒸气。它可以存在于人的身体中，存在于树根中，成为其不可或缺的必要生存元素，并且与其融会贯通，和谐相处。

孔子说："万物并育而不相害，道并行而不相悖。小德川流，大德敦化。此天地之所以为也。"在整体之内，各个构成分子之间相隔相克，同时又相依相生，相克和相生都是维持共存的必要条件，缺一不可，我们要求同存异地进行沟通与合作，在相互包容中相互学习共同进步，这对于个人、组织、社会甚至是一个国家都是极其重要的。

第 *4* 章

爱是一种真诚

放下自己让别人快乐，爱才真正活出来

真诚，是一种美德、一种原则、一种能力，是衡量一个人人格魅力的最佳方式……一个人不管成功与否，最重要的就是要具备真诚的品质。因为只有真诚才能让别人信赖；只有真诚，才能让人打开心扉，与你并肩携手，合作共享；也只有真诚，才能使一个人的行为和信仰一致。如果所有的人都缺乏真诚，彼此戴着面具，相互交流时互打太极，那么社会就会因为人与人之间缺少真诚的沟通而崩溃。

人贵在于诚，真诚是打动人心的钥匙

只有诚意的心灵才能得到真正的回报，也只有真诚待人，胸怀诚意，心怀天下，才能打动人心，赢得人心。

人贵在于诚，这是几千年来人们传颂的佳句！想必大家都希望自己身边的每一个人都对你有诚意。但是，在这之前，你是否想过，你对别人有诚意吗？诚意是什么呢？你是否真正了解了它的含意呢？

诚意有狭义和广义之分，狭义的诚意就是一个人在对某些人——这某些人，一般只限于和他自己利益切身相关的人，做一些事情的时候，从心里

表现出的一种愿意,从而在他们的行动上表现出来。而广义的诚意,就是一个人无论面对什么样的事情,什么样的人,都能以诚相待,哪怕只是一个和他切身利益毫无关系的陌生人,他心之宽广能容天下!心之从容而处变不惊,和他相处的人,无不感到发自他内心的诚意,因此总能让人从心里接受他,哪怕是他的馈赠。他们就像人世的金子,即便是怀才不遇,也从他们自身散发着耀眼的光芒。这样的人只希望大家都生活得很幸福,而不愿看到任何人烦恼或痛苦。至于他自己,或许内心正默默承受着最深切的痛苦。

在一本书里看到这样一个故事:

一个作家在旅游途中,经过朋友的介绍,到一个并不认识的妇女的住处借宿。不料,主人不在家,但她刚到门外就看到了"欢迎光临"四个字写在牌子上。来到卧室,在洗净放好的卧具上有一张"祝你有个甜美的梦"的字条;走进厨房,冰箱装满了食物;桌上还有一张便条,上面有附近医院、市场、餐厅的地图,还有困难时可以求助的电话号码。女作家看到这一切不禁万分感激未曾见面的主人。

试想一下,这位房主要是没有诚意,她会想出这么有情有意的话来温暖人心吗?会考虑得这么周到吗?对于处于旅途中的人来说,这些关怀是多么暖人心怀啊!面对这样的诚意,还有谁的心能不被打动呢?

记得有位作家说过,人是天气的总和。从地理环境、人文气候上来说,越是在粗狂、混沌的地方,人们的心地越是忠厚老实、善良真诚。正如上尉斯贝克所说的那样,那些在非洲腹地内陆湖泊附近生活的马千达民族,虽然看起来很彪悍,但是他们对人也很有诚意,真的令人非常惊诧。这就像蒙古人,无论是劝酒,还是留客,总能让人感到他的真诚,所以也总让人不由自主地想多喝一杯,多住一天。

当然,一个人如果想得到别人的真诚以待,自己首先要学会真诚对待他人,关心他人的思想和观念,从对方的角度思考对方真正想要的。当这样对人之后你会得到别人同等诚意的感谢,此时双方的心灵都得到了洗涤。诚意,颇显人之诚贵,人人都希望自己富有魅力,而要赢得别人的赞赏和信任,就得像故事中的房主人那样多怀一些诚意。

是的,社会是现实的,人与人之间没有单独的付出,只有双方都付出真诚,彼此才能都收获真诚。只有诚意的心灵才能得到真正的回报,也只有真诚待人,胸怀诚意,心怀天下,才能打动人心,赢得人心。

以诚相待,诚实是通向真理的阶梯

诚实,与其说是对他人的真诚,毋宁说是对自我,对生命的一种态度,因为它是通向真理的阶梯。

尼采说:"诚实是一座阶梯,是获得内心平静的前提,也是达到真理之前的手段之一。"所以,要想获得内心的平静,就要对己、对人、对事以诚待之,不自欺欺人,坦然面对一切。

对自己保持诚实,就是要遵从自己的内心,忠于自我,不自欺欺人,敢于面对自身的一切。对他人保持诚实,是一种品质,是一种道德上的要求,它之所作为起码的规范约定下来,被人们所重视,是因为诚实是一种高尚的人格,是对自己、他人和社会负责任的表现。

所以,人缘的好坏,很大程度上是人格高尚或是人格卑微的对应物。对待他人真心诚意、实实在在,做事说话有根有据,不捕风捉影;把问题摆在明处,不在背后搞小动作,不要滑藏奸,而是光明磊落、踏踏实实、实实在在,拥有此等胸怀与人相交办事,必然能够赢得好感,获得更广的人脉,成为令人信赖的朋友。

想必人人都有这样的体会,与诚实人办事,不必遮掩防范,彼此能够开诚布公,同甘共苦。圆满做事,诚实的品质主要体现在重信义上。与人共事要"言必信,行必果"。这样才能让人信任你。如果拿信义开玩笑,当面允诺,过后又忘得一干二净,别人追究,又一再搪塞,如此对人对事,一定会得罪朋友,失信于人,人际关系恶化,人缘变差。实际上,诚实的人信誉度高,朋友就会变得多起来,人缘也就越来越好。我们要在社会上立足,就要得到别人的信任,而要得到别人的信任,最重要且唯一要做的就是诚实守信。

要是不能做到这一点,撒谎和失信于人之人就会自食其果。没有人可以帮你承担!

有个一生修锁无数、技艺高超、收费合理、深受人们敬重的老锁匠。他为人正直,老锁匠每修一把锁都把他的姓名和地址告诉别人,说:"如果你家发生了盗窃,是用钥匙打开家门的,你就来找我!"

老锁匠老了,为了不让他的技艺失传,人们帮他物色徒弟。最后老锁匠挑中了两个年轻人,准备将一身技艺传给他们。

一段时间以后,两个年轻人都学会了不少技术。但两个人当中只能有一个得到真传,老锁匠决定对他们进行一次考试。

老锁匠准备了两个保险柜,分别放在两个房间,让两个徒弟去打开,谁花的时间短谁就是胜者。结果大徒弟只用了不到十分钟就打开了保险柜,而二徒弟却用了半个小时,众人都以为大徒弟必胜无疑。老锁匠问大徒弟:"保险柜里有什么?"大徒弟眼中放出了光亮:"师傅,里面有很多钱,全是百元大钞。"问二徒弟同样的问题,二徒弟支吾了半天说:"师傅,我没看见里面有什么,您只让我打开锁,我就打开了锁。"

老锁匠非常满意,郑重宣布二徒弟为他的正式接班人。大徒弟不服,众人不解,老锁匠微微一笑说:"不管干什么行业都要讲一个'信'字,尤其是我们这一行,要有更高的职业道德。我收徒弟是要把他培养成一个高超的锁匠,他必须做到心中只有锁而无其他,对钱财视而不见;否则,心有私念,稍有贪心,登门入室或打开保险柜取钱易如反掌,最终只能害人害己。我们修锁的人,每个人心上都有一把不能打开的锁。"

老锁匠并没有根据技术来定自己的接班人,而是用诚信来决定。技术可以后来再在工作中多多学习而得到,一旦失信于人,不仅会造成别人的损失,还会连招牌也被砸了。大家可以想一想,哪一个更重要呢?

在现实生活中,无论是你的上司、同事、朋友还是伴侣,他们对你的信任必定是经过长年累月的堆积才构筑的,这是你做人的成功之处。诚实意味着你对他人坦白真挚,结果你也可能会从别人那里得到同样的东西;诚实还意味着你与人为善的原则。诚实之人大多为光明磊落之人,他们待人以诚,既尊重别人也尊重自己;别人如果对你虚情假意,你不会有感激之情,而你对别人虚情假意,别人也一样会表现出厌恶。这个世界上能够永远瞒得住的谎言并不多,况且就算瞒得过,你也再无法享受内心的平静了,这是多么得不偿失啊!谎言不被揭穿的唯一诀窍就是永远光明磊落,诚实守信。同样,对自己不知道、不了解的事情,也必须坦然承认。老是装着什么都懂的人,会让人觉得你是一个漫天胡诌的人。"知之为知之,不知为不知",别人不会因你不懂这件事情而不尊重你。

当然,诚实并不意味着你要将个人隐私坦言相告,或者赤裸裸地指出别人的缺点,不给他人留一丝情面。因为诚实和揭短完全是两码事,它是建立在理解和包容的基础上的。所以说,诚实,与其说是对他人的真诚,毋宁说是对自我、对生命的一种态度,因为它是通向真理的阶梯。

学会欣赏别人，给予真诚的赞美

金无足赤，人无完人，在人生的道路上，想要学会欣赏别人，真诚的赞美别人的同时，不断完善自己，需要的是坦坦荡荡的胸怀，是不卑不亢的人生态度。这样的人，才是最有智慧的人，因为他们在放下自己，让别人快乐的同时，自己也收获了更完美的自己。

有人说，要想看某个人的人际关系好不好，只要把他扔在孩子堆里，看这些小孩愿不愿意跟他们玩儿就知道了。因为小孩子的情感反应是直接而本能的，他们有一种天生的判断力，会对身边的人进行本能的判断。你对他好，常称赞他，他就会很高兴，愿意与你一起玩；若你对他不好，常责备他，他就会很失落，不愿理你，甚至不愿意看你一眼。

从根本上说，不能赢得小孩子喜欢的人，是因为他们不太懂得真诚地欣赏他人，赞美他人，而小孩子本能地感觉到了这一点。

可为什么赞美别人就那么难呢？英年早逝的王小波说过的一句具有非凡洞察力的话，也许是对这个问题的最好回答。他说，"所有的愤怒其实都是对自己无能的愤怒。"也就是说，我们不能给予别人以真诚的赞美，都是因为我们不能坦然面对自己，在别人的成功面前感到自惭形秽，所以才对别人的成功产生羡慕、嫉妒、恨。

其实，完全不必这样，毕竟金无足赤，人无完人。任何事物都有着其自身的缺陷与不足。每个人都有其闪光的一面，也有其暗淡的一面，只是程度不同而已。所以说，赞美别人不是说就是对自我的否定，对别人的完全肯定，只是对别人表现出的优秀给予赞美，因为它们值得别人去赞美，也应该赢得别人的赞美和欣赏。这个时候，为什么就不能放下自己的架子，给予别人以肯定，让别人快乐呢？正所谓"送人玫瑰手有余香"。赞美别人能够使他人产生奇迹，一句好话、一个微笑、一个肯定的眼神有时就能给人无限的鼓舞和温暖。满足了别人的自尊，自然就会博得更多的喜爱以及真诚的合作。

因此，我们必须以博大的胸怀去接纳别人，赞美别人，坦然面对自身的缺点，并努力地完善自己。这就要求我们永远不卑不亢，既能对自己的过人之处保持谦卑，也能坦然接受自己的缺点，改善自己的缺点。在欣赏别人的同时，也尝试着把自己投入到铸就辉煌的熔炉之中，把自卑锤炼成自信，把委屈升华成振奋，把失意挤压成动力，把不满锻造成奋进，把孤傲挥洒成谦逊，把挫折锤打成练达。既能赞美别人的过人之处，也能正确接受别人的缺点。

是的，没有阳光的照耀，我们就无法健康地成长。赞美就像照在人们心灵中的阳光，它会使人的精神焕然一新；相反，尖刻的批评也只会让人灰心丧气，让人对生活失去了信心，因而，应该让赞美的阳光普照世界的角角落落。

我们的生活需要赞美。一句真诚的赞美，能够让一个身处困境的人精神振奋，继续踏上坎坷的人生道路。同样，一句尖刻的批评，则会使一个锐意进取的人心灰意冷，陷入绝望的境地。

有一个名叫詹尼特·格雷厄姆的服务员，他在熙熙攘攘的纽约杂货商店里忙活了整整一天，累得精疲力竭。他的帽子歪向一边，双脚越来越疼，装满货物的托盘在手中也变得越来越沉重。他感到非常的沮丧：自己什么也做不好。他好不容易为一位顾客开列完繁琐的账单——这家人有好几个孩子，他们几次三番地更换冰激凌的订单——他真的准备撂挑子了。就在这时，这家人的父亲递小费给詹尼特，笑着说："干得不错，你对我们照顾得真是太周到了！"顷刻间，詹尼特的疲倦感无影无踪了，面对顾客的赞美，他会心地笑了。后来，当经理问到他对头一天的工作感觉如何时，他回答说："挺好！"

其实，在生活中，这样的事情比比皆是。一句善意的赞美会让我们得到

身心的愉悦,一个真诚的赞美会给我们莫大的鼓励!

真诚的赞美可以调动人们的积极性,激发人们的潜能,使他们做得更多、更好。对于那些看似并不优秀的人来说,赞美可以改变他们的心态,甚至可以改变他们的一生。在学校中一些学习成绩差的孩子,因为教师无意中的一句赞美变得勤奋好学,这样的例子俯拾皆是。

真诚的赞美别人,仿佛是举起了一只火炬,照亮别人的同时也照亮了自己。在此过程中,就会让彼此有着隔阂的心墙破冰融合,从而改变了两颗心之间的距离,也改变了我们自己的人生局面。

也唯有真诚地赞美才会让人如遇春风,虚情假意地赞美,往往被人认为是讽刺挖苦或者是溜须拍马,让人感到恶心、让人鄙视,而真诚的赞美一定是来自灵魂深处,一定是对被赞美者真诚地羡慕和钦佩。它表达的是我们的一片善心和好意,传递的是信任和情感,化解的是有意无意间与人形成的隔阂和摩擦。当你的赞美足够真诚的时候,一定会使对方受到感染,从而产生心灵的共鸣。

当你学会了真诚的赞美时,你就会得到许多意想不到的收获。人最不应当吝啬的就是赞美,赞美他人是一个人有修养的表现。一句赞美的话胜过几剂良药,能化干戈为玉帛,给人愉悦。赞美是一种美德,它能给人一种无形力量,足以让人鼓起勇气,建立自信。赞美是最好的鼓励,它不仅能给对方带来好运,而且可以使自己心情舒畅。在现实生活中,每个人都曾得到过别人的赞美,也曾赞美过别人。真诚地赞美别人和得到别人真诚的赞美,都是一件非常快乐的事情。

用你智慧的双眼去发现别人的长处和值得欣赏的地方,并给予真诚的赞美吧!学会欣赏,懂得了赞美,我们才会懂得享受,才会获得快乐,才能走向幸福,才配得上一个真正大写的"人"字!

真诚地为别人喝彩，人生才更精彩

人生路上，应该学会为别人喝彩。学会真诚地为别人喝彩，人生才更精彩。

2001年8月22日在北京举行的"大学生运动会"开幕式上，当法国体育代表团走到主席台前时，人们意外地发现，法国运动员高高举起了一条横幅，上面用中文写着一行字：法国代表团祝贺北京2008年奥运会申办成功。巴黎申办奥运会败给北京，但法国人仍能大度地为竞争对手喝彩，他们的喝彩声终于赢得了全场观众最热烈的掌声和喝彩声。

不由得想起著名的西班牙学者巴尔塔沙·葛拉西安说过的一句话："一个人总能在某一处胜过别人，而在这一处上又总会有更强的人胜过他。智者尊重每个人，因为他知道每个人都各有其长，也明白成事不易。更懂得真诚地为别人喝彩，人生才更精彩。所以，学会真心诚意的欣赏别人，为别人喝彩是一种人格上的修养，是让自己逐步走向成熟和智慧的象征，也是智慧和修养的体现。"

由此可见，能够为别人喝彩的人需要有宽广的胸怀，因为它不是"作秀"，不是一种手段、一种形式，更不是溜须拍马，而是一种发自内心的自觉行为，是一种善良人性的自然流露，是发自内心的真诚表现，它传递着生活中的融洽与美好，也展示着人世间的真诚与和谐。

如果你总是抱着一颗率真而豁达的心，去欣赏周围小小的事物、普普通通的人，那么，在当今这个纷繁杂乱，喧嚣躁动，并且充满压力的世界上，你也可以随时发现快乐，收获幸福。

一个外号叫歪歪的女孩，现在已经是某企业的行政主管了，也是个业余作家。她曾经写过一篇散文，文中她说"为别人喝彩是人生当中一件很重要的事情，因为你的一个肯定和赞赏的眼神，为他而发出的喝彩声，很可能会改变一个人一生的命运。"之所以有这样的感悟，源自她上初中时的一次经历。

歪歪在念初中时有过一个同桌，牙齿长歪了，说话爱像男生那么骂骂咧咧，打蚊子像拍手鼓掌一样噼啪作响。歪歪不喜欢她的粗鲁，她们两个有过相互肩碰肩坐着却一连半个月没开口说话的纪录。

在一次作文评比中，歪歪的一篇精心之作没评上奖，名落孙山，歪歪为此心灰意冷带着一种挫折感把那篇作文撕成碎片。这时，假小子一般的同桌忽然发出愤怒的声音，她说那篇作文写得很棒，谁撕它谁是有眼无珠。

其实，同桌是在说反话表示对歪歪的欣赏和赞美，那是歪歪写作生涯中的第一位喝彩者，那一声叫好等于是拉了歪歪一把，歪歪记得当时流出了泪水。

那位同桌后来仍然不改好战的脾气，她们俩也时常有口角，相互挑战，耿耿于怀。然而歪歪至今难忘这个人，因为她的第一声喝彩就像一瓢生命之水，使歪歪心中差点枯萎的理想种子重新发芽、开花、结果。每当歪歪回首往事时，都会遗憾当时为何不待她更温和一些，因为她现在才发现，她是歪歪生活中的一道明媚的阳光。

于是歪歪在她以后的生活当中，也经常去为别人喝彩，因为她懂得了，一句肯定的话，会让人心振奋，阴霾散去。身边的很多人因为歪歪的喝彩，而感觉到人生重新有了意义。至于歪歪自己，在做这些的时候，在为别人喝彩的时候，她的内心也充满了快乐。

这样的人在现实生活中并不多见，因为很多人都知道，为自己喝彩容易，为别人喝彩很难。更有甚者，自己有了成绩、荣誉，就欢呼雀跃、神采飞扬;别人有了进步,却往往视而不见、充耳不闻,甚至挖苦、嫉妒、冷嘲热讽,很少真正从心底里为别人喝彩。

激烈的社会竞争,让人们十分重视自我价值的实现。为此,一事当前就要先看自身利益,当自己的利益得不到满足时,心理就容易产生不平衡,以致忽视集体协作精神。这样的人,让他为别人的成功喝彩自然就难以做到了。

其实,生命的舞台很大,每个人既是表演者,也是台下的观众,谁都希望在曲终谢幕的时候得到别人的赞美和喝彩,因为我们都在寻找和期待着他人和社会的认同,实现自我的价值。不要以为别人的进步就意味着自己落后,别人获得荣誉就意味着自己黯淡无光,这是一种非此即彼的思维,是狭隘的、不科学的。因为生而为人,作为人类的一分子,为他人喝彩,是一种心灵的解脱和慰藉,只有真心的付出,你才会体会那种因为别人而欣慰的感动。

学会为别人喝彩,就要有甘当"绿叶"的精神。"红花"受人瞩目,而"绿叶"往往被人忽略。要想做到为别人喝彩,首先要当好"绿叶"。这就需要树立正确的人生观、价值观,做到淡泊名利,不计较得失。生活就好像一条五彩斑斓的河,这条河因为有了形形色色的人而充满生命的活力,充满生活的欢歌笑语。让我们用善良的笑容、真诚的态度,为别人喝彩吧!让我们融入到这条美丽的生命之河中去吧!

第 5 章

爱是一种尊重

敬畏每一个生命，尊重每一个敬畏生命的人

> 爱是一种尊重，一种对生命的敬畏，包含着对自我、他人的尊重以及对每一种生命的敬畏。我们敬畏每一个生命，也尊重每一个敬畏生命的人。因为我们知道，只有尊重别人的人，敬畏生命的人，才有权受人尊敬，也才能受到别人的尊重。
>
> 所以，我们每一个人都应该用一颗宽容豁达、尊重理解的心去待人或看待世界。另外，尊重别人，会让你有一颗谦卑的心，因为在怀有一颗尊重的心态之前，你首先是包容的、理解的。

每一种生命都值得我们去敬畏

真的，不仅仅只有人类才拥有生命神性的光辉，当你拥有了一颗慈悲之心时，你会发现，其实，每一种生命都是有人性的，都值得我们去敬畏。

我们理应敬畏地球上的一切生命，不仅仅是出自对万物的怜悯，更是因为它们的命运和我们息息相关。对每一种生命的敬畏，也是为了更爱人类自己。

弘一法师在圆寂前，曾再三叮嘱弟子把他的遗体装佛龛时，在佛龛的四个脚下各垫上一个碗,碗中装水,以免蚂蚁、虫子爬上遗体后在火化时被无辜烧死。即便是到了现在,很多人都在为弘一法师对于每一种生命深彻的怜悯与敬畏之心而深深感动。

记得看过这样一篇文章,作者在文中讲述了自己的一次经历,现转述如下:

上初中的时候,我家后院的墙洞里经常有大老鼠出来偷吃粮食。或许出于一种本能的厌恶,有一次,我的心里产生了一个残酷的想法:拿开水把它们烫死。于是,我就悄悄地躲在墙边,趁老鼠出来的时候,把开水浇在它们身上,结果,一只大老鼠被滚烫的开水烫着后,惨叫着缩进了墙洞。我不知道它有没有死,但那时我并没意识到自己的残忍,甚至还有些幸灾乐祸,为自己的"成功"而暗自高兴。

然而,引起我内心最大触动和内疚的是在两个月后的一天。那天,我在后院里一边晒太阳,一边看书,又看到了那只被烫伤的大老鼠,我一眼就认出了它,因为它身上留下了被烫伤后的疤痕。刚开始我很吃惊,它竟然还活着,只是全身都是被烫伤之后留下的白斑。但最让我痛苦和不安的是,它居然还怀着小老鼠,腆着个大肚子,动作笨拙地在地上寻觅着食物。我无法表达我那个时候的心情,我只觉得"生命"这个词,在那刻的心中突然显得那么耀眼,只觉得我曾经有过的行为是多么的残忍,多么的卑劣和龌龊。

这种感觉,在别人眼里也许会显得很可笑,但是,对我来说,就是从那个时候起,我逐渐地感受到了生命的意义和分量。

无独有偶,法国著名思想家史怀泽在他的《生命的敬畏》一书中也讲述了自己的一次亲身经历,有一次,他在非洲志愿行医时,有一天黄昏,看到几只河马在河中与他们所乘的船并排而游,齐头并进,仿佛在和他们嬉戏似的,他突然感悟到了生命的可爱和神圣。于是,对"生命的敬畏"的思想在他的心中油然而生,并且成了他今后努力倡导和不懈追求的事业。

其实，也只有我们拥有对生命的敬畏之心时，世界才会在我们面前呈现出它的无限的生机和美丽，正如著名雕塑家罗丹所说，这个世界不是缺少美，而是缺少发现美。只有在我们拥有了一颗对生命的敬畏之心时，我们才会时时处处发现和感受到生命的高贵与美丽，也才会时时处处在生命的体验中获得"鸢飞鱼跃，道无不在"的生命顿悟与崇敬。

当你拥有了一颗慈悲心，对每一种生命都感到敬畏时，读到那些关于生命的故事，你的心中就会深切地感受到生命无法承受之重：如撒哈拉沙漠中，老羚羊们为了使小羚羊们逃生，一个接着一个跳向悬崖，而使小羚羊在它们即将下坠的刹那以它们为跳板跳到对面的山头上去；母骆驼为了使即将渴死的小骆驼喝到够不着的水潭里的水而纵身跳进了潭中；又如一条鳝鱼在油锅中被煎煮时却始终弓起中间的身子，是为了保护腹中的小鳝鱼。真的，不仅仅只有人类才拥有生命神性的光辉。

丰子恺曾劝告小孩子不要肆意用脚去踩蚂蚁，不要肆意用火或用水去残害蚂蚁，他认为自己那样做不仅仅出于怜悯之心，更是怕小孩子那一点点残忍心以后扩大开来，以致驾着飞机装着炸弹去轰炸无辜的平民。

自尊无价

尊严，就是把生命当做生命，而生命是无价的，所以尊严无价。

尊严有价吗？我们大概都听过"不食嗟来之食"的故事。

"嗟，来食。"面对濒于饿死的路人，齐人黔敖这一声喊，省略了任何必要的称呼和礼貌用语，和饲喂家养动物时的吆喝没有两样。此时的黔敖，是把那个呼喊对象的尊严等价于一餐饭的。然而，那个已饿得两眼昏花、走路趔趔趄趄的人,并没有接受黔敖的价值,"予唯不食嗟来之食,以至于斯也。"最后他因为饥饿,死在路旁。

他的尊严到底价值多少,他为了尊严付出的代价是生命。由此看来,生命是无价的,所以尊严无价。

尊严是每个人不可或缺的精神,既是自己对自己的肯定,也是他者对自己的肯定。尊严,就是把生命当做生命,而不是什么随意可抛弃、可践踏的东西。一个人在经济上穷困并不可怕,可怕的是失去了尊严。如果失去了尊严,往往会自暴自弃、自轻自贱,从而放弃了努力奋斗;相反,自尊自重的人,才能够奋发向上,自强不息,在挫折与失败中获得成功。

著名数学家华罗庚小时候家境非常贫困,中学毕业后,因交不起学费被迫失学。回到家乡,他一面帮父亲干活,一面继续顽强地读书自学。不久,又身染伤寒,病势垂危。他在床上躺了半年,病痊愈后,却留下了终身的残疾——左腿的关节变形,他瘸了。

当时,华罗庚只有19岁,在那迷茫、困惑,近似绝望的日子里,他想起了双腿残废依然能指挥千军万马的孙膑。"古人尚能身残志不残,我才只有19岁,更没有理由自暴自弃,不,我要对得起我这条生命,放弃自己,就是放弃生命的尊严。我要用健全的头脑,代替不健全的双腿!"

于是,年轻的华罗庚开始了与命运的抗争。白天,他拖着病腿,忍着关节剧烈的疼痛,挂着拐杖一颠一颠地干活,晚上,他在油灯下自学到深夜。1930年,他的论文在《科学》杂志上发表了,这篇论文惊动了清华大学数学系主任熊庆来教授。以后,清华大学聘请华罗庚当了助理员。在名家云集的清华园,华罗庚一边做助理员的工作,一边在数学系旁听,还用四年时间自学了英文、德文、法文,发表了十篇论文。他25岁时,已是蜚声国际的青年学者了。

尊严面前,人人平等,尊严并不是富人的特权。只要是人,都有自己的人格,都渴望拥有并希望维护自己的尊严,不到万不得已,任何人都不应该放

弃自己的尊严。穷人或者弱者，也应有自己的尊严，也应得到敬重。

孟子曰：吾善养吾浩然正气。所谓正气，何尝是作为人的尊严和价值，在日常生活中养就这种恢弘的淡定，谦卑的感恩，和由淡定、谦卑而生的勇敢，生命由此浩浩荡荡，实现大欢喜、大光明。生命的希望就在这大光明、大欢喜，它新鲜、充沛，荡涤天地，因它的引领生命充实丰盈，如乳欲滴。因此，我们每一个人都要放弃小我的观念，用浩然正气激励自己，做一个有尊严的人，捍卫自己尊严的人。

生命是无价的，所以尊严无价。

尊重他人就是尊重自己

任何一种真诚而博大的爱都会在现实中得到应有的回报，尊重别人，就是尊重自己，善待别人，就是善待自己。

自有人类以来，哲学家们就一直在思索人际关系问题。早在一千九百年前，就有哲学家说过："你要别人怎样对待你，你就先怎样对待别人。"如果你想得到别人的尊重，你就必须先去尊重别人。当然，你可以不喜欢一个人，但你必须去尊重每个人。你也可以将你的对手打倒，却不可以侮辱他们的尊严，因为尊严是人类共有的，是每个人与生俱来的权利，谁都没有权力去践踏它。

一位主人对家里新雇的佣人说："如果你不介意的话，我以后就叫你阿宝吧，因为这是我们家以前那个佣人的名字，我不喜欢改变我称呼佣人的习惯。"

佣人答道："我很喜欢您这个习惯，我也有个请求，如果您不介意，我就叫您冯先生吧,因为这是我以前主人的名字,我也不想改变我称呼主人的习惯。"

听了这则笑话,不要仅仅一笑了之,它还给了我们一些启示。笑话里的主人对佣人不尊重,自然也就得不到佣人对他的尊重。

每个人都希望得到别人的尊重,但获得别人尊重的前提就是得先尊重别人,因为尊重是相互的。就像我们常说的那句话:"尊重别人就是尊重自己。"一个不懂得尊重别人的人,自己也永远得不到别人的尊重。

尊重别人是一种美德,被人尊重是一种幸福。在我们的生活中,时时刻刻都需要尊重。当你尊重别人的时候,同样是在尊重自己。一个真正懂得尊重别人的人、必然会以平等的心态、平常的心情,平静的心境,去面对生活中的所有问题。

人在社会上生存,会遇到各种各样的人和事。每一个人都有自己的喜怒哀乐,也有着自己对喜怒哀乐的表达方式。但对一个懂得尊重的人来说,在遇见任何一种情况时,所表现出来都是沉着冷静不迁怒于人,不迁怒于别人本身就是一种对人的尊重。虽然,尊重是相互的,但你不要奢求别人首先对你尊重。你只要首先尊重了别人,你就会在无形中感动对方,从而也会赢得他对你的尊重。

尊重他人,是一个人应该具有的最基本的素质,接待客人彬彬有礼,是每个人不可缺少的一种品德。

在现代礼仪中,平等原则是基础,是最重要的。所谓平等就是指以礼貌待人,礼尚往来,既不盛气凌人,也不卑躬屈膝。从心理学的角度看,人都有友爱和受人尊重的心理要求。人人都渴望平等,成为家庭和社会中真正的一员。任何抬高和贬低和他人的语言和行为,都不利于建立和谐的人际关系。

有一回,大文豪斯路肯夫在公园里散步时,看到一个衣衫褴褛的乞丐躲在公园的角落,羞怯地向来往的人伸手乞讨。很多人冷漠地走开了。当斯路

肯夫走到乞丐面前时，很同情他，可他伸手翻遍身上所有的口袋，却找不着钱。望着乞丐充满企盼的眼神，他很过意不去，便伸出手，握着乞丐脏兮兮的手，真诚地说："真抱歉！我今天出来没有带钱。"乞丐的眼神漾起了从未有过的满足感，他紧紧地握着斯路肯夫的手，感动地说："谢谢你不嫌弃我，这就是最大的施舍。"

乞丐并没有从斯路肯夫手中讨得一分钱，可是他却非常地感激他，这是因为在别人都冷漠地离去时，这位伟大的作家并没有表现出丝毫的嫌弃之情。正所谓黑暗中的一缕阳光足以照亮整个世界，正是这一句温暖的话深深地打动了乞丐的心，让他原本伤痕累累的心有了些许温暖的感觉。由此可见，任何人都是希望得到别人的尊重的。当你尊重别人的同时，也会赢得他人的尊重与感激。

总之，尊重是一种品德。尊重别人，就是对他人恭敬。当你具有这种品德时，你就会设身处地地为他人着想，你就会更能理解别人，你就会拥有无数的朋友和无数的快乐。请记住：尊重适合于任何场合，它从来不分高低贵贱，不分贫穷富有。只有当你尊重了别人，才会获得别人对你的尊重，这便是"对人恭敬，就是庄严了自己"的道理。

自尊自重,才能赢得别人的尊重

人人生而平等,生来就有生命的尊严,这是我们与生俱有的权利。但是,唯有当你充分享有它、维护它、捍卫它,做到自尊自重的时候,它才真正属于你。

尊重,不完全是指尊重别人。我们首先学会尊重自己,做到自尊自重。毕竟我们自己就是一个生命,不仅值得我们去尊重,更值得我们去敬畏。正如英国政治家切斯特·菲德尔所说的那样:"要使人喜欢你,首先要使你多喜欢自己一点。"要想维护生命的尊严,得到别人的尊重,首先就要自尊自重。一个连自己都不尊重的人,是不可能拥有生命的尊严,更不可能得到别人的尊重的。

尊重自己,从某种角度来说,就是尊重自己的出生,尊重自己生而为人的人格,不管你的父母穷也好、富也好、美也好、丑也好,也不管你生在什么样的家庭,你都要清楚,生而为人,自尊,使乞丐与总统拥有同样的权利。

卡尔·荣格所说:"要想让生命呈现崭新的面貌,第一条就是要接受自我。要想维护自我生命的尊严,首先我们必须自己接受自己。"没有人是十全十美的,我们都是生活的学习者,人生的修行者,难免都会犯错误,然而却都有才华和能力,都有生命的尊严。你的学习、成长、保持平和心态、做出慷慨之举、管理或引导别人、担负责任、去爱、去推销、去从事教育工作、去为人父母,都是建立在有自尊自重,捍卫生命尊严的基础上的。

第欧根尼是古希腊一个著名的哲学家,他提倡人应该过简朴的生活,因此他没有自己的房子,就住在一个木桶里,或者有时就露宿街头,吃的食物

也非常简单,基本上靠乞讨维持生计,完全是一个乞丐的样子。

一天,亚历山大大帝碰到第欧根尼,大帝对他说:"我是大帝亚历山大。"第欧根尼回答说:"我是狗崽子第欧根尼。"狗崽子是第欧根尼的绰号。亚历山大顿时肃然起敬,对他说:"先生,我能帮你什么忙吗?"第欧根尼只是平淡地说:"你能给我做一件事,就是请你走开,不要挡住我的太阳。"

亚历山大大帝就乖乖地走了,他边走边对侍从说:"如果我不是亚历山大,那我愿意做第欧根尼。"

第欧根尼虽然在物质上过着很简单的生活,甚至过着乞讨的生活,但是他不卑不亢,自尊自重,因而在灵魂上他是高贵的,就连亚历山大大帝都羡慕他的人生。

由此看来,渴望足够的自尊不是伟大的人和接近伟大的人的特权,虽然毫无疑问的是,他们是更加积极地为争取自尊而斗争的人。但不管一个人处在什么样的社会地位,也不管渴望生命的尊严的火焰或者微弱如豆或者烈焰漫天,这是每个人心中最基本的渴求。正因为我们渴求获得尊重,所以我们才积极进取、顽强拼搏,努力捍卫我们的尊严。

随时摆正自己的位置

所谓"己所不欲,勿施于人",只要待人如待己,随时摆正自己的位置,敬重每一个生命本身,就会受到别人的尊重。

古人云:"明象位,立德业。"所谓明象位,就是要清楚地知道自己所处的位置以及所扮演的角色。因为我们所处的位置不是一成不变的,而是基于你所面对的对象的不同而发生变化。在家里,你是妻子(丈夫),是母亲(父亲);

在公司里,你是领导或者是员工;在客户面前,你就是服务者。每一个角色定位都不能相互混淆。

有时候,我们的行为往往会让他人感到自己的尊严受到了冒犯,其实就是因为我们没有摆正自己的位置,有意无意混淆了我们所扮演的角色。有些人在公司做领导,到家里对自己的家人也向对下属一样的,做事说话都采用命令的口气,这样的沟通会顺畅吗?家庭关系会好吗?当你总是高高在上地以自己的成功摆出一幅高傲的架子时,别人也会用同样的方法来回敬你。

有一天,英国女王伊丽莎白二世因忙于公务,直到深夜才回家,此时,丈夫已睡着了。女王看房门已锁,便轻轻敲了敲门,里面传出丈夫的声音:"谁?"

伊丽莎白回答:"我是女王。"过了许久,门没有开。

伊丽莎白继续敲门,里面又传出丈夫的声音:"谁?"

"是我,伊丽莎白二世。"门还是没有打开。

伊丽莎白又继续敲了敲门,里面再次传出丈夫的声音:"谁?"

这一次,伊丽莎白回答:"你的妻子,伊丽莎白。"门这才打开了。

对于伊丽莎白的丈夫来说,回到家的伊丽莎白就不再是女王,而是他的妻子,他不为女王开门,因为他觉得自己作为一个丈夫,没有义务为女王开门,而只有义务为自己的妻子开门。

有一次,大剧作家萧伯纳在莫斯科街头散步时见到一个非常可爱的小女孩。他和这个小女孩儿玩了很久,分手时对小女孩说:"回去告诉你的妈妈,你今天和伟大的萧伯纳一起玩了。"小女孩儿也学着大人的口气说:"回去告诉你的妈妈,你今天和苏联女孩儿安妮娜一起玩了。"

虽然小女孩只是出于孩子的天性模仿大人说话,并不是有意识的反过来嘲讽萧伯纳,但萧伯纳从孩子的天真中,立刻意识到自己的傲慢,并向小女孩儿道歉。后来,萧伯纳每次回想起这件事,都感慨万千。他说:"一个人无

论有多么大的成就,对任何人都应该平等相待,应该永远谦虚。"

在对人谦虚恭敬这方面,我们还应该向英国首相丘吉尔学习。

一天,丘吉尔骑着一辆自行车在路上闲逛。这时有一位女士也骑着自行车,从另一个方向急驶而来,由于煞车不及,撞倒了丘吉尔。

这位女士恶人先开口,她竟然破口大骂:"你这个糟老头会不会骑车?骑车不长眼睛吗?"

丘吉尔对她的恶言恶语并不介意,只是不断地向对方道歉:"对不起!对不起!我还不太会骑车。看来你已经学会很久了,对不对?"

这位女士的气立刻消了,再仔细一看,他竟然是伟大的前首相,只好羞愧地说道:"不……不……是我,您知道吗?我是刚刚才学会的。"

无论你正在扮演什么角色,处在什么样的位置上,只要把别人视为和自己一样的人来看待、来尊重,敬重每一个生命本身,就不会让对方感到自己的尊严受到侵犯了,也就会受到别人的尊重。

理解万岁,尊重源自理解

生活中,最珍贵的礼物是尊重和理解。当一个人收到这份礼物时,就会感到幸福,他的自豪感就会得到加强;而馈赠这份礼物的人,也会感到同样的幸福和充实,因为他在尊重和理解别人的同时,自己的精神境界会变得更为崇高,他的人格会变得更为健全。

理解别人不是一件简单的事情,在这个纷繁复杂的世界上,大多数人都渴望被别人理解,但是并不愿意或者并不会主动去理解别人。

可是,正如有句话说得那样:"若要人敬己,先要己敬人。"理解同样如此,想要被别人理解,就得先理解别人。人际交往是平等的、双向的过程,就像有付出才会有收获一样。所以,如果你想得到别人的尊重,那么你就得先试着努力去理解别人、尊重别人,因为尊重源自理解。

有一次,杰克和约翰一同去曼哈顿出差。早上,他们在旅店点完饭菜之后,约翰说:"我出去买份报纸,一会儿就回来。"

过了一人儿,约翰空着手回来了,嘴里嘟嘟囔囔地发泄着怨气。

"怎么啦?"杰克问。

约翰答道:"我到马路对面的那个报亭,拿了一份报纸,递给那家伙一张10美元的票子,让他给我找钱。他不但不找钱,反而从我腋下抽走了报纸,还没好气地教训我,说他的生意正忙,绝不能在这个高峰时间给人换零钱。看来,他是把我当成借买报纸之机换零钱的人了。"

约翰认为,这里的小贩傲慢无理,不近人情,素质太差,并劝杰克少同他们打交道。杰克请约翰在旅店门口等一会儿,自己向马路对面的那个报亭走去。

杰克十分温和地对报亭主人说:"先生,对不起,您能不能帮个忙。我是外地人,很想买一份《纽约时报》,可是我手头没有零钱,只好用这张10美元的票子。在您正忙的时候,真是给您添麻烦了。"

卖报人一边忙着一边毫不犹豫地把一份报纸递给杰克,说:"嗨,拿去吧,方便的时候再给我零钱!"

约翰看到杰克高兴地拿着"胜利品"归来的时候,疑惑不解地问:"杰克,你说你也没有零钱,那个家伙怎么把报纸卖给你了?"

杰克回答道:"我的体会是,如果先理解别人,那么自己就容易被别人理解。如果总想让别人先理解自己、尊重自己,那么自己就容易觉得别人不可理解。如果用理解来表达尊重和你的需求,那么自己的需要就容易得到满足。"

这个故事中,杰克之所以会成功,完全在于他真诚地表达了自己理解别

人的心情,同时又委婉地表达了自己的需要。一个能够理解别人的人,别人也一定会回报你同样的理解。正如杰克自己所说的,如果用理解来表达需要,那么自己的需要就容易得到满足。其实,这就是先理解别人,再争取别人理解自己的现实案例。

理解是一种体贴,是一种宽容,是一种高尚,是一种升华。或许我们并不能做到"海纳百川,有容乃大",但是我们却可以用一颗坦诚的心去面对身边的人与事。

理解是相互的,没有纯粹的去理解,也没有纯粹的被理解,理解是心与心的对话。只有当我们去理解别人时,才会赢得别人的理解,如果只是一味地去索取,又哪里会得来回报呢!理解有时是对人生的一种领悟,或者说一种彻悟。只有胸怀坦荡的人,只有敞开心扉的人,才会用人性的善良,才会用火热的爱心,去理解别人的痛楚,理解别人的需求,也理解付出的内涵与本质。

做到真正的理解需要一种崇高的境界,这就如同崇尚金钱的人理解不了清贫,追逐名利的人理解不了廉志,势利小人理解不了平淡,无志之人理解不了鸿志之士。只有当我们过滤了生活的杂质之后,才能悟出一种高境界的理解,理解不图回报的付出,理解漠视钱财的追求,也就理解了自己行为里的价值。

理解是幸福的基石。幸福是一种情感的回味与感动,幸福是人生领悟的一种感觉,透彻地去理解会成就我们的幸福。毕竟,理解会给别人带去快乐,而被理解也会给自己带来幸福,在别人的快乐与自己的愉悦里,理解与被理解,付出与得到,当中会是一种情感的归依,当心灵没有累赘时,当回忆没有悔恨时,那或许就意味着我们会拥有无边的幸福了。一个心存芥蒂的人,一个以自我价值为中心的人,一个只知道索取的人,他的幸福又会在哪里呢?

人生在世,请让理解伴随自己,只有先理解别人,才能尊重别人!当你真正地学会了理解时,人生将会有别样的精彩!

第 **6** 章

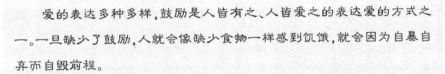

爱是一种鼓励

冲破万难的不是勇气,是爱的鼓励

> 爱的表达多种多样,鼓励是人皆有之、人皆爱之的表达爱的方式之一。一旦缺少了鼓励,人就会像缺少食物一样感到饥饿,就会因为自暴自弃而自毁前程。
>
> 相反,当我们身处逆境难于自拔,绝望无助时,一句恳切的鼓励之言,一句真诚的赞美,就会让我们重新振作起来,勇往直前。所以说,冲破万难的不是勇气,而是爱的鼓励。因此,在珍惜别人对你的鼓励时,也不要吝惜自己对别人的鼓励、欣赏和赞美。

在相互勉励中感受人情的温暖

鼓励是一种爱的艺术,它的最高境界是带给人新的希望,它不但可以帮助别人,同时,一个懂得鼓励别人的人,也能享受到助人的喜悦,在相互勉励中感受到人情的温暖。

美国哲学家约翰·杜威说:"人类本质里最深远的驱动力就是'希望具有重要性'。"

成功学家戴尔·卡耐基说:"人最难满足的就是自重感。这是一种痛苦而

亟待解决的人类'饥饿'。如果谁能诚挚地满足这种内心饥饿,也就能自然而然的赢得他的爱。"

威廉·詹姆士也说:"人类本质里最殷切的需求是渴望被人肯定。"

可见,没有人不希望得到别人的欣赏和鼓励,喜欢受到表扬,听到别人的赞美的。因为缺少了欣赏、赞美、鼓励,人就会像缺少食物一样感到饥饿,痛苦;相反,如果这些愿望能够得到满足,就会唤醒沉睡在他体内的巨人,从而激发出无限的力量。

作为百老汇最有看头的歌舞剧家,佛罗伦兹·齐格飞就是这样一个懂得用如何鼓励来激发演员的激情的人。在人们眼里,他具有一项使美国女孩增添光彩的超凡能力。好几次,他把原本没有人愿意多看一眼的平凡女孩变成千娇百媚、风情万种的舞台明星,因为他深深知道勉励和信心的价值,常用殷勤、体贴、勉励的力量打动女士的心,使她们相信自己确实美丽,确实是非凡的。

再回头看看我们自己,我们确实会照顾父母儿女、朋友的身体,但是我们可曾照顾过他们的自尊?日常生活中,我们通常忽略的美德大概就是相互勉励,去滋润对方的自尊心了。

对他人进行勉励,让对方感到人情的温暖,是约翰·洛克菲勒成功管理人事的首要秘诀。在他眼里,人本身没有高低之分,只是从事的职业不同和能力高低不同而已,对于低能力的人,可以通过勉励让他得到尊重,从而焕发进取的激情。举例来说,爱德华·贝德福特是洛克菲勒的合伙人之一,在南美的一次生意中,他使公司损失了 100 万美元。洛克菲勒当然可以指责贝德福特,但是他并没有这样做,他知道贝德福特已经尽力了——再说事情已经发生,并且过去了。所以洛克菲勒另找其他的事情称赞贝德福特,说他节省了 60% 的投资金额,他勉励道:"这已经很不错了,因为我们并不能总像巅峰时期那么好。"

爱默生说过:"我遇见的每一个人,或多或少是我的老师,因为我从他们身上学到了东西。"

为人处世,不要老是想着自己的成就和需要,而尽量去发现别人的优点,不是逢迎,而是"真诚地勉励、慷慨地赞美"。这样,别人会把你的言语珍藏在心里,到时候奉还给你。你来我往,在勉励中提高,在勉励中得到慰藉,在相互的勉励中感受人情的温暖,这种处世方法,难道不是恰到好处吗?

生命的支撑需要爱的鼓励

在我们的生命中,有多少值得我们用心去爱的人,有多少牵挂与不舍,尽管在人生的道路上有那么多磨难与不幸,但是因为有爱伴随,在爱的默默的鼓励下,我们都会好好地活着,活出生命的美丽来!相信爱能创造奇迹!

曾经看过一个小说,讲的是第一次世界大战时期发生在欧洲战场上的一个故事。

德法二国交战,战况激烈,双方都死伤惨重。清点死伤的士兵时,由于医护人员不足,只能先抢救那些尚有一息痊愈希望的伤患者,对于那些伤势过重,根本不可能有生还机会的士兵就只有放弃了。

有一位法国士兵,伤得极重,奄奄一息,不能说话,也无法动弹,军医检查了一下他的伤口,摇摇头说:"伤得太重了,恐怕活不到明天早上!"说罢,就丢下他,转身巡视其他伤兵。

然而,这个法国士兵大吃一惊,内心十分焦灼惶恐,他在不断地在心里呐喊说:"救救我,我还不想死……"只不过,他伤得实在太重了,发不出任何声音来阻止他们,只有眼睁睁地看着他们离去,心中充满悲哀绝望。

夜,越来越深,他感到死神在一步步地向自己逼近,他害怕极了:啊!他不想死啊!他还有美丽的妻子、初生的婴儿,他们需要他!他的眼皮越来越沉重,不断地往下垂。他知道如果一昏迷,也许就会永远也醒不过来了,永远也回不到自己的家乡,见不到自己的妻儿了。为了保持清醒,他强迫自己回想以往那些美好的日子。

他想起了十七岁第一次见到了她时,她金黄色的头发在阳光下闪闪发光,一双清澈的大眼睛比夏日的晴空还要明亮,他爱上了她。他们第一次约会,第一次拥吻……可爱的她终于接受了他的求婚。他欣喜若狂,恨不能将这个好消息告诉全世界的人。

婚后没有多久,他们就有了自己的宝宝。抱着初生的婴儿,他有着为人父的骄傲,他默默告诉自己,一定要好好栽培儿子,让他接受最好的教育,顺顺利利地长大……

可是,此刻他却无助地躺在战场上。天啊!他不能死啊!他不能让美丽的妻子年纪轻轻就做了寡妇,他不能让尚在襁褓中的稚子成了无父的孤儿。

夜色渐渐退去,天亮了,医护人员再一次巡视战场,发现他一息尚存,大感惊讶地说:"这个人原来已经没救了,居然还能撑到现在,真是奇迹!"

他们把他抬回后方,在细心的照料下,这个法国士兵终于恢复健康,回到他日夜思念的故乡,回到他妻儿的怀抱。

这个故事,曾经深深地打动了一个生病的人,让他明白,支持一个人活下去最大的力量就是爱的鼓励!一个病人卧床多年,身心遭受磨难的人实非外人所能想象,特别是几次濒临死亡的边缘,连医生都已经摇头叹息,可是他一想到年迈的双亲,他就觉得自己不能丢下他们不管,怎么忍心让白发人送黑发人?

他心中在太多的不舍,对于这块土地,他眷恋日深,还有很多事想做……每次想到这些,求生的欲望油然而生,一次又一次,他打败了死神,转危为安,对此,人们都以为是奇迹,他却说不是——而是因为爱,因为爱的鼓励。

一个年轻人在一次车祸中大脑严重受伤,成为一个毫无感官知觉的植物人,医生只能用药物让其苟延残喘,而他的新婚妻子面对着别人让她离开他的善意的劝说总是坚决地摇头,她相信,她的爱人一定会醒来!她就这样年复一年地守着他,天天在他耳边呼唤着他的名字,抚摸着他。十年!十年后的一天当她依然如同往常一样拉着他的手喊着名字的时候。一个细微的颤抖触动了她的手,她清楚地看到她的爱人双眼中流出的泪已经湿了面颊!他醒了!这个让所有人都已经失去信心的、弃之不惜的植物人在她十年如一日的守护下重新醒了过来!爱,让生命超越了生死!

在我们的生命中,有多少值得我们用心去爱的人,有多少牵挂与不舍?尽管在人生的道路上有那么多磨难与不幸,但是因为有爱伴随,在爱的默默的鼓励下,我们都会好好地活着,活出生命的美丽来!相信爱能创造奇迹!

鼓励是治愈自卑的良药

鼓励的力量非常巨大,能够让人走出自卑的泥淖,走向自信的彼岸!所以,在珍惜别人对你的鼓励时,也不要吝惜自己对别人的鼓励。

喜欢读名人传记的读者朋友一定知道,很多名人都曾深深的自卑过。

大名鼎鼎的科学家爱因斯坦,曾经一度是高考的手下败将,在命运的打击下,他常闷闷不乐,一直走不出自卑的阴影。一天,他的校长对他说:"年轻人,不要垂头丧气,考试失败没什么。你只有16岁,中学还没毕业呢!你随便找一个州立中学,进毕业班当插班生,一年以后再报考,一定能考上!"经过一年的准备,爱因斯坦果然跨入了瑞士联邦工大的校门。

　　台湾著名作家林清玄高中二年级时，好几门学业都是劣等，为自己的学习成绩深感自卑，幸好他的导师王雨苍先生一直没放弃过他，请他到教师宿舍吃师母亲手做的菜，并时常对他说："我教了50年书，一眼就看出你是会成器的学生。"王老师的鼓励与关怀使林先生不敢辜负他，从此以后发奋攻读，成为台湾的一流作家。后来，林清玄先生在回忆高中时代的王雨苍先生时说："这个世界上鼓励是最有力量的，时时鼓励与关怀周围的人与事，不仅能激起人的力量，也能鞭策自己不致堕落……"

　　上面列举的这两个事例无疑是对高尔基说过的这句话最好的印证了，他说："人们的天赋就像火花。它既可以熄灭，也可以燃烧。"是的，能够让天赋之火燃烧起来的就是鼓励。对于不同于我们的人，他们的言行、生活方式，也许正是一闪一闪的智慧的火花，而鼓励，则是使之燃烧为熊熊大火的柴苗。

　　就拿我们自己来说吧，当我们在学习或工作中遇到困难时，朋友一句真诚的"别放弃"的话语，长辈一个和蔼期待的目光，甚至陌生人对你一丝淡淡的微笑，都会使你重新振作起来。这种使我们重新振作起来的就是爱的鼓励，一种无形的支持。

　　还有的时候，我们会在刹那间，心情因某些不顺意的事掉到谷底，情绪非常低落，只觉得这个世界灰暗无色。这时候，一句适时的鼓励的话语或一个鼓励的举动最能鼓舞我们的士气，成为我们救命的绳索。

　　所以，不论是你遇到挑战，或是你的朋友处在困境时，你不妨告诉自己或朋友：你是最棒的，是最优秀的。如果能认识到这一点，结果肯定会大不一样。

　　一个小女孩因为长得又矮又瘦被老师排除在合唱团外，她躲在公园里伤心地流泪。心想：我为什么不能去唱歌呢？难道我真的唱得很难听？想着想着，小女孩就低声地唱了起来。

　　"唱得真好！"这时，一个声音响起来，"谢谢你，小姑娘，你让我度过了一个愉快的下午。"

说话的是个满头白发的老人,他说完后就走了。

小女孩第二天再去时,那老人还坐在原来的位置上,满脸慈祥地看着她微笑。

于是小女孩唱起来,老人聚精会神地听着。最后他大声喝彩,说:"谢谢你,小姑娘,你唱得太棒了!"说完,他仍独自走了。

过了很多年,小女孩成了大女孩,成为了一名著名的歌手。她忘不了公园靠椅上那个慈祥的老人。因为她心里很清楚,没有这位老人的鼓励,就不会有今天。于是她特意回公园找老人,但那儿只有一张小小的孤独的靠椅。后来才知道老人早就死了。

一个知情人告诉她,那位老人是个聋子,都聋了 20 年了。

女孩在老人的鼓励下战胜了自卑,一步步地走向了成功,后来她才得知老人是个聋子。从这个故事中,我们也可以看出,每一次鼓励都会给人创造一次机遇,女孩正是在这样的鼓励下树立起了自信心,并且持之以恒地为梦想做不懈的努力,所谓功夫不负有心人,她终于成就了自己的梦想。

由此可见,鼓励的力量是多么巨大啊!它是治愈人性自卑的良药,能够让人走出自卑的泥淖,从而走向自信的彼岸!当我们把希望建立在自信的基础上,这种力量就会帮助我们渡过人生的种种难关。

欣赏和赞美就是对别人最好的鼓励

鼓励是爱的表达方式,它需要感情的付出,而真情来自于真诚的欣赏和赞美。那种把鼓励别人作为取悦于别人的做法,到头来只会弄巧成拙。因为只有发自内心欣赏和赞美,才是对别人最好的鼓励。

为了证明赞美对于人的激励作用,行为科学家做了这样一个实验:他们将若干名小学生分为三组,并连续五天进行算术测验。一组学生自始至终总是得到老师对他们前次测验成绩的表扬,另一组一直得到批评,而对第三组却采取不闻不问的态度。

结果是:一直得到表扬的学生成绩大大提高;受到批评的学生也有所改进,但不大明显;被忽视不理的学生,他们的分数几乎毫无长进。令人感兴趣的是,最聪明的孩子无论受到表扬还是批评都能有所进步,而学习能力差一些的学生则对批评的反应不佳,他们需要以表扬为主。然而也就是这些孩子们,在一般的学校里,他们很少得到适当的鼓励和表扬。

由此可见,赞美对人起着多么巨大的作用啊!而在赞美别人之前,必须首先学会欣赏,因为真诚的赞美源自对他人的欣赏。

欣赏是一种陶冶、一种提高、一种收获。一个善于欣赏别人的人,必定是一个丰富的人;一个被别人欣赏的人,必定是一个出色的人。

欣赏,能够使人在潜移默化中得到提高。如果你想成为一个出色的人,那么就得学会欣赏比自己更出色的人。一个不会欣赏别人的人,也永远不会被他人欣赏。只有正确地欣赏别人,才会使自己变得更加出色。

懂得欣赏的人,不但具备一种沉稳洒脱、严于律己的修养,而且具有容得他人才华和长处的胸襟与从容的情怀。他们善于发现人生旅途中的美丽和情韵，以博大广泛、独到的视角去思考生存与人生幸福的意义，使自己的人生进入一个更高的境界。

每一个生活在社会中的人，都渴望得到别人的欣赏，同样，每一个人也应该学会欣赏别人。欣赏和赞美的作用，就是把他人需要的荣誉感和成就感，恰如其分地奉送上去。当对方的行为得到我们真心实意的赞许时，他渴望得到认可的心理需求便得到了满足，从而在精神上获得了强化和鼓舞。

曾经有一个"坏"孩子，他偷偷地向邻居家的窗户扔石头，还把死兔子放在桶里，放在学校的火炉里烧烤，弄得教室里臭气熏天。他九岁那年，父亲娶了继母并对继母说："亲爱的，你要好好的注意他，不然他会向你扔石头。他是全天下最坏的孩子。"继母好奇地走向这个孩子。当她对孩子有了了解后，她说："你错了，他并不是全天下最坏的孩子，而是最聪明的孩子，只是还没有找到发挥他聪明的地方罢了。"

继母很欣赏这个孩子，在她的引导下，这个孩子的聪明得到了发挥，后来成了美国著名的思想家和企业家，这个人就是戴尔·卡内基。

其实，我们每个人都有自己的长处，只是有些被埋没了罢了。如果得不到及时的发现与肯定，生命之花就可能会枯萎，天才也将会被埋没于平凡的生活之中。倘若有人发现了它，并对之抱以欣赏的态度，也许我们的人生就会是另外一个样子。正是在继母欣赏的目光下，戴尔·卡内基发挥了自己的聪明才智，并一步步地走向人生的成功的。

人生的大道并不是平坦的，没有人可能一帆风顺。欣赏别人，不仅能给人以抚慰、温馨，还能给人以鞭策，使人的潜能被充分地激发出来，去争取更大的成功。当你欣赏别人时，别人也会欣赏你，久而久之别人的优点也会成为你的优点，别人的美丽也会成为你的美丽，你也就会成为一道亮丽的风景。

一般来说，人人都有欣赏的眼光，但由于人性的弱点，欣赏物容易，欣赏

人较难;欣赏远离自己的人易,欣赏身边的人就难了,否则孟浩然不会发出"欲取鸣琴弹,恨无知音赏"的叹息。无知便无欣赏,对什么都不感兴趣,自然便无欣赏可言。正如《处世的智慧》的作者所说:"山外青山楼外楼,没有一个人总是样样技不如人,人都有棋高一招的时候。学会欣赏每个人,对你非常有用。智者尊重每一个人,因为他知道人各有其长,也明白成事不易;愚人则鄙视他人,一半出于无知,一半自甘落后。"

身处任何一种情况下,都应用积极的心态去面对,用内心去感受、欣赏别人,这不仅让他人得到鼓励,更让自身的品质得到提高。看同一棵树,有人看到了绿叶,有人却看到了毛毛虫;在欣赏对方颈项时,恋人看到的是美丽,而刽子手的心里则在盘算在哪里下刀更容易些。法国著名雕塑大师罗丹说:"生活中不是没有美,而是缺少发现美的眼睛。"欣赏别人的同时也是在不断地完善自己。学会欣赏、懂得如何欣赏是人生的一大乐趣。善于欣赏,善于发现别人的美,往往能让自己的内心充满阳光,感受世界的美好和生活的快乐。

五彩斑斓的世界中,不只有美丽的风景,还有不同个性、不同人格魅力的人。一个人总能在某一方面胜过别人,但在另一方面也总会有人比他强,所谓"山外有山,天外有天"就是这个道理。漫漫的人生旅途中,我们会遇到、结识很多有着不同品位与个性的人,无论何时,学会用欣赏的眼光去看待你周围的人,用一种平常的心态去欣赏周围的人,犹如欣赏一幅画,那不仅是对别人的赞美和最好的鼓励,你自己也会很快乐、很坦然。

走出"灰色地带",生命会更精彩

每一个人都需要他人的鼓励,特别是那些因自身缺陷而深感自卑的人更是如此,也许一句鼓励的话语便会改变其人生的道路。只有帮助他们走出"灰色地带",他们的生命才会因此而更精彩。

在这个世界上,最需要鼓励的不是心态不佳的人,而是那些天生残缺,或因为各种事故而致残的人。很多人因为身体上的残缺,受到过世俗的偏见,让他们对生活丧失了信心,他们的热情与欲望被压制、被封杀。这些人,倘若不能得到及时的疏导与激励,就会丧失信心和勇气,甚至对生活失去希望;如果得到及时的鼓励,他们的人生就会是另一种样子。

比尔·波特是英国成千上万推销员中的一个。与其他人相同的是,每天早上他起得很早,为一天的工作做准备;与其他人不同的是,他要花三个小时到达他要去的地点。不管多么痛苦,比尔·波特都坚持着。工作是他的一切,他以此为生,同时也以此体现生命的价值。

要知道,他比一般人艰难得多。他出生于1932年,母亲生他时,大夫用镊子助产,不慎夹碎了他大脑的一部分,导致他患上了大脑神经系统瘫痪,影响到说话、行走和对肢体的控制。比尔长大后,人们都认为他肯定在神志上会存在严重的缺陷和障碍,郡福利机关将他定为"不适于被雇用的人",专家也认为他永远也不能工作。

比尔应该感谢他的母亲,是她一直鼓励他做一些力所能及的事情,她一次又一次地对他说:"你能行,你能够工作,能够自立!"比尔在母亲的鼓励下,开始从事推销工作。他从来没有将自己视为残疾人。最初,他向福勒刷子

公司申请工作,这家公司拒绝了他,并说他根本不适合工作。接着,几家公司采用同样的态度回复他,但比尔没有放弃,最后,怀特金斯公司很不情愿地接受了他,但也提出了一个条件——比尔必须接受没有人愿意承担的波特兰、奥根地区的业务。虽然条件苛刻至极,但毕竟有一份工作了,比尔当即答应了。

1959年,比尔第一次上门推销,犹豫了四次,他才鼓起勇气按响了门铃。第一家没有人买他的商品,第二家、第三家也一样……但他坚持着,以敬业的精神支撑着自己,即使顾客对产品丝毫不感兴趣,甚至嘲笑他,他也不灰心丧气。终于,他取得了成绩,由小成绩到大成绩。他每天工作及路上的时间得花去14个小时,当他晚上回到家时,已经是筋疲力尽,他的关节会痛,偏头痛也时常折磨着他。每隔几个星期,他会打印一份顾客订货清单。由于他只有一只手是管用的,这项别人做起来非常简单的工作,他却要花去10个小时。他辛苦吗?当然辛苦,但心中对公司、对工作、对顾客以及对自己的虔敬之意支撑着他,他什么苦都能够承受。比尔负责的地区,有越来越多的门被他敲开,越来越多的人购买了他的商品,业绩也不断增长。在他做到第24个年头时,他已经成为销售技巧最好的推销员之一。

进入20世纪90年代时,比尔60多岁了,怀特金斯公司已经有了6万多名推销员,不过,他们是在各地商店推销商品,只有比尔一个人仍然是上门推销。许多人在打折商店成批地购买怀特金斯公司的商品,因此比尔的上门推销越来越难,面对这种形势,比尔付出了更多的努力。

1996年夏天,怀特金斯公司在全国建立了连锁机构,比尔再也没有必要上门推销了,但此时,比尔成了怀特金斯公司的"产品",他是公司历史上最出色的推销员、最敬业的推销员、最富有执行力的推销员。公司以比尔的形象和事迹向人们展示公司的实力,还把第一份最高荣誉"杰出贡献奖"给了比尔。

从比尔的故事中,我们可以看到,缺陷并不可怕,真正可怕的是自己被缺陷所打倒,当我们真正地直面自己的缺陷,真正地对自己的才能抱有足够的自信时,那么我们一定会获得最后的成功。其实,并非我们命里注定只能失败,而是缺乏爱的鼓励和自我的激励。

写到这里,不禁想起了史铁生先生。像他那样如此坚定、乐观积极的人,原来也曾为了自己的残缺消沉过。他在散文中说到,刚开始瘫痪的时候,他因为一时接受不了这个残酷的现实,生活变得非常消极。就这样过了很多年。一天,在散步的时候,他忽然顿悟道,其实每个人都是残缺的,即使身体健全的人,内心里也有着某种残缺。残缺就是人生的一部分,生命因为残缺而美丽,就像断臂的维纳斯。有了这样的顿悟后,从此,他就变得乐观积极起来,脸上总是堆满笑,并写出了那些不断激励着我们的作品来。

没有任何人是完美的。形形色色的世界有着形形色色的人,当你没有一个健全的身体时,请不要自卑,请不要哭泣,请相信美好的日子就要到来,请相信生命会因为苦难而更加精彩!当你拥有了一个健全的身体时,就更应该放下心中的消极情绪,向着梦想的大门前进!只要你走出"灰色地带",接受不完美的自己,生命就会因此而更精彩。

第 7 章

爱是一种奉献

得到爱的唯一途径，就是付出爱

奉献是什么？奉献是李商隐"春蚕到死丝方尽，蜡炬成灰泪始干"的坚贞不渝；奉献是龚自珍"落红不是无情物，化作春泥更护花"的人生态度；奉献就是文天祥"人生自古谁无死，留取丹心照汗青"的英雄气概；奉献就是范仲淹"先天下之忧而忧，后天下之乐而乐"的政治抱负。而今，奉献就是你我献出一份爱，共建美好明天的和谐举动。

奉献是快乐的源泉

一个人只有在对人类的奉献中，才能在对生命充满激情的同时，获得内心的平静和快乐。倘若我们只想到自己，就会产生忧虑和恐惧，甚至会产生忧郁症。所以，从某种角度来说，奉献就是对自我的拯救。

越来越忙碌的我们，似乎也越来越不快乐了，忧郁、紧张、压力充斥在我们身边，让我们几乎难以透气。为什么会忧郁？为什么会绷紧神经？会什么会神经衰弱？原来，追求功名利禄的欲望，已经将我们有限的小小的心灵占满了，腾不出一方小角落来容纳他人，容纳清风明月进驻心中。

那么，我们如何才能使自己快乐起来呢？据某报纸报道，英国《太阳报》

就曾以"什么样的人最快乐"为题,举办了一次有奖征答活动,从应征的八万多封来信中评出了四个最佳答案:

(1)正在用沙子筑城堡的儿童。

(2)为婴儿洗澡的母亲。

(3)作品刚刚完成,吹着口哨欣赏自己作品的艺术家。

(4)千辛万苦开刀后,终于挽救了危重病人的外科医生。

从第一个答案中,我们知道了,要得到快乐,必须充满想象,对未来充满希望;第二个答案告诉我们,要得到快乐,一定要心中有爱,那种无私的、不计报酬的爱;第三个答案告诉我们,要得到快乐,就必须工作,因为工作,才会使人快乐;第四个答案告诉我们,要得到快乐,一定要有能力,要有助人为乐的能力和心态。因为只有这样的人,世人才会给他最美妙的报偿,他也才能从自己的奉献中品尝到快乐。正所谓予人快乐就是予己快乐。

奉献是快乐的源泉,给别人带来快乐的同时,我们自己也会处于快乐的氛围之中。快乐是可以分享的,你给别人带来了快乐,你分享给别人的东西越多,你获得的东西就会越多。你把幸福分给别人,你的幸福就会更多。但是,如果你把痛苦和不幸分给别人,那你得到的也只能是痛苦和不幸。生活中你如果整天愁眉苦脸待人,那别人会以同样的面孔对你,你看到了更多的愁容;相反,如果你以笑脸相迎,你会看到更多的笑脸,你的快乐心情加倍了。

从前有个国王, 非常疼爱他的儿子, 总是想方设法满足儿子的一切要求。可即使这样,他的儿子却整天总是眉头紧锁,面带愁容。于是国王便悬赏寻找能给儿子带来快乐之能士。

有一天,一个大魔术师来到王宫,对国王说有办法让王子快乐。国王很高兴地对他说:"如果你能让王子快乐,我可以答应你的一切要求。"

魔术师把王子带入一间密室中, 用一种白色的东西在一张纸上写了些

什么交给王子,让王子走入一间暗室,然后燃起蜡烛,注视着纸上的一切变化,并叮嘱说快乐的处方会在纸上显现出来。

王子遵照魔术师的吩咐而行,当他燃起蜡烛后,在烛光的映照下,他看见纸上那白色的字迹化作美丽的绿色字体:"每天为别人做一件善事!"

王子按照这一处方,每天做一件好事,当他看见别人微笑着向他道谢时,他开心极了。很快,他就成了全国最快乐的人。

我们帮助别人得到他们所想要的,就能够得到我们自己想要的。助人为乐是获得快乐的最佳途径,它能够最大限度地减少我们的痛苦,增进我们的幸福。

俄国诗人涅克拉索夫的长诗《在俄罗斯,谁能幸福和快乐》中写道:诗人找遍俄国,最终找到的快乐人物竟然是枕锄瞌睡的农夫。这位农夫有强壮的身体,能吃能喝能睡,从他打瞌睡的眉目里和他打呼噜的声音中,便流露出由衷的开心。这位农夫为什么能开心?不外乎两个原因,一是知足常乐,二是劳动能给人带来快乐和开心。正是因为农夫付出了能让别人快乐的劳动,所以他才能成为最快乐的人。

当你与别人分享你的喜悦时,你并没有帮任何人创造出一种有形的资产,你只是给予,你甚至不期望对方的感情,因为你的给予并不是想要得到任何东西,甚至连感激都不想得到。你之所以给予是因为你太满足了,所以你必须将多余的给出去。

如果有人感谢,你也会感谢那个人,因为他接受了你的爱,他接受了你的礼物,他帮助你卸下你的重担,他允许你将爱的礼物洒落在他的身上。你分享越多,给予越多,你就拥有越多,这样它才不会使你成为一个吝啬的人,才不会使你创造出一种新的恐惧:"我或许会失去什么。"事实上,当你奉献得越多,就会有更多新鲜的快乐从那个你从来不知道的源泉流出来。

由此看来,只要我们愿意停下脚步,仔细看看身边的人身边的事,静下心倾听身旁的声音,关注他人的存在,乐于奉献自己的时候,我们就可以轻易找回遗失的快乐。

从工作的奉献中感受快乐

快乐和幸福不是靠物质上的满足来获得的,要想获得快乐,必须学会付出。在工作的奉献中感受快乐,快乐、幸福和成功就会时时与我们相伴。

2009 年 8 月 10 日,央视《新闻联播》播出了北京市交警孟昆玉的事迹——《不平凡的民警》。主持人说,他被行人称为"北京最帅交警",并配发了评论《奉献最帅气》。

一个普普通通的交警为什么能够打动人心?这不是因为他外表帅气,而是因为他对工作的勤奋和敬业,他乐于奉献的精神深深打动了每个人的心。

奉献,并不是可望而不可即的事,而是与我们日常的敬业精神紧密相连。当千万人在敬业中体现出的奉献精神凝聚在一起的时候,就会形成强大的震撼力量,而这种力量会让世界充满友爱,社会更和谐,生活更美好。

一位心理学家为了了解人们对于同一个工作在心理上所反映出来的个体差异,来到一所正在建筑中的大教堂,对现场忙碌的建筑工人进行访问。

心理学家问他遇到的第一位工人:"请问您在做什么?"

工人没好气地回答:"在做什么?你没看到吗?我正在用这个重得要命的铁锤,来敲碎这些该死的石头。而这些石头又特别地硬,害得我的手酸麻不已,这真不是人干的工作!"

心理学家又问遇到的第二位工人:"请问您在做什么?"

第二位工人无奈地答道:"为了每天 50 美元的工资。若不是为了一家人

的温饱,谁愿意干这份敲石头的粗活?"

　　听到这个和第一个工人如出一辙的回答,心理学家不免有些失望,摇了摇头,又朝前走去,当遇到了第三个工人时,心理学家问那个人:"请问您在做什么?"

　　第三位工人眼光中闪烁着喜悦的光芒回答道:"我正参与兴建这座雄伟华丽的大厦。落成之后,这里会成为一个高档的办公区。虽然敲石头的工作并不轻松,但当我想到,将来会有无数的人来到这儿,心中就会激动不已,也就不感到劳累了。"

　　试想一下,为什么同样的工作,同样的环境,却有如此截然不同的感受?

　　我们看到,在第三个工人身上,看不到丝毫抱怨的影子,相反,他是具有高度责任感和创造力的人,他充分享受着工作的乐趣和荣誉,同时,因为努力工作,工作也带给了他足够的尊严,和实现自我的满足感。他真正体味到了工作的乐趣,奉献的快乐,生命的意义。

　　一个人如果希望自己的未来能有所成就,若想获得快乐,首先就要养成一种观念:从工作的奉献中感受快乐。若人人都能发愿,如蜡烛一般照亮别人,奉献一己之能,以助人为乐,在工作中牺牲、服务、奉献,那还有什么能够阻挡人类前进的步伐?

　　人的一生很短暂,但有的人拥有精彩的一生,而有的人一生毫无价值。这种差距的原因就在于生命的美丽,这种美丽就是"奉献"。

施爱,比被爱更快乐、更幸福

能否怀着一颗为他人服务的心,为他人创造更多价值,是衡量一个人成功的标准,也是一个人获得快乐的唯一途径。

著名心理学家荣格曾发表过一个让世人震惊的观点,他说:"我的病人中,大约三分之一都不是真的有病,而是由于他们的生活没有意义和空虚。只要他们愿意去帮助别人,学会奉献自己,他们就会不治而愈。"

这一观点后来得到了新的医学证明,加州医学研究中心的社会心理学家史崔维兹博士,他在研究心脏病的危险因子时有惊人的发现——最常提及自己,在访谈中用到最多"我"字的人,较易得冠心病。史崔维兹博士表示:自我中心的人比较容易死于心脏病。

接着,身心医学权威专家林区博士在其著作《破碎的心:寂寞的医学结语》中,详述寂寞和心脏病之间的关系。他说:"爱邻居如爱己,不只是条道德格言,也是条心理学的格言。你关心别人时会感到自己并不孤单,而你对别人的关心越多,你就越健康。"

除了医学上的证明外,心理学上也有人做出了回应,作为互助对健康有益理论的专家,耶鲁大学大众健康学教授赖文也撰文说:"助人者能改善对自我的评价,当你助人时,对自我的评价就会提高:你会觉得自己是个比较重要的人物,你的人生是有价值的。没有什么比这更令人高兴,这会促进你的健康。"

如果你慷慨大方,你所收获的总会比付出的多。当别人遇到困难时,你付出一点点你力所能及的力量,得到的回报是在帮助过程中所获得的快乐,

得到帮助的人快乐，自己也快乐，何乐而不为呢？

20世纪美国石油大王洛克菲勒在53岁的时候，由于烦恼和高度紧张的生活使他看起来像个木乃伊。他得了神秘的脱毛症，头发全掉光了，甚至连眼睫毛也未能幸免，只剩下淡淡的一缕眉毛。

洛克菲勒早在23岁的时候就全心全意追求他的目标。据他的朋友说，"除了生意上的好消息以外，没有任何事情能让他开心愉快。当他做成一笔生意，赚到一大笔钱时，他会高兴地把帽子扔到地上，像个孩子似的手舞足蹈。但如果失败了，他就会随之病倒。"他过分冷漠多疑，很少有人喜欢他。就连洛克菲勒的亲弟弟都对他深恶痛绝，甚至把自己孩子的棺木从家族墓园里移出。他说："我的亲骨肉中，绝不容许哪一个人在洛克菲勒所控制的土地里安息。"洛克菲勒最终无法忍受人们对他的仇视，也受不了忧虑的侵蚀，他的健康状况开始恶化。后来，他不得不在退休和死亡之间做出选择。

洛克菲勒选择了退休，并接受了医生的建议，避免烦恼、放松心情、注意节食。他逐渐开始反省，开始为他人着想，他曾经一度停止去想赚钱的事，而开始思索自己的钱能换取多少人类的幸福。

于是，他开始大笔大笔地捐钱，并成立了一个庞大的国际性基金——洛克菲勒基金会，致力于消灭世界各地的疾病、文盲。洛克菲勒整个人完全改变了，他不再烦恼，变得非常快乐、非常满足。后来，他的公司因为垄断遭到重罚，他甚至不愿因此而失去一晚的睡眠。通过帮助别人获得的快乐，使这个在53岁时就已病入膏肓的人一直活到了98岁。

就像及时省悟过来的洛克菲勒一样，人类历史上，但凡伟大的人物都是以服务心态服侍着他人，奉献着自己，并最终赢得了他人的信赖和敬畏的。他的代价就是为更多的人创造更多的价值。创造的价值越多，为更多的人带来利益，他们就越成功，越能得到人们的尊敬和认可。因为成功就是一种价值交换关系，一个成功的人，就是为他人创造更多的价值的人，所以，衡量一个人是否成功，并不是看他的地位显赫与否，也不是看他财富拥有多少，而是看这个人是否实实在在地为更多的人创造了价值，是否为人类的文明发展作出了积极的贡献，是否帮助更多的人自强自立、健康幸福地生活，是否拥有一颗奉献、服务、感恩的心。

印第安人评价首领是否伟大时，主要看他有没有慷慨奉献的精神。在他们的文化里，单纯的获得并不重要，因为那里一切东西都是可以共享的。换句话说，你能让人多景仰、多敬佩，取决于你付出多少。所谓杰出者，就是能够凭着才能挣得很多，却又愿意很慷慨和别人分享的人。印第安人深知奉献的价值，猎人把猎物带回部落就是一个活生生的例子。

人生在世，百年而已，人的生命是有限的，但为世人服务是无限的，我们要把有限的生命投入到无限的为世人服务中去，奉献自己，要建立自我，追求无我，达至人生更高境界。

有一种默默的奉献叫微笑

高尔基说："清新、健康的笑，犹如夏天的一阵大雨，荡涤了人们心灵上的污泥、灰尘及所有的污垢，显露出善良与光明。"

提起奉献，很多人想到的是"牺牲自己"、"拿出金钱和物质给别人"、"做事不求任何回报"等等，其实，奉献并不需要刻意而为，也不是非要牺牲什么，更不是单纯指物质上的给予，而是指付出你真诚的心，奉献清净的心，有时，给人一个会心的微笑，一句发自内心的赞美，一个肯定性的点头，都是奉献。

这种奉献是无形的，所以也常常被人们所忽视。这就跟有些看似简单的

道理，如果不用心去好好感受的话，就会经常伤害到别人，甚至会伤害到自己一样。其实，一个小小的微笑往往就潜藏着巨大的力量。

当你把微笑送给陌生人，就撒下了欢颜与可亲，那是友谊的种子在浸润；当你把微笑送给熟人，就表白了执著与真诚，那是友情的禾苗在扎根；当你把微笑送给亲人，就铺展了祝福与温馨，那是情感在递增；当你把微笑送给爱人，就书写了体贴与关心，那是挚爱在加深，不仅将两颗心融为一体，更咀嚼了爱的心声；当你把微笑送给弱者，就送去了支持与鼓励，更献出了理解与温暖，不仅吸取了失败的教训、品味了道路的艰辛，更激发了向上的勇气，贴近了心的距离；当你把微笑送给自己的对手，就献出了歉意与包容，更献出了过人的胸襟与胆识，不仅可冰释前嫌，更能化干戈为玉帛，携手共进；当你把微笑送给强者，就献出了赞赏与敬意，更献出了钦佩与肚量，不仅分享了成功的欢悦，更收获了宝贵的经验，奠定了人生的基石。你对每一个人奉献一丝真诚善意的微笑时，不但能照亮别人的世界，也能给自己一片光明。

几十年前的美国，有这样一则新闻曾经轰动一时：一个陌生的路人将四万美金现款给了加州一个六岁的小女孩。

在大人的一再追问下，小女孩终于说出了令大家从没想到的答案："我只听见他像是对自己说了一句话——你天使般的微笑，化解了我多年的苦闷。"

原来，这个陌生人是一个富豪，因平时给人的感觉过于冷酷，几乎没有人敢对他笑，他自己也过得并不快乐。当他遇到小女孩的时候，女孩天真无邪的微笑驱散了他长久以来的孤寂，打开了他尘封多年的心扉。

微笑是一种很神奇的力量，发自内心的微笑会让自己感觉到幸福，同时也给了别人温暖。如同从心底飘出的一朵莲花，这种美丽令人一见倾心。微笑是最原生态的吸引，它会让人有被认可、被喜欢的安慰感。有时候，它比语言更有魔力,它不需要花费什么,却能创造许多奇迹。

寻遍世界,只有微笑最动人。虽然只是一瞬间,但有时对它的记忆却是永远。一个不漂亮的女子倘若在阳光下微笑,那种光彩恐怕是浓妆艳抹的女人都难以比拟的。如同在百无聊赖的冬天,屋外是冰天雪地,我们却正坐在火炉旁微饮小酌,与亲友笑谈,如沐春风。

有一本《用微笑把痛苦埋葬》的书,其中有这样几句话:"人,不能陷在痛苦的泥潭里不能自拔。遇到可能改变的现实,我们要向最好处努力;遇到不可能改变的现实,不管让人多么痛苦不堪,我们都要勇敢地面对,学会用微笑把痛苦埋葬。"

这本《用微笑把痛苦埋葬》的作者是一位极普通的女性,是和普天下所有母亲一样,有着一个最亲爱的儿子的妈妈,她叫伊丽莎白·康黎。

第二次世界大战期间,在庆祝盟军于北非获胜的那一天,伊丽莎白·康黎收到了国际部的一份电报——她的独生子在战场上牺牲了。

那是她亲爱的儿子,也是她如命般唯一的亲人!面对这个突如其来的严酷事实,伊丽莎白·康黎的精神瞬间便几近崩溃。她心灰意冷,痛不欲生,遂决定辞去工作,离开这个伤心的地方,随处飘然于世。

当她整理行装的时候,忽然发现了一个发黄的牛皮纸袋里装着的一封信。打开一看,才知道那是儿子几年前到达前线后写来的。

伊丽莎白·康黎几乎不敢碰触信件的封口,在泪眼婆娑中,她终究颤抖地打开了信封。一张发黄的便笺纸掉了出来,上面写道:"请妈妈放心,我永远不会忘记你对我的教导。不论在哪里,也不论遇到什么灾难,我都会勇敢地面对生活,像真正的男子汉那样,能够用微笑承受一切的不幸和痛苦。我永远以你为榜样,你的微笑永远在我心中。"

伊丽莎白·康黎热泪盈眶,反复地摩挲着信纸,读了一遍又一遍。她似乎看到儿子就在自己的身边,用那双炽热的眼睛望着她,关切地问:"亲爱的妈

妈,你为什么不能像你教导我的那样去做呢?"

终于,她打消了背井离乡的念头,不停地在心里强化一个信念:"只有自己才能救得了自己。我应该用微笑埋葬痛苦,继续顽强地生活下去。我没有起死回生的能力改变它,但我有能力继续生活下去。"

后来,伊丽莎白·康黎写过很多本书,其中《用微笑把痛苦埋葬》在世界各地都非常畅销,一举成就了她作为一名出色作家的荣誉。

人生在世,困境与挫折都是在所难免的。无论阴云密布,还是苦难重重,我们都要用微笑去面对。这看似柔弱的微笑可以让我们重新鼓起生活的勇气,可以让冰封许久的心灵感受到融化的暖意。

当我们身处于陌生的环境,一个微笑就能化解所有的不安;当与人相处有了芥蒂,重见时的相逢一笑,便让多少仇怨泯灭;艰难时一个鼓励的微笑,便仿佛让窘迫难耐有了回转的空间;沮丧时一个理解的微笑,沉沦泥淖中的心也会得到暖阳般的慰藉。微笑后,也许就会有另一片天空。

让世界因为你我而更加美好

正如歌里所唱的那样,"只要人人都献出一点爱,世界将变成美好的人间。"只要我们每个人都努力去爱,去奉献,把"爱"给他人一点点,那么世界会因为你我而变得更加美好。

如果说世人的快乐皆是来自于有所得,比如升官发财了,比如欲望得到了满足,因此而是短暂的话,那么,唯有在扫除自私自利的观念,净化自己的身心,改变自己的气质,庄严自己的思想,从奉献中获得的快乐才长久,才甘甜。

所谓"赠人玫瑰,手留余香"。奉献者虽然比常人多付出几份爱心,但是,他们收获的却是人格魅力、诚信、尊敬等宝贵的"无形资产"。人生也因此而壮美起来,所以说,人生的状态来自于"奉献之乐"。它给人以心灵的纯洁和感动,给人以无限的信心和鼓舞,给人以快乐和希望。

很多年以前,有一对夫妇因为贫穷而在感恩节那天大吵起来,这种情景让站在一旁的儿子感到孤独无助。就在这时,一位满面笑容的男人敲响了他家的大门,他手里提着一个大篮子,里头装满了各种各样的过节食物。那人说:"这份东西是别人让我送来的,他希望你们知道还有人在关怀和爱着你们。"这情景让男孩深受感动,他暗暗发誓:长大后也要以同样的方法去帮助需要帮助的人。

男孩在18岁那年,终于可以养活自己了。虽然他并没有赚来很多钱,可是在这年的感恩节,他还是用自己的钱买了不少的食物,化装为一个送货员,把这些食物送给一个很穷的家庭。当他走进那个破落的房子时,前来开门的妇女警惕地盯着他。他对那位妇女说:"我是受人之托来送货的,请你收下这些东西吧。"那妇女语无伦次地说:"你是上天派来的使者!"男孩忙说:"不,不,是一个朋友托我送的,祝你们快乐!"说完他把一张字条交给了这位妇女。字条上写着:"我是你们的一个朋友,愿你们能过个快乐的节日,也希望你们有能力时,请同样把这样的礼物送给其他需要帮助的人。"

这个年轻人怀着一个美好的心愿生活着、奋斗着,终于成为影响了许多美国人心灵的大师。他的名字叫罗宾。

罗宾把自己的爱心,用这种独特的方式送给了需要帮助的人,他的善良感动了一个又一个穷困的家庭,也深深打动了处于无助境地的人们。正是因为这一点,他才成为影响美国人心灵的大师。

在河北省枣强县有一名普普通通的农民,她的名字叫林秀贞,她有着农村人特有的朴实与善良,30年如一日,克服了种种困难,赡养了六位老人,把

他们当着自己的亲生父母一样照顾着，用自己的爱心去温暖老人们孤独的心，去温暖冷漠的世道，让一村之中，老有所终，幼有所养。她对老人们的关爱像潺潺流水般滋润着每个人的心。

巴金在他的著名散文《灯》中讲过，一个出门求死的朋友因为陌生人一句"人不能光靠吃米活着"而勇敢地活了下来；美国的布里居丝到处散发自己制作的蓝色绸带，呼吁人们关爱他人，一位父亲将这代表关爱的绸带送给了自己的儿子，却正好挽救了自以为不优秀而欲自杀的儿子，一条简单的绸带竟能让一个准备求死的青年重燃希望之火。由此可见，关爱有时候只是一句话，但这句话竟然可以奇迹般地延伸生命的宽度，拓宽快乐与希望的面积。

关爱是一种没有功利性的善良之举。正如孔子所说的："君子喻于义，小人喻于利。"高尚的人，在关爱别人的同时是不会考虑是否会使自己获利的。假如每个人都有这种想法，那么就会意识到：关爱别人就是关爱自己，在帮助别人的同时，自己也会收获快乐。

如今，我们生活在一个多元的社会中，每个人都需要别人的关爱和帮助。我们关心他人、爱护他人、支持他人、理解他人，同样我们自己也会得到别人的关爱和帮助。把爱作为人与人之间交流的纽带，世间就会少一份猜忌，多一份温馨；少一份欺骗，多一份诚实……"如果人人都献出一点爱，世界将变成美好的人间"。

第 8 章

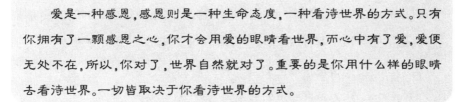

爱是一种感恩

用爱的眼睛看世界,爱无处不在

> 爱是一种感恩,感恩则是一种生命态度,一种看待世界的方式。只有你拥有了一颗感恩之心,你才会用爱的眼睛看世界,而心中有了爱,爱便无处不在,所以,你对了,世界自然就对了。重要的是你用什么样的眼睛去看待世界。一切皆取决于你看待世界的方式。

感恩不仅是一种心态,更是一种态度

生命因感恩而精彩,心灵因感恩而平和,感恩不仅是一种心态,更是个体生命对世界的态度。

人与世界的关系一直都被探讨,但至今没有一个终极答案。不过,有一个比喻,很形象地说明了人与世界的关系。

如果把世界比喻成一锅沸腾的开水,把人看成一种材料的话,那关键就看你自己是一块什么材料。如果你是生鸡蛋,投入到世界这锅沸腾的水中,就会被煮硬了,从生动鲜嫩变成凝固僵硬。很多人就被世界煮硬了,不再鲜活,不再有梦想;如果你是胡萝卜,就会被煮软了,从鲜灵灵的胡萝卜变成软

塌塌的胡萝卜泥，这就是一个人随遇而安，迁就规则，失去自我的结果。如果你是茶叶，被煮之后，干巴巴的茶叶渐渐舒展开来，一锅清水变成喷香的茶水。

这就是说，当一个人投入到社会中，被世界改造时，应该是一种滋润的、舒展的、豁达的，找到自我的状态，像被投入到开水中的茶叶那样，应该抱着一种接受、融入、感恩的心态，只有这样，才能在被世界的改造的同时，凭自己的力量一次次改变世界。

"受人滴水之恩，当思涌泉之报"，这是中国人的传统美德。所以说，拥有一颗感恩的心，从古至今都是人们所推崇的。中国民间传说《白蛇传》更是把这种美德演绎得神乎其神，但事实上动物界也确有这种报恩行为。记得报刊上也曾不止一次地报道过有人救助动物，而动物反救人类或者届时回访的现象。由此看来，动物尚且懂得知恩图报，更何况人呢？

感恩是一种处世哲学，是一种生活态度。感恩是一种歌唱生活的方式，他来自对生活的爱和希望。一个懂得感恩并且能够知恩图报的人，才是世界上最富有的人。人有了感恩的心，人与人之间才会变得和谐、亲切，而这种感恩的心也会使我们变得愉快和健康。

生命因感恩而精彩，心灵因感恩而平和，感恩不仅是一种心态，更是个体生命对世界的态度。

有一个真实的故事，故事的主人公是贫困山区的一个女孩。她有幸考上了重点大学，不幸的是父亲在她入校不久，遇上车祸身亡了，家中无力供她上学，在她准备退学时，社会给了她关怀，老师和同学也慷慨捐款捐物。她将大家的赠物，舍不得使用，藏在箱子里。每天打开箱子看看这些赠物，就想到自己周围有那么多的关怀、爱心，心中就不由产生出一种感激之情。这种感激之情又驱使她战胜困难，顽强拼搏。这个在物质上贫困的女孩，变成了一个精神的富有者。她心怀感恩，终于读完了大学，还以优异的成绩留学美国。

她说:"大家给我的一切,是我的精神财富,永远留在我的心里。我要努力学好本领,回报祖国,回报父老乡亲。"人有了感恩的心,就像这位女孩,生命会时时得到滋润,并时时闪烁纯净的光芒。

真正的感恩应该是真诚的,发自内心的感激,而不是为了某种目的,迎合他人而表现出的虚情假意。与溜须拍马不同,感恩是自然的情感流露,是不求回报的。

对于个人来说,感恩是丰富的人生。它是一种深刻的感受,能够增强个人的魅力,开启神奇的力量之门,发掘出无穷的智能。感恩也像其他受人欢迎的特质一样,是一种习惯和态度。

感恩和慈悲是近亲。常怀一颗感恩之心,你会变得更谦和、可敬且高尚。每天都用几分钟时间,为自己能有幸成为公司的一员而感恩,为自己能遇到这样一位老板而感恩。

"谢谢你","我很感激你",这些话应该经常挂在嘴边。以特别的方式表达你的感谢之意,付出你的时间和心力。

当你的努力和感恩并没有得到相应的回报,当你准备辞职调换一份工作时,同样也要心怀感激之情。每一份工作、每一个老板都不是尽善尽美的。在辞职前仔细想一想,自己曾经从事过的每一份工作,多少都存在着一些宝贵的经验与资源。失败的沮丧、自我成长的喜悦、严厉的上司、温馨的工作伙伴、值得感谢的客户……这些都是人生中值得学习的经验。如果你每天能带着一颗感恩的心去工作,相信工作时的心情自然是愉快而积极的。

有位哲人说过,世界上最大的悲剧和不幸就是一个人大言不惭地说:"没人给过我任何东西。"这样的人,你就是把世界给予他,他也不会满足的。所以,感恩就是要知足常乐,它不仅是一种心态,更是一种生命态度。

学会感恩，用感恩的心代替抱怨的嘴

人生路上，只有怀着一颗感恩的心生活，带着一颗惜福的心上路，用感恩的心代替抱怨的嘴，你才会越走越稳健，越走越扎实。因为，你的根因为感恩扎在了大地上，扎进了泥土里。

既然感恩是一种心态，一种对生命态度，那就说明感恩不是天生的，而是后天培养出来的。所以，培养自己的感恩心，学会感恩，是一门人生的必修课，学会了感恩，才能真正懂得生活。只有抱着一颗感恩的心去生活，才能在心中充满了爱，才能感悟到生活的真谛。一个懂得感恩的人，才会真正感受到人生的幸福。而一个不知感恩的人，他是永远都不会满足的人，也是一个永远都不会快乐的人。他们整天只会嫉妒别人，怨天尤人，只想着自己的利益，自己需要什么，从不关注这些东西是从哪来的。其实，我们每天的生活都在仰赖着他人的奉献，没有他人的奉献和付出，就没有我们每天的便利和快乐。

每个人都应该明白，生命的整体是相互依存的，世界上每一样东西都依赖其他每一样东西，无论是父母的养育，师长的教诲，配偶的关爱，他人的服务，大自然的慷慨赐予……人自从有了生命起，便沉浸在恩惠的海洋里。一个人真正明白了这个道理，就会感恩大自然的福佑，感恩父母的养育，感恩社会的安定，感恩食物之香甜，感恩衣之温暖，感恩花草鱼虫，感恩苦难逆境，就连自己的敌人，也不忘感恩。因为真正促使自己成功，使自己变得机智勇敢、豁达大度的，不是优裕和顺境，而是那些打击、挫折和对立面。

心存感恩，知足惜福，人与人、人与自然、人与社会才会变得更加和谐。

心存感恩的人，才能收获更多的人生幸福和生活快乐，才能摈弃没有意义的抱怨。生活本身是多么丰富啊，如果你自己不去寻找乐趣，而是天天责怪，抱怨生活，那只能说你自己本身就是一个无趣的人。

两个行走在沙漠里的旅人，已行走多日，在他们口渴难忍的时候，碰见一个赶骆驼的老人，老人给了他们每人半瓷碗水。两个人面对同样的半碗水，一个抱怨水太少，不足以消除他身体的饥渴，抱怨之下竟将半碗水泼掉了；另一个也知道这半碗水不能完全解除身体的饥渴，但他却拥有一种发自心底的感恩，并且怀着这份感恩的心情，喝下了这半碗水。结果，前者因为拒绝这半碗水死在沙漠之中，后者因为喝了这半碗水，终于走出了沙漠。

这个故事告诉我们，对生活怀有一颗感恩之心的人，即使遇上再大的灾难，也能熬过去。感恩者遇上祸，祸也能变成福，而那些常常抱怨生活的人，即使遇上了福，福也会变成祸。

一位国王在林中散步，遇到并爱上一位美好的女子，决定娶她为后。女子也爱着国王，于是欣然答应了国王的求婚，但提出一个要求："请在王宫旁给我搭一个简朴的小屋子，我每天会在里面待一个小时，不许偷看。"国王答应了，于是两人结合了，生活和美、安详、幸福。皇后每天都会到屋子里待一个小时，无人能知其中的秘诀。二十多年过去了，皇后越来越年轻，越来越漂亮。国王渐渐起了疑心，她难道是女巫吗？一天，国王终于忍不住好奇，偷偷跟踪皇后。然而，他惊奇地发现，妻子未施任何法术，她只是坐在圆木凳子上，摘下皇冠，褪下首饰，脱去皇袍，赤裸地，沉静地坐着，脸上是一种宁静的光彩。

有时，我们是不是都应该有这么一间小屋，去里面梳理一下自己的心情呢？它们可能只占你一天时间的几十分之一。但当你卸下种种委屈、怨气、虚荣、奢望去梳理自己的心情时，你就会接近内心的真实，找到真正的自己。

在这茫茫尘世中，我们的心灵早已被岁月磨得粗糙和麻木，对于爱，对

于感情早已不在心动,但在偶然间,一个善意的目光,一句美好的祝福还是会让我们的心为之一振,原来,世界上只有爱会给我们如此多的感动。

珍惜你的拥有,怀着一颗感恩的心生活,珍惜你的家,带着一颗惜福的心上路,你才会越走越扎实,因为,你的根扎在了大地上,扎进了泥土里。学会感恩吧,让不满和抱怨到此为止,感谢父母亲,感谢所有的亲人给我们的爱和关心,感谢所有帮助过我的人,给我们所有的温暖和感动。也感谢那些伤害过我们的人,因为你们的鞭策,才有了我们的成长。

没有冷漠的人,只有漠视感恩的人

感恩之心是一颗美好的种子,假如不光懂得收藏还懂得播种,就能给他人带来爱和希望,并因此挽救他们,或是改变他们的内心世界。以感恩的心去生活,你也会在困难的环境中看到生命的绿洲,怀着更多的希望面对未来。

任何一个人,多多少少都得到过别人的帮助,接受过他人的恩惠,可是我们的心中是否因此而多了一些感恩呢?

人人生而平等,没有什么是天经地义,理所当然的。对于别人的帮助,哪怕只是一点点,我们都应心存感激;对于生活的赐予,哪怕只是一点点,我们也应心存感恩。这点点滴滴都是人情,所以,漠视感恩的人,只会让自己在他人眼里变得更加卑微。

当然,不但要心存感激,还应用同样的爱心去关怀别人。那些对生活怀有一颗感恩之心的人,即使遇上再大的灾难,也能挺过去。只要你怀抱着一颗感恩的心,即使是遇上祸,祸也能变成福。

我们应该感谢生命,拥有生命让我们有机会在世界上创造自己的故事;

我们感恩生活,虽然生活中有酸甜苦辣,但正是这样的精彩让我们在其中流连忘返;我们感谢苦难,苦难的存在让我们更加珍惜来之不易的幸福。

一颗感恩的心带给你的将是宽广的人生,因为当你拥有一颗感恩的心的时候,你会在生活中充满力量,更加努力地做好自己的事情,从而也会有意想不到的收获。

在遇到干旱的一年,收成很不好,为了帮补家用,大勇跟随舅舅到城里打工。大勇和舅舅一同在工地上做保安,看管水泥和砖头,一天深夜,突然狂风大作,眼看就要有一场大雨了,大勇连忙推醒了熟睡的舅舅说:"快下雨了,我们得赶快去工地,用防水布把水泥盖起来啊。"舅舅不耐烦地一摆手:"你有病吧?大晚上的拿这么点钱还要拼命啊,要去你去,我可不去。"大勇说:"老板给了我们这份工作,给我们机会挣钱,我们应该做好它。"

大勇在夜色中独自去了工地,大雨转眼即至,大勇一个人把防水布盖在了水泥上,还用砖头把防雨布的几个角压住,自己却全身都湿透了。说来也特别巧,老板这一天刚应酬完开车回家,途中路过工地,只见一个工人在奋力地抢救水泥,心里甚是感动。老板开始关注大勇的表现,最后让小学都没毕业的大勇做了经理。

一颗感恩的心让大勇在自己的工作上全心全意地付出,最终闯出了自己的天地。许多人认为,自己的工作是如此微不足道,从而不愿付出多大的努力。但是,就是这份微不足道的工作,它给予了你生活下去的收入,它给予了你一个表现自己价值的舞台。没有任何一个人是天生卑微的,没有任何一份工作是卑微的,更没有任何一个人注定要卑微地过一生。生活给了我们许许多多的机会去创造。只有抱持着一颗感恩的心,才能得到生活的馈赠。如果我们用一颗漠视的心去对待生活,那么生活也同样会漠视我们。

小雅是个城里的孩子,一直在富裕的家境中成长,也养成了一些骄纵的脾气。天有不测风云,这一年,父亲生意失败破产了。这一沉重的打击让父亲

一病不起，住进了医院。父亲的一个好朋友看到这种境况，便安排小雅到分公司做了一名打字员。然而，做惯了大小姐的小雅还是不改骄纵的脾气，工作出现纰漏被骂，她不认错，就和上面大吵，还经常不去上班。不仅如此，她在背后还一直对父亲的朋友很不满，埋怨对方竟然安排她做个小小的打字员。结果，这些话传到了董事长的耳朵里，第二天，小雅收到了人事部发的解雇信。

都说世态炎凉，人一倒霉，原本围绕身边的人都会躲开。原本父亲的朋友介绍给小雅工作，本该算得上是件雪中送炭的事，然而小雅却嫌弃这种恩情不够，不但不懂得感恩，反而还对对方存在诸多怨言。

我们必须记住，在这个世界上，没有谁有义务来帮助你，没有谁有义务给你任何东西。给予了你便是一种对你的恩惠，漠视这种恩惠，甚至还看不起这种恩惠的人，最后连这点帮助都将失去。

这个世界上是没有卑微的人的。也许你出身贫寒，也许你命运不济，但学会感恩，生活也会给你机会去闯一片天地。也许你出身高贵，也许你一直都一帆风顺，但生活同样会给你考验，在这种考验中，同样去学会感恩，抱持一颗感恩的心，你能在这场考验中悟出生活的真谛。

芸芸众生，在生活面前都是平等的，没有卑微的人，只有漠视感恩的人。当你漠视感恩的时候，生活也将漠视你，懂得感恩的人是高贵的，漠视感恩的人会变得卑微丑陋。

感恩生命,珍惜你现在所拥有的一切

只要有了一颗感恩的心,就会感到,活着,就是最大的幸福,就会懂得现在所拥有的一切,都应该去珍惜,都值得珍惜。

"我们很少想到我们有什么,可是总想到我们缺什么。"叔本华的这句话,深刻地揭示了人性的本质。让我们看到了人性的一个共同弱点,那就是总是期盼得到自己没有得到的东西,而对自己现在所拥有的一切却不那么珍惜。

人之所以不幸福,不是因为得到的东西太少,而是不懂得珍惜,不知道珍惜现在所有的一切,总是一心想着要比别人幸福。可是,你想过什么才是生命中最幸福的吗?

什么是生命中最大的幸福?"我想,我们活着就是最大的幸福。"这是2009年12月3日,俄罗斯总理普京在通过广播、电视和网络直播节目与本国公民进行直接交流时,与一位9岁的小姑娘达莎的对话。

一个在经历了"5·12"特大地震的女孩子在回忆起那段惨烈的遭遇时,写下了这样几段话:

那天,当我的手机上显示了"我看新闻,知道你那里发生了地震。第一时间就给你发了这条信息,你没事吧?速回"这简短的几行字时,我哭了。这是地震后我收到的远方有人发来的第一条信息。原来在这个世界上,还有人为我担心,我庆幸我能活着感受到这种被人关心的幸福。

当看到那么多的同伴被灾难残忍地夺去了生命,看到那么多的生命,刹那间就成了淋淋的鲜血。那曾经开朗的笑脸,亦如过眼云烟,一去永不复返。

只有顷刻之间，那一片片林立的高楼就已是残垣断壁……对于心灵，这是一种怎样的刺激与震撼！那一瞬间，我看到在残酷的大自然面前，人的生命竟然是如此的脆弱和不堪一击。亦如那断了线的风筝，在空中无助地摇摆。

在经历了这场灾难之后，对于生命有了一个全新的概念。在生命面前，所有的金钱、地位、名利都是那么渺小；一切的一切，与生命相比，都是那么次要。因为，我懂得了：活着，真好！痛苦让我学会了感恩生命，珍惜现在所拥有的一切。

现在，每逢遇到什么不开心的事情，我总会在心底不住地安慰自己：没什么，这些都可以努力去改变，因为我还活着。比起那些在地震中失去了生命的兄弟姐妹来说，我已经很幸福了。

活着本身就是上天对自己的一种恩宠。生命对于每个人来说都只有一次，而且从生物学的角度上来讲，一个人的诞生只有几十亿分之一的概率。这说明能出生并活在这个世界上是多么不容易啊！还有什么比生命更重要、更美好的呢？还有什么能比活着更快乐、更幸福呢？我们应该把每一天都当成生命的最后一天来过，要珍惜生命，珍惜自己，珍惜我们所爱的人和爱我们的人，懂得珍惜是一种福气。

我们应该知道：

能来到这世上，真好。

能健康地活着，真好。

能正常地工作，做自己喜欢的事，真好。

能有一个舒服的家，父母健康，有可爱的子女，真好。

能看花开花落，观云卷云舒，感受阳光的温暖，体会秋风的萧瑟，真好。

有几个真诚的朋友，有聚有散，谈天论地，真好。

而这一切，都需要我们活着，才能实现。

我们总以为幸福离我们很遥远，当我们远行去追寻幸福时，殊不知，幸福就在身边。

既然如此,那就感恩生命,珍惜你现在拥有的一切,并为你现在拥有的这一切而感恩吧!不要等到失去了才追悔莫及,更不要把所有的希望都放在未来,这样才能够及时享受到人生的乐趣与幸福。"有花堪折直须折,莫待无花空折枝",千万别因为不懂得珍惜给人生留下遗憾。

常说人生如戏,悲哀的是,这是一场不能经过彩排就必须上演的戏,所以,人生总是让人充满遗憾。有时候甚至让人感觉如此遗憾的人生,就好像没有活过一样。"只活一次等于没有活过。"德国的这句谚语很好地说明了生而为人的悲哀。是啊,要是能重活一次就好了,要是能重活一次,就不会有那么多遗憾,就不会错过最爱的人。有时候,真的幻想时光可以重来一次,那样的话就可以重新选择一切。

正因为如此,为了少一点遗憾,我们就更需要活在当下,珍惜眼前的一切。想一想,过去的已过去,未来还未到来,怎忍辜负眼前这大好时光?在经历了那么多的遗憾之后,怎么能忍心再次错过不该错过的人,做出不该做出的事?

感激折磨你的人,是他们促进了你的成长

如果说对你好的人是在"帮你成功",那么,折磨你的人则是在"逼你成功"。当你学会了感恩,你会发现,原来爱我们的、恨我们的甚至伤害过我们的人,都是天使,在时刻鞭策我们不断进取,追求更好的生活,做更完美的自己。

拥有一颗感恩的心,除了对那些曾经从正面帮助过你的人感恩外,对那些曾经伤害过你的人或者对你的竞争对手也要心存感恩,从佛教上来说,他

们就是你最好的"逆增上缘"。因为恰恰是他们促进了你的成长，让你变得坚强起来。这些人并非生来就是个恶人，可能只是他们的心一时被欲念所蒙蔽了，才做出伤害你的事。既然他们还没有找到自我，没有找到自己的位置，还不够成熟，那我们就给他们一点时间，同时用我们的宽容与爱心感化他们。

通常情况下，当我们受到他人的伤害时，往往会因为不公正而愤愤不平，甚至陷入痛苦的深渊中。可一旦我们从深渊和困惑中走出来，我们会发现：从每一个单个的人来讲，原来爱我们的、恨我们的甚至伤害过我们的人，都是天使，在时刻鞭策我们不断进取，追求更好的生活，做更完美的自己。

一位哲人说过，任何学习，都不如一个人在受到屈辱时学得迅速、深刻、持久，因为它能使人更深入地接触实际和了解社会，使个人得到提升和锻炼，从而为自己铺就一条成功之路。

挪威著名的剧作家亨利·易卜生把跟自己做对的瑞典剧作家斯特林堡的画像放在桌子上，一边写作，一边看着画像，以此激励自己。易卜生说："他是我的死对头，但我不去伤害他，把他放在桌子上，让他看着我写作。"据说，易卜生在斯特林堡画像目光的关注下，完成了《培尔·金特》《社会支柱》、《玩偶之家》等世界戏剧文化中的经典之作。

毫无疑问，一个人能够在折磨中走向成功，往往取决于其在遭受折磨时的生活态度。一个人在饱受折磨的背后隐藏着未来的成功，折磨也是人生所需要的，它和成功一样有价值。因此，在生活中，当我们遭受批评、抱怨，不要以牙还牙，相反我们还要感谢那些折磨你的人。

感谢折磨你的人，正是由于他们的存在，才使得你的生命充满了机遇和挑战，充满了转折和收获，当你能够用这样成熟的心态来面对生活中的起起伏伏，那么你就不再是一个面对苦难掩面而泣的人，而将成长为一个无法战胜的勇士。

感谢那些折磨你的人，学会对屈辱抱着一种积极的态度，受到打击和嘲笑,不是愤恨难消,而是借着打击来锻炼自己的心性、品格。如果说,对你好的人是在"帮你成功",那么,折磨你的人则是在"逼你成功"。只要在折磨中看到事物积极的一面,你也可以在折磨中走向成功,成长为一名成功人士!

因此,在现实生活中,没有必要憎恨那些折磨我们的人,若深入思考一下,我们就会发现,真正促使我们成功让我们坚持到底的,真正激励我们让我们昂首阔步的,不是顺境与优裕,不是朋友和亲人,而是那些常常折磨我们,给我们带来巨大麻烦与不快的人。因此要学会忘记仇恨,感谢那些折磨自己的人,是他们让我们不懈怠,永远保持拼搏的斗志,我们才能不被残酷的现实所淘汰。

下篇
爱,是被爱的开始

当你知道了爱是什么之后,理所当然地就想尝试着主动去爱。可是,我们究竟应该去爱什么,又有谁需要我们的爱呢?这就是我们在下篇需要解决的问题。其实,世间的一切都需要你的爱,只要你敢于去爱,就会收获到意想不到的幸福。因为爱,是一切被爱的开始。

第 9 章

你爱，人心不冷漠：

温暖的人间渴望爱心的传递

> 爱是可以传递的,温暖的人间渴望爱心的传递,当我们把爱传递给别人时,我们在精神上便获得了安慰。尤其当别人对我们的爱予以回报时,那更是一种幸福。
>
> 所以,生活于尘世之中,我们要去爱别人,把自己的爱心传递出去,才能更好地被人所爱。

谁也不是一座孤岛,谁也不能自全

没有人是独自存在的岛屿,每个人都是大地的一部分。

没有人是独自存在的岛屿,每个人都是大地的一部分。如果海流冲走一团泥土,大陆就失去了一块,如同失去一个海岬,如同朋友或自己失去家园。任何人的死都让我蒙受损失,因为我与人类息息相关。因此,别去打听钟声为谁而鸣,它为你我而鸣。

这是英国著名诗人约翰·多恩的一首诗,写这首诗的时候多恩正因罹染瘟疫而陷入生死未卜、凶多吉少的绝境。按常理,他将被死亡的巨大恐惧压

114

倒,然而,多恩凭借着金子一般的信仰,恪守"尽心、尽性、尽意爱主"以及"爱人如己"的诫命,不仅没被瘟疫打倒,反而写下二十三篇"紧急时刻的祷告"这一组具有历史性的辉煌文献。其中就包含了这首著名的诗。后来美国著名小说家,诺贝尔文学奖获得者海明威将其中的一句引作他一部小说的名字,就是他那部凭借着深沉的人道主义力量感动了一代又一代人的《丧钟为谁而鸣》。

这部小说讲述了美国青年罗伯特·乔丹志愿参加西班牙政府军,在敌后搞爆破活动。为配合反攻,他奉命和地方游击队联系,完成炸桥任务。在纷飞的战火中,他与被敌人糟蹋过的小姑娘玛丽亚堕入爱河,借此抹平了玛丽亚心灵的创伤。在三天的时间里,罗伯特历经爱情与职责的冲突,道德伦理与严酷现实的矛盾交织以及生与死的考验,人性不断升华。在炸桥的撤退途中,他把生的希望让给别人,自己却被炮弹炸断了大腿,独自留下狙击敌人,最终为西班牙人民献出了年轻的生命。

试想一下,如果不是因为爱,不是因为生而为人的社会责任感,美国青年为何会去参加西班牙志愿军,甚至为此而献身呢?

是的,来到这个世界上,谁也不是一座孤岛,谁也不是独自存在的,因为我们谁也不能自全。我们需要他人,正如他人也需要我们一样,只有融入社会,成为社会的一分子,承担起自身的社会责任,我们才能拥有一个健全的人格,过上正常幸福的生活。

为什么我们作为单个的个体,对别人承担着责任呢?按照马克思的社会主义观,是因为社会的分工不同。也就是说,工作没有高低贵贱之分,大家只是分工不同而已,正因为社会分工不同,于是就有了文明。所以我们每个人都承担着一定的社会责任,对社会的逃避,也就是对自身所承担的那部分责任的逃避。这样的人,是很难在社会上生存下去的,更不用说是发展了。正如社会学家戴维斯说:"放弃了自己对社会的责任,就意味着放弃了自身在这

个社会中更好的生存机会。"

因此，这就要求我们要有一种"我为人人，人人为我"的互助互爱的精神。这种精神将把整个人类团结在一起，通过共同的努力消除战争，消除贫穷，消除不公，从而实现人人都能住有所居，劳有所得，学有所成，老有所养的社会主义理想。

有一个人对自己死后的去向很感兴趣，于是他向佛祖打听天堂和地狱的情况。佛祖对他说："来吧！我带你去看看这两个地方分别是什么样子，你自己就清楚了。"

佛祖先带着这个人来到了一间屋子，看到的是一群人围着一锅肉汤，但每个人都是面黄肌瘦，骨瘦如柴。他们每个人都有一只汤勺，汤勺的长度可以够到锅，而且可以捞到锅里的食物，但汤勺的柄比他们的手臂还长，以至于每个人都无法把汤送进嘴里，只能望"汤"兴叹，无可奈何。

出来后，这个人看到房屋的门口贴着"地狱"的标签。

随后佛祖说："来吧！我再让你看看什么是天堂。"随即把这个人领入另一房间，这里的物品摆设和上一个房间没有什么不同，也是一群人围着一锅肉汤，每个人也都拿着一只比手臂还长的汤勺。唯一不同的是，这里的每个人都身宽体胖，脸色红润，都是非常幸福的样子，他们正在快乐地歌唱。

"这是为什么？"这个人不解地问道："为什么同样的吃食、同样的餐具，地狱的人喝不到肉汤，而天堂的人却可以？"

佛祖微笑着说："很简单，在这儿，他们每个人都会把肉汤喂到对面那个人的嘴里。"

这个寓言形象地描绘出地狱与天堂的区别。在天堂里面，是我为人人，然后人人为我；而在地狱里，每个人都为自己着想，所以，最后只能忍饥挨饿。

由此，我们可以得出一个道理：虽然我们是一个个体，但个体的轻重缓急是属于大家和整体的，个体的价值也是必须通过对整体所作出的贡献体现出来的。所以，作为一个人，不要总是只关心自己的事情，多去关爱别人，这样在我们最需要帮助时，才能得到别人的一臂之力。

巴金老人在《随想录》中谈及怀念昔日老友时说："我永远忘不了他们来信中那些像火、像灯一样的句子。大多数人的命运牵引着我的心。""因为得到了爱，认识了爱，才知道把爱分给别人，才想对自己以外的人做一些事情。把我和这个社会联起来的也正是这个爱字，这是我全部性格的根底。"

所以，我们要去爱别人，把自己的爱心传递出去，才能更好地被人所爱。

爱让世界飞翔，努力做一个有爱的人

倘若世界是一堵墙壁，那么爱便是世界的回音壁。因为世界是互动的，你给世界几分爱，世界就会回报你几分爱。正所谓"爱出者爱返，福往者福来"。心中有爱的人，会永葆青春！

记得有一句话是这样说的：如果你想获得终生的幸福，就必须首先要做一个充满爱心的人。努力去帮助别人，你就能得到别人的帮助；全身心地去爱生活和自然，你就能获得幸福的人生。也就是说，我们最感谢爱的一点，不只是对方能回应我们爱，而是当我们开始真正去爱时，就能强化自己本身的特质，增强活力。如果不这样的话，现世生活中是非常冷漠的，然而爱带给它温暖。光是这一点，就已经是一种幸福。

只要有爱，就能克服任何事情。没有爱的人，一辈子都将处在自己与别人的交战状态中，最后疲倦地走上厌世之路，甚至憎恨人类。然而，在最初要决心获得"爱"时，就必须先去爱别人。

在社会上,有爱心的人比那些为富不仁者更容易受到人们的尊敬。更为重要的是,善良、有爱心的人比一般人更容易获得快乐。之所以这样说,是有一定的科学依据的。

一位医生曾经从医学的角度说过这样的话:"献爱心对自己也是有益的。道理在于,爱心是献给他人,献给社会的。献爱心的过程,实现的是自己对他人的帮助,对社会的责任。这样自豪的情绪,会给自己的心理带来一种良性刺激,产生一种欢快感。"

据现代医学研究认为,大脑有一部分细胞膜上存在着吗啡样受体,在做善事时,受到爱心滋润,会产生一种类似吗啡样的天然镇静剂——内啡肽,通过细胞膜上的吗啡受体,使人产生愉悦感。同时,乐善好施之人,能激发大家的感激、友爱之情,赢得人们对他的好感与信任,从而使其内心获得温暖与满足感。生活在这样的环境与气氛中,人自然轻松愉快,坦然、安然加悠然,哪有不快乐的道理呢?

所以,那些快乐的人也必然是善良、充满爱心的人。从这个角度来说,帮助别人也就是帮助自己。

一天深夜,一场突如其来的特大泥石流吞没了小山村。次日,当救援人员循着哭声刨开泥土,掀开屋顶,发现一个光着身蜷缩在屋梁下的两三岁小女孩竟然活着。救援人员赶紧将小女孩抱出来,可她死活都不肯离开,边用小手指着边哭喊起来:"妈妈——"

救援人员沿着隐约露出的一双泥手小心翼翼地往下刨,眼前现出一幅惊心动魄的画面:一个半身赤裸的女人,呈站立姿势,双手高高举过头顶,仿佛一尊举重运动员的雕塑……

女人竟是一个盲人,身体早已僵硬。而她的身下,又刨出一个昂首挺立的男人!女人正是站在男人肩上,双手高举小女孩,小女孩才奇迹般地成为这场泥石流中唯一的幸存者!

　　爱如山，如山的伟大，如山的崇高，如山的厚重，盲人夫妻为了让孩子能活下来，牺牲了自己，他们的爱发出光辉，将会照亮孩子未来的路，也会照亮每一个感动的人。

　　生活中，那些富有爱心的人往往感情细腻，充满了温情和博爱的精神。爱心是对他人的苦难、艰辛和无助的感受能力。一个富有爱心的人往往善良、宽容而慷慨。路边的乞丐、迷途的孩子、误入歧途的少年、一时糊涂犯错的人都将得到来自富有爱心者的宽容和谅解。所有的困难都将得到及时的帮助，所有的迷茫都会得到引导，所有的错误都将得到矫正，所有的失误都将得到弥补，所有的邪恶都将被战胜。顽固的心灵将进一步被融化，美德会被同情者撒播，更多的人将受到善良、宽容和慷慨的教化。面对这样高贵和仁慈的美德，没有人不会为之动容，最大范围内的人心将归附于此。

　　付出爱心，你不会因此而损失什么，相反还能因此而收获他人的感激，如果你什么也不付出，你也不会因此而比别人多得到什么，只会比别人少得到人生中最珍贵的东西，比如友谊、关怀、问候、祝福……

　　把自己的爱毫不怜惜地给予别人，对于爱的承受者来说，也是刻骨铭心的。

　　爱，照亮别人也温暖自己。捧一颗爱心上路的人，一生也将生活在爱里。爱是一种非常美好的人生情感，像花开，魅力给别人，自己也结果实，为何要将爱隐藏在心底？奉献爱心，去爱每一个人，是人人都很容易做到的事，一句话、一个微笑、一束花就够了，是的，只要人人都献出一片爱，这个世界将变成美好的人间。

　　我们生活在一个多元的社会中，每个人都需要别人的关爱和帮助。我们关心他人、爱护他人、支持他人、理解他人，同样我们自己也会得到别人的关爱和帮助。把爱作为人与人之间交流的纽带，世间就会少一份猜忌，多一份温馨；少一份欺骗，多一份诚实……"如果人人都献出一点爱，世界将变成美好的人间"。

倘若把自己的利益建立在他人利益之上，那么这种利益就是在茫茫大海中的一叶扁舟，终究要被海浪的波涛所冲翻；如果在赋予爱之后所获得的一切，即使是无形的回馈，也足以让我们感到绵延不断的幸福。

最后，借用冰心老人的一句话，让我们在低头助人抬头收获中，来温暖彼此的心灵："爱在左，同情在右；走在生命路的两旁，随时播种，随时开花，将这一径长途，点缀得花香迷漫，使穿枝拂叶的行人，踏着荆棘不觉得痛苦，有泪可落，也不是悲凉。"

爱就像山谷回声，付出什么就得到什么

爱不仅是相互的，亦是平等的，它如同山谷的回音，你投入什么，就会得到什么；你播种什么，就会收获什么。想要获得别人的真心，首先使别人能得到自己的真心；要想别人成为自己的朋友，首先要使自己成为别人的朋友，心要靠心来交换，感情要用感情来获得。

人的行为其实就像一粒种子，种下什么样的种子就会收获什么样的果实。正所谓，种瓜得瓜，种豆得豆。种下的善良的种子，就能结出善良的果实，把爱给别人，收获的自然也是爱。你一定无法找到一位慷慨施与，但却不受欢迎的人物；也一定不会发现一位刻薄、自私、吝啬，可是却被人们普遍欢迎的人。只要有付出，就会有收获，这是一个亘古不变的道理。如果吝于付出，你就什么也不会得到。

一天下午，孤独的文森特夫人在百无聊赖中又来到了海边。丈夫已经出海两个礼拜了，还是没有任何消息，虽然这也是常事，但是她依然如此强烈地期盼着丈夫的归来。

她又像往常一样在海边捡贝壳,现在她最大的爱好就是收集各式各样的贝壳。在她无意间抬头的时候,她看到了岩石边有一个人,那个人正努力地攀附住一块突出的岩石,海浪一个接一个地扑打着他,看上去他就像一只快要被淹没头顶的可怜的鸭子。

文森特夫人不知道这个人是谁,但是她决定要去救这个处于危险之中的人。可是急剧而狂怒的海浪让她的计划变得不可实现。文森特夫人奔跑着去哀求几位渔夫,百般劝说,最后许诺他们:"只要你们能把那个人救上来,我愿意给你们一笔丰厚的报酬。"

渔夫们看在钱的份上,派了一只船过去。就在那个人体力即将耗尽的时候,他得救了,渔夫们把他抱到船里,船很快回到了岸上。

令文森特夫人大吃一惊并欣喜不已的是,被救的不是别人,而是她的丈夫。

试想一下,如果文森特夫人没有爱心,不对那个在大海里挣扎的人付诸同情,并给予实际的帮助,那她也将注定永远失去她的丈夫。

爱,就像一棵树,你必须亲自栽种,亲自培育和浇灌,才有可能享受到它的绿荫。如果没有爱他人的能力,那么人们在自己的爱情生活中永远也不会得到满足。你施给别人的爱越多,你拥有的爱就越多。

一天,一个贫穷的小男孩为了攒够学费正挨家挨户地推销商品,劳累了一整天的他此时感到十分饥饿,但摸遍全身,却只有一角钱。怎么办呢?他决定向下一户人家讨口饭吃。

当一位美丽的小女孩打开房门的时候,这个小男孩却有点不知所措了,他没有要饭,只乞求给他一口水喝。这位小女孩看到他很饥饿的样子,就拿了一大杯牛奶给他。

男孩慢慢地喝完牛奶,问道:"我应该付多少钱?"

小女孩回答道:"一分钱也不用付。妈妈常教导我们,施以爱心,不图回报。"

男孩说:"那么,就请接受我由衷的感谢吧!"说完,男孩离开了这户人

121

家。此时，他不仅感到自己浑身是劲儿，那种男子汉的豪气顿时迸发了出来。

其实，男孩本来是打算退学的。

若干年后，那位已长大成人的小女孩得了一种罕见的重病，当地的医生对此束手无策。最后，她被转到大城市医治，由专家会诊治疗。当年的那个小男孩如今已是大名鼎鼎的霍华德·凯利医生了，他也参与了医治方案的制订。当看到病历上所写的病人的家庭住址时，一个奇怪的念头霎时间闪过他的脑际，他马上起身直奔病房。

来到病房，凯利医生一眼就认出床上躺着的病人就是那位曾帮助过他的恩人。他回到自己的办公室，决心一定要竭尽所能来治好恩人的病。

从那天起，凯利医生就特别地关照这个病人。经过艰辛努力，手术成功了。凯利医生要求把医药费通知单送到他那里，在通知单的旁边，他签了字。当医药费通知单送到这位特殊的病人手中时，她不敢看，因为她确信，治病的费用将会花去她的全部家当。

最后，她还是鼓起勇气，翻开了医药费通知单，旁边的那行小字引起了她的注意，她不禁轻声读了出来："医药费——一满杯牛奶。"

也许，当初那个小女孩从家里拿出一大杯牛奶时，除了让小男孩解渴外，她什么想法也没有。但是，她种下的善良的种子，却在若干年后，结出了善良的果实来回馈她。可以想象一下，如果没有她那一杯牛奶，也许就没有小男孩美好的未来，长大成人后的男孩如果没有成为专家，就不可能为同样长大成人后的女孩解除病痛，而所有的这一切，皆缘于小女孩最初的一个小小的善举，而她也因为这个善举得到了丰厚的回报。

是的，种瓜得瓜，种豆得豆，种下什么样的种子，就能收获什么样的果实，这句老话总是不会错的。

即使自己一无所有,也要学会和人分享

把一份快乐分享,快乐就会无限增值;把一份痛苦分担,痛苦就会缩减。

分享,是一个心态开放、思想解放、智慧绽放的过程,是尊重与合作,不断改革、不断创新的过程。所以,每个人都需要分享,都离不开分享,都需要学会分享,即使自己一无所有,也要学会和人分享。

黛比今年已经 50 多岁了,可是最近她身心备受打击,倒霉的事情接踵而至,丈夫刚去世不久,儿子又坠机身亡。一连串的打击让她的心都碎了,她觉得自己什么都没有了,每天都郁郁寡欢,躲在家里不肯出来。久而久之,她便得了抑郁症,甚至想自杀,去陪伴自己的丈夫和儿子。

就在黛比自杀已经奄奄一息的时候,邻居发现了她并将她及时送到了医院,主治医生将黛比抢救了过来,并和她说:"虽然你现在失去了儿子和丈夫,但你其实很富有,不如学着和别人分享自己的东西。既然你连死都不怕,还怕什么呢,还怕失去什么呢?"

"可是,我什么都没有",黛比心想:"我没有亲人、没有健康、没有金钱、没有快乐,能拿什么给别人呢?"为了听从医生的话,她冥思苦想,像自己这样一大把年纪的女人,还能干什么呢?

终于,黛比想到了一个好主意。她喜欢养花,自从丈夫和儿子去世后,她也没心思种花了,后来,花园就荒废了。于是,她开始种花,在她的精心照料下,很快她的花园就成了花的海洋,只要走过的人都会为这片美景而陶醉。

黛比的心情好了许多,但她觉得还不够,于是她把这些花送给附近医院里的病人,帮他们把花插在床头的花瓶里,花香充满了整个病房。病人看到

了黛比送的鲜花都非常的高兴，身体康复得也更快了。

后来，这些病人康复出院后，都纷纷给黛比写信和邮寄卡片。这些充满爱意的感谢信和卡片让黛比的心暖暖的，让她不再那么孤独和寂寞，久而久之，她的忧郁症竟不药而愈，她重新获得了人生的喜悦。

其实生活就是这样，即使自己一无所有，也应该学会和别人分享，因为爱的分享是不需要你拥有什么的，久而久之你会发现，在给予别人的同时，自己也会收获很多，因此最终的收益的不仅是别人，还有自己，就像谚语说的那样："赠人玫瑰之手，经久犹有余香。"

一个精明的花草商人，千里迢迢从欧洲引进了一种名贵的花卉，将之培育在自己的花园里。他计划繁育三年，等拥有上万株后再开始出售，狠狠地挣一笔大钱。为了不让别人"分羹"，他还把自己的花园用密实的篱笆圈了起来，不准任何人接近。

第一个春天，名贵的花开了，特别漂亮，就像缕缕明媚的阳光。

第二个春天，花已培育出五六千株，但商人发现，花朵比去年略小。

第三个春天花已经繁育出了上万株。但令商人沮丧的是，这些花朵变得更小，花色也杂了，完全没有了它原本的雍容和高贵。商人不仅没能靠这些花赚上一大笔，还遭到了亲朋好友的讥笑。

无奈之下，商人便去请教一位资深的植物学家，把事情的来龙去脉说了一遍，问道："难道这些花退化了吗？可欧洲人年年种植这种花，大面积、年复一年地种植，并没有见过这种花会退化呀？这是怎么回事呢？"

植物学家跟着商人来到他的小花园，转悠了一圈之后，认真地说道："尽管你的名贵之花种满了你的花圃，但比邻的花园却种植着其他的花卉。这样，名贵之花传授花粉时就染上了邻花的花粉，所以你的名贵之花失去了本色，一年不如一年。"

"把你的花种分给了邻居，让他们也种上这种花。"植物学家简洁而有力地提出了解决办法。

尽管商人很不太乐意,但他还是照做了。

令人意外的是,次年春天花开的时候,商人和邻居们的花圃几乎成了名贵之花的海洋,这些花颜色典雅,雍容华贵,和在欧洲时一模一样。花一上市便被抢购一空,商人和邻居们都发了大财。

邻居们很感动,纷纷向商人表示感激,并敬佩地尊称他为"花王"。

这个故事给我们的启示就是,懂得分享的人,看似是在做一本"赔本"买卖,实际上却可以获得更多。因为一个懂得与别人分享的人,才能把周围的人吸引到自己身边来,所有的人才都会愿意与他在一起,这样一来,他的朋友就会越来越多,人生之路自然也就越来越广阔。

关爱生命,勇敢打破冷漠的心墙

这么多年来,我同情那些最顽劣、最可怜、最卑下、最被社会不容的人,我常记得老师说的,在这个世界上,关怀是最有力量的。

——林清玄

这个世界上,没有一个人像一粒密封在玻璃瓶中的种子。如果我们真的成为与外界隔绝的密封在玻璃瓶子中的种子,那么,没有土壤、没有阳光、没有水分的存在环境最终导致的是我们生命的枯竭。而在我们的生存环境中,这保证我们的生命充满活力,得以发展的土壤、水分、阳光便是外界的人际关系的组合,便是对他人的关怀,尊重,我们无法成为脱离人群于真空地带存活的种子。

快节奏、高压力的生活,让人们彼此的交往也越来越少,有时候甚至同

住一个单元楼的邻居，彼此都不相互打一个招呼。大部分的时间，人们都是待在钢筋混凝土筑成的独立空间中，一座座高楼大厦，一堵堵连子弹都穿不破的墙壁，将人们的心隔绝开来。即便偶尔与外界的沟通也是通过电话、电子邮件来完成。虽然身处闹市，人们的心却由一道无形的心墙封闭起来，因为缺少爱的滋润，缺少对他人的关怀，每个人孤独得都像一棵树一样，没有爱，只有本能。于是，心变得越来越冷漠、孤独，以致扭曲变形。

一位建筑大师阅历丰富，一生杰作无数，但他自感最大的遗憾就是把城市空间分割得支离破碎，而楼房之间的绝对独立则加速了都市人情的冷漠。大师准备过完65岁寿辰就封笔，而在封笔之作中，他想打破传统的设计理念，设计一条让住户交流和交往的通道，使人们不再隔离而是充满大家庭般的欢乐与温馨。

一位颇具胆识和超前意识的房地产商很赞同他的观点，出巨资请他设计。图纸出来后，果然受到业界、媒体和学术界的一致好评。

然而，等大师的杰作变为现实后，市场反应却非常冷淡，甚至创出了楼市新低。

房地产商急了，急忙进行市场调研。调研结果出来后，让人大跌眼镜：人们不肯掏钱买这种房的原因竟然是嫌这样设计使邻里之间交往多了，不利于处理相互间的关系；在这样的环境里活动空间大了，孩子们却不好看管；还有，空间一大，人员复杂，对防盗之类人人担心的事十分不利……

大师没想到自己的封笔之作会落得如此下场，心中哀痛万分。他决定从此隐居乡下，再不出山。临行前，他感慨地说："我只认识图纸不认识人，是我一生最大的败笔。"

其实，这怎么能怪大师呢？我们可以拆除隔断空间的砖墙，谁又能拆除人与人之间厚厚的心墙呢？

心墙不除，人心就会因为缺少交流而枯萎，就会因为缺少关爱而变得冷漠,人也就会因此而变得忧郁、孤寂。无爱的社会实在太冰冷,无爱的荒原实在太寂寞,而爱无疑是医治心灵创伤的良药,是心灵得以健康生长的沃土。爱,以和谐为轴心,照射出温馨、甜美和幸福。爱把宽容、温暖和幸福带给了亲人、朋友、家庭、社会和人类。只有爱能打破冷漠,让尘封已久的心重新温暖起来。

所以,在与人交往时,将你的心窗打开吧,不要吝啬心中的爱,丢掉你的冷漠,打开你尘封的心,释放心中的爱吧,你的生命会因爱而更精彩。

爱是一种能力,更是一种幸福

"爱"是一种能力,一种社会伦理,更重要的,它还是一种幸福,让人生更快乐的法则。只有心里充满爱的人,才会得到家人的爱,在社会上才会受人尊重。

人们经常会谈起一个话题:爱与被爱哪个更幸福?多数人都觉得,被爱是一种幸福,因为它证明了自己在别人心里的地位。其实,不是我们在别人心里的地位越高,我们就越幸福,因为幸福来自我们对别人的爱。

如果仅仅从体验和享受来说,爱一个人是一件很简单的事情。从婴儿时期开始,我们就有一种爱的本能,愉悦地接受来自父母的爱抚,并对他们报以发自内心的微笑,这就是爱,但是这种爱,还处在一种很原始很本能的状态。当我们逐渐长大,接触更多的人和更多的事情之后就会发现,要想维持一段情感,无论是与朋友、爱人还是父母,都需要更多的东西作支撑,比如分享与付出、关爱与照顾、呵护与经营。而这就不仅仅是有爱就可以的,还要能够表达爱意、接受关怀、分享喜悦、化解矛盾……这就是一种爱的能力。

著名心理学家弗洛姆认为:爱是人的一种主动的能力,一种突破把人和其

他同伴分离的围墙的能力，一种使个人和他人相联合的能力，这其中，包含着关心、责任、尊重和认识等。而当代社会，随着生活节奏的加快，物质的丰富以及人与人之间距离的加大，很多人对于"去爱"已经变得有些恐惧，不敢主动去爱，总是害怕受伤害。而另一方面，由于工作和学习压力的加大，对于爱的渴求却在不断地增加，这样的一种矛盾，就造成了一种爱的不平衡，久而久之，心理上必然变得患得患失，而爱的能力也在不断的退化。可是，就像马云所说："生活在这个社会，就要相信这个社会。"只有你相信什么，你才能得到什么。

爱，真的是一件神奇而美好的事物，它最神奇的一面就是让施爱者能够体会幸福。当你把爱的阳光传递给别人时，你的内心也被阳光照亮了。这种爱的过程，也是一个自我不断丰富和完善的过程。

如果我们没有爱的能力，不懂得爱别人，那么即使我们从别人身上得到再多的爱，我们也不会幸福，因为幸福是我们用真爱换回来了的，没有付出真爱又怎能奢望换回来真爱？没有真爱的内心只会让内心变得更加荒芜。

有一个人，他去找佛祖寻求解脱之道，他说："我一直都是个不缺少爱的人，在我的身边有很多人爱我，可是为什么我一点都不觉得幸福呢？"

佛陀笑了笑说："既然有那么多的人爱你，那你有试过去爱别人吗？"

那个人说："他们都那么爱我，根本就不需要我爱，我没有爱过他们。"佛陀说："这就是你为什么不幸福的原因，要知道，欲得善果，必先种善因。无论你想得到多少爱，都必须要先付出，只有经过付出，你才能体会到幸福。就像我们想要收获树上的果实一样，我们必须先给树浇水施肥，然后在我们精心地呵护下，结出的果实才会更加香甜；当你想得到别人的爱的时候，就必须要先去爱别人，这样你的生活才是幸福的"。

就像佛陀说的那样，要想从别人身上得到爱，首先得学会爱别人，这样我们才会是幸福的，爱是相互的，只有用真爱换回来的才是幸福，才能让我们的内心充满幸福，才会体会到相爱的甜蜜。

爱是一粒粒幸福的种子,只有舍得付出才会开出幸福的花朵,在芬芳众人的同时,最幸福最陶醉的还是我们自己。爱因斯坦曾说过:"请学会通过使别人幸福快乐来获取自己的幸福"。我们要想获得幸福,首先要学会如何使别人获得幸福。

其实,我们每个人都是被折断翅膀的天使,只有通过爱别人,让别人和自己互助互爱、相辅相成才能共同飞向幸福的天堂。所以,拥有爱的能力,懂得爱别人的人是最有资格拥有幸福的。

只有舍得付出自己的爱,才会收获更多的爱,因为爱是一粒种子,只有播种的越多,收获的才会越多。因此,我们要想获得幸福,与其沉浸在被爱的幻想里,还不如清醒一下,行动起来去爱别人。

第 10 章

你爱，创意不休眠

灵感总会在喜悦感动中迸发

> 著名雕塑家罗丹说：世界并不缺少美，缺少的是发现美的眼睛。从某种角度来说，美就是灵感的源泉，它源自对生活的爱，每一个艺术家的创造力无不来源于此，正因为他们热爱生活、热爱生命，所以他们总是善于观察生活的一点一滴，能够被一瞬间发现或者感受到的美所感动，从而让灵感一触即发。
>
> 生活需要爱，没有爱，生活将变得索然寡味，了无生趣。只有抱着对生活的热爱去欣赏生活，才能发现存在的美，感受有所发现的美，创造有所感受的美。唯其如此，才能永远保持旺盛的创造力和生命力。

只有热爱生活，才能创造美好的生活

生活是需要创造的，同时也是需要享受的。为生活多一点用心，创造力是一种智力肌肉，愿意并且知道如何锻炼它，你才能发挥出潜在的创造力。

"生活"不是哲学家在书中探讨的话题，它是实实在在地和我们每一个人切身有关的，是我们每一个人都要面临和解决的问题。记得有位超现实主义诗人说过，生活是一种赠予，是少数人对多数人的赠予。这说明只有少数人才懂得生活，而这少数人在诗人看来，就是具有创造力的艺术家。

换句话说，生活不仅仅是"活着"，也就是说，活着并不等于就拥有生活，虽然每一个人都在生活，但不是每一个人都拥有生活。生活，它包括更广义的内容，物质、精神、现实、梦想、幻想、信念、工作、爱等等，这无一不是生活中的一部分，并不仅仅只意味着工作、吃喝拉撒睡。

试想一下，一个只知道工作，或者视工作为苦役的人，成天牢骚满腹，怎么可能发现生活的美，感受到生活的美，又怎么可能产生有创意的想法呢？

一个完美的人生，不仅包括创造生活，还要包括享受生活。一个快乐的人，是能够享受自己的创造的人。

提到"朱德庸"三个字，不知道你会是怎样的表情？会心一笑，哈哈大笑，抑或是哭笑不得？

虽然他的漫画让我们开怀大笑，但他本人在最成功的时候，反而是他感到最不快乐的一个时期。因为他发现，当兴趣变成职业，画得越多，名气越大，却越不快乐。他的太太发现他越来越不爱笑了，不爱过假日了，她感到这样下去会毁了他，于是，她不惜以牺牲他们的婚姻为代价，强迫他停下来。但当时他的漫画事业正处于鼎盛时期，对于男人来讲，这是很难的事情。

一天，因为急着赶稿子，朱德庸非常着急，可越是着急就越画不出来，他坐在书桌边一直想，非常痛苦，这时，恰好他的儿子从旁经过，他就问他："儿子，爸爸画不出来怎么办？"

儿子回答说："画不出来就去玩呀。"

儿子的回答让朱德庸既吃惊又困惑，他反问自己，他怎么可以如此轻松？在对自我的追问下，他豁然开朗的发现："其实我们都是动物，都有本能。孩子永远忠于自己的本能行事，所以才会轻松、快乐。但大人只会违背本能，执著于社会事件，所以才会沉重、不快乐，而且随着年龄的不断

增长,人心中的杂质就越来越多,欲望也越来越多,明明快乐就在眼前,但却感知不到。"

于是,他接受了妻子的建议,放弃了当富翁的机会,然后带着家人去旅游,抱着养病的心态试图把破碎的自我拼凑起来,后来,通过对其他民族的人民的观察,他明白了,人之所以不快乐,是因为我们太贪婪了,稍微取得一点儿成功便紧紧抓住不放。

更难能可贵的是,当他们游历归来时,他又有了对生活全新的爱,获得了新的创作灵感。

由此可见,虽然工作对人生是有益的,但是如果一个人只知道工作,而不知道休息的话,他就会失去人性。经常让自己安静下来,思考一下人生意义的人,才能游刃有余地处理好各种事情,产生新的灵感,充分地享有一个丰硕而美好的人生。

在这个世界上,没有人只是靠金钱就能购买到美满的家庭、健康、知心的朋友、真爱与真正的尊敬的——这些一个人所拥有的最大的财富,这些真正的财富必须用心用爱去获得,而首先就应该从热爱生活开始。

凡是热爱生活的人都会细细体味生活的细节。既然幸福是一种感觉,那么这种感觉就包含于平淡的生活之中。柴米油盐茶,吃喝玩住行,其中既有凡人凡事的麻烦、烦恼;也有生活的幸福、乐趣。提炼其精华,浓缩其虚浮,感知其细枝末节,唱响生命的乐章!常常感动于燕子筑巢的情景,一口一口地衔泥,一点一点地构建,在其舞动的羽翼下,创造了美好家园。从其敏捷矫健的身姿上,可以看出其欢快的心情,可谓劳动并快乐着,燕儿如此,人亦如此。

尽管生活会给人带来种种烦恼,但主要的是,你要学会发现和欣赏生活中的美,而不是去漠视和诋毁生活中的人和事。

漠视与诋毁是欣赏的对立面。一个不懂得欣赏生活的人,其生活的宽度和广度也极其有限,无从领略人生中多姿多彩的韵味和情调。懂得欣赏生活的人,不但具备一种沉稳洒脱、严于律己的修养,而且具有容得他人才华和长处的胸襟与从容的情怀。他们善于发现人生旅途中的美丽和情韵,以博大广泛、独到的视角去思考生存与人生幸福的意义,使自己的人生进入一个更高的境界。

现代社会,似乎人人都成了"大忙人",为了养家糊口,我们不得不辛苦地工作,为赚钱而奔波。从某种角度来说,这本来无可厚非,但是,"忙"与"闲"其实是相对的,学会"忙里偷闲",生活才是丰富多彩的,会生活的人才是真正的人。

所以,在忙里偷闲的日子里,一个人静静地在郊外漫步,看着蜿蜒青山,望着碧蓝湖水,想着记忆中的往事,那份惬意、那份美丽给人的感觉真的很好。此时你眼中的天空宽阔高远,朵朵白云似奇葩绽放,妩媚旖旎。当你置身于大自然之中,望着青山绿水,感受着和煦的阳光,你会发现:原来,生活是如此美好。

忙里偷闲的日子,静坐于书房,翻开搁浅许久的书本,寻觅着、搜索着,试图要找回那些失去的褪色风景,一点一滴地弥补当年的遗憾。因为在这个信息爆炸的现实社会中,失去的知识太多太多,于是有时间你会很认真地读一些自己喜欢的书。

忙里偷闲的日子,为家人做上一桌美味的饭菜,于是,一曲锅碗瓢盆交响曲开始演奏,虽然忙得不亦乐乎,但心里很高兴,好在家人都很爱你,是否可口他们并不会介意,用他们的话说,随你怎么折腾,只要你开心、只要能吃饱肚子就行。

你可以在忙里偷闲的日子尽情地享受一下,改变一下自己的生活方式,放开束缚已久的手脚,做自己喜欢做的事,这样你就不会感到尘世间奔波所受的伤痛和疲惫,你会在世俗的环境中学会养精蓄锐,然后再向前奔波。

有时候，我们会觉得生活总是和自己开着玩笑，不开心、不如意的事天天发生。其实，上至国家元首，下至平民百姓都是如此。故而，我们必须学会忘却，忘却诸多的烦忧。我们必须学会记忆，记住曾经的开心。这样，该忘的都忘了，该记的都记了，我们的生活就会充满欢笑。生活就是如此，酸甜苦辣咸五味俱全，只要我们懂得品尝，自己不和自己过不去，我们就会非常轻松地生活。真正地放松之后，你就会感到天很蓝，水很清，生活是那样的美好。你会情不自禁地想唱歌，歌唱我们美好的生活……

热爱生活的人，是懂得生活的人

生活，只要你爱，处处都是创造的良机！面对生活，只要你有爱，人人都能成为创造者！

著名创新专家，中国研究创新思维第一人郎加明说："对于创新来说，方法就是新的世界，最重要的不是知识，而是思路，因为思路决定出路。"从这句话中可以看出，方法本身就是一种创新，或者说一种创意。而对于那些热爱生活的人，无疑不都是最重视找方法的人。他们绝对的相信凡事都会有方法解决，而且是总有更好的方法。因为相信方法总比问题多，所以，在寻找解决问题的方法的时候，就有了新的创意，问题也就迎刃而解了。对于他们来说，尽管外界的困难，不如意的条件，一个接一个的压力与挑战，但怎么也无法吓倒他们的雄心和创意。

作为华人首富，李嘉诚的名字可谓家喻户晓。他之所以能成为首富，也并非没有规律可循：从打工的时候起，他就是一个找方法解决问题的高手。

李嘉诚的父亲是位老师，他非常希望李嘉诚能够考个好大学。然而，父

134

亲的突然去世，使得这个梦想破灭了。家庭的重担全部落到了才十多岁的李嘉诚身上，他不得不靠打工来维持整个家庭的生存。

他先是在茶楼做跑堂的伙计，后来应聘到一家企业当推销员。干推销员首先要能跑路，这一点难不倒他，以前在茶楼成天跑前跑后，早就练就了一副好脚板，可最重要的，还是怎样千方百计把产品推销出去。

有一次，李嘉诚去推销一种塑料洒水器，连走了好几家都无人问津。一上午过去了，一点收获都没有，如果下午还是毫无进展，回去将无法向老板交代。

尽管推销得不顺利，他还是不停地给自己打气，精神抖擞地走进了另一栋办公楼。他看到楼道上的灰尘很多，突然灵机一动，产生了一个新的创意，他没有直接去推销产品，而是去洗手间，往洒水器里装了一些水，将水洒在楼道里。十分神奇，经他这样一洒，原来很脏的楼道，一下变得干净起来。这一来，立即引起了主管办公楼的有关人士的兴趣，一下午，他就卖掉了十多台洒水器。

一个热爱生活的人，无论遇到什么样的风雨，都会勇敢地去面对，努力去寻找解决问题的方法。当我们面对生活的困难时，究竟应该选择哪条路呢？是选择热爱生活，拥抱生活，继续快乐地生活下去这条路，还是选择悲哀、忧愁，放弃生命这条路？面对这个难题，我们不仅应该想到像李嘉诚这样的成功企业家，更应该想到像张海迪、海伦·凯勒这些不幸的残疾人。

他们虽然具有身体的缺陷，但他们依然能够笑对人生，顽强地战胜疾病，而且对生活充满信心与希望，热爱着自己的生命和生活。那我们是不是也应该像他们一样，永远不放弃生存的信念呢？对，既然还有机会去珍惜生命保护生命，为何不去争取呢？为何不坚强一些，掌握命运呢？只要自己珍爱了生命，快乐会伴我们继续走下去。

其实，我们的生活像万花筒，当你抛开固有不变的姿态，把生活稍加转

动,万花筒内就会变换出不同形状的花朵。当你转换一个角度,就会看到一个全新的世界。所以,调节生活,变换思维,才是驾驭生活的好驭手。

当你的生活充满了欢歌笑语的时候,烦恼、忧愁自然就没有了容身之地。扩大生活中的快乐,缩小生活中的烦忧是幸福生活的法宝。

有一个故事讲得很有道理:有一个人每天为自己买不到时尚满意的鞋子而怨天尤人,当有一天她看到了一个没有双脚的人后,终于改变了生活的态度。不是吗?稍微变换一下角度,生活的天空将充满明媚的阳光。

所以,学会做一个热爱生活,相信方法总比问题多的人吧!唯有这样,你才能不断发现生活的美,不断萌生新的创意,从而成为一个真正杰出的人!

把握瞬间的愉悦,让灵感喷发而出

无可否认,创造力的运用、自由的创造活动,是人的真正的功能;人在创造中找到他的幸福,证明了这一点。所以,只有创造者,才是享受者。

灵感的机制虽然很复杂,但并不神秘。它虽然是突然的和不可预期的,但它产生于大脑集中注意的优势兴奋之后却是肯定的。这就是说,它的发生虽然是偶然的,却是长期思考的结果。所谓"厚积薄发"就是这个道理。

虽然读书会提高你的思想水平、审美趣味,但是无法让你对生活有直接的感性丰富的体验,而这种体验对于创造来说是必不可少的。

所以,要想获得更多的灵感,创意,首先就必须热爱生活,思考生活,要有长期积累、比较、分析、艰苦的思考,保持精神的愉悦,因为人不仅生活在物质世界里,还生活在精神世界里,正如爱默生所说:"生活还包括你一天的所思所想。"只有这样,才会有突然间的灵感闪现。正所谓,问渠哪得清如许,为有源头活水来。

人的精神很容易影响情绪,精神状态好,心情就会变得愉悦。纵观我们身边那些乐观的人,并不是他们比那些忧郁的人多拥有什么,也不是他们都是高官、富翁,而是因为他们时时保持了精神上的愉悦,所以,他们能够快乐地面对每一天。

愉悦的情绪不仅在于帮助人们生存,还能够帮助人们感受生存的喜悦与美好,它是支持人活在这世界上的力量之一。

我们常因一丝凉风,一个会心的微笑,一个逗人的动作而备感身心愉悦,精神为之一振,烦恼顿消。愉快能带给人轻松高兴的心情,是生活的润滑剂。潜能大师安东尼·罗宾认为,只有愉悦才能创造新生活,只有愉悦才能创造新环境,只有愉悦才能获得灵感,产生新的创意。

毛姆是英国著名作家。在他未成名前,因为写的书卖不出去,生活过得很困窘。但是他是个热爱生活的人,虽然生活不如意,但是他成天乐呵呵的,让不理解他的人感到羡慕不已。

一天,毛姆一边在河边散步,一边构思着自己的小说,他看见一对青年情侣坐在路旁一颗梧桐树下的长椅上谈情说爱,女孩美丽而高贵,这一幕像画儿一样的情景不禁打动了他,仿佛找到了自己书中的女主人公的原形,他激动万分地把构思的女主人公的灵魂安置在这具美丽而高贵的躯体上,顿时一个虚构的真实的人物诞生了。

书写完后,他又想起那个女孩,忽然,产生了一个奇妙的想法,他要为这本书做一个"声东击西"的广告。

于是,他在一家最有名的报纸上登了一则广告:"本人是一位年轻有教养、爱好广泛的百万富翁,希望找一位与毛姆小说中的女主角一样的女性结婚。"

结果,小说出版后,很快就被抢购一空。

书卖不出去,直接宣传书本身的价值,是正面的做法,但很可能费力不

讨好。那就从侧面做文章：通过一个百万富翁征婚的广告，来刺激人们的兴奋点——究竟毛姆的小说有多大的吸引力，使得这位年轻的百万富翁竟要把其中人物作为择偶标准？于是，在好奇心的驱使下，大家纷纷购买毛姆的小说。

本来是卖书的广告，结果却通过一则征婚广告来实现，多么巧妙的创意啊！不得不让人佩服。

所以，罗宾提倡，在我们生活的每一瞬间去发掘愉悦，并创造愉悦，并使你周围的人同时愉悦起来，让灵感喷发而出，生活就会美好起来。

创意，总是伴随喜极而泣的感动而来

当灵感在休眠的时候，它并没有死去，而是像休眠的火山一样，在积蓄、在酝酿、在思考、在孕育，准备随时在喜极而泣的感动中喷发而出。

在计量岁月的刻度上，比一天长的是一周，比一周长的是一个月，比一个月长的是一年。那么，比一年长的是什么呢？没错，那就是一生。

然而，生命有终点，岁月无尽头。在我们有限的生命历程中，真正感动你的事情有多少呢？当冷漠在社会上随处可见，感动，是不是已经告别你很久了？

然而，在 2010 年 4 月 14 日青海玉树地震中，一个被困 16 小时后获救的女孩，在获救的那一刻说了一番话，却感动了中国。

4 月 14 日，在玉树公安局一个倒塌的三层楼的废墟里，救援人员发现了这个女孩。面对救援人员的安抚，小女孩虚弱的声音从废墟下传了出来："真的谢谢，我打扰你们了。谢谢，谢谢，我一辈子都忘不了。"

当这段画面被中央电视台反复播出后,瞬间感动中华大地。面对生死存亡的危难时刻,小女孩的懂事和礼貌,让很多人止不住泪流满面。记得有网友看过视频后动情地表示,"这一句平时简单的礼貌用语,在这里却掷地有声,石破天惊。"

在那一瞬间,有多少人因为小女孩的被救喜极而泣,并为小女孩的这句话而感动呢?与此同时,在那一瞬间,有多少创意随之而诞生,又有多少人对生命,对生活又有了新的认识呢?

创意,总是伴随着喜极而泣的感动而来。

杨先生是浙江温州人,十多年前,他的一位远方亲戚在欧洲开饭店,邀请他过去帮忙。没料到,他到欧洲不久,亲戚就突然患病去世了,饭店很快也倒闭了。

杨先生不想回国,就在当地找了份工作。几年后,他到了一家中等规模的保健品厂工作。公司的产品不错,但知名度却很有限。

他从推销员干起,一直做到主管。一次他坐飞机出差,不料遇到了意想不到的劫机。就像拍电影一样,度过了惊心动魄的十个小时之后。最后,在各界的共同努力下,匪徒终于被抓捕,没有发生人员伤亡。当听到广播说,他们可以安全回家时,杨先生喜极而泣,仿佛自己重获新生似的,他感到生命原来如此的脆弱,而又如此的可贵。就在这一瞬间,在感动的热泪中,他突然想到在电影中经常看到的情景:当被劫机的人从机舱走出来时,总会有不少记者前来采访。突然想起的这一情景让他灵机一动,为什么自己不利用这个机会宣传一下自己的公司形象呢?

于是,他立即做了一个在那种情况下谁都没想到的举动:从箱子里找出一张大纸,在上面浓描重抹了一行大字:"我是xx公司的xx,我和我公司的xx牌保健品安然无恙,非常感谢抢救我们的人!"

他打着这样的牌子一出机舱,立即就被电视台的镜头捕捉住了。他立刻

成了这次劫机事件的明星，很多家新闻媒体都对他进行了采访报道。

等他回到公司的时候，公司的董事长和总经理带着所有的中层主管，都站在门口夹道欢迎他。原来，他在机场别出心裁的举动，使得公司和产品的名字几乎在一瞬间家喻户晓了。公司的电话都快打爆了，客户的订单更是一个接一个。董事长动情地说："没想到你在那样的情况下，首先想到的竟然是公司和产品。毫无疑问，你是最优秀的推销主管！"董事长当场宣读了对他的任命书：主管营销和公关的副总经理。之后，公司还奖励了他一笔丰厚的奖金。

就像故事中的杨先生一样，生活中，我们常常都会遇到这样的时刻，当我们被某个人某件事打动，感动得热泪盈眶的时候，总是会突发奇想，产生一些奇特的想法，这个想法可能就是一个很好的创意。

从灵感的机制上来说，创意，是一瞬间灵感的突然闪现。当灵感在休眠的时候，它并没有死去，而是像休眠的火山一样，在积蓄、在酝酿、在思考、在孕育，准备随时在喜极而泣的感动中喷发而出。而这一切，都需要你拥有一颗对生活的炽热的心。

创意无限，成功离不开创新

成功离不开睿智的创意，一个会动脑筋思考的人总能把握住机会，并具有创造性的妥善的解决问题的办法。

比起100年前的世界来，今天的世界不知进步了多少，只要人类不停地积极创造，世界就一定能够继续进步，将来的世界就会比现在更好。试想，如果百年前的人类骄傲自满，停止创造，停止创新，哪里还会有今天的文明呢？

人拥有无限的创造力量，也拥有无限的创造才能。只要我们始终保持创造的冲动和欲望，就能不断发现出新的领域，创造出新的奇迹。不要为已有的新奇现象所迷惑，也不要为日常例行的工作所麻痹，时常在工作和生活中提醒自己：我一定还能发现这个世界的奥秘！就是这样的信念，让我们在今天不至于推独轮车、点菜油灯。

人才最本质的特点就在于创造。一个具有创造性的人，不迷信、不盲从，较为轻视已有的程式、权威、见解，甚至于公认的结论，不满足现成的方法和答案，善于找到自己的方法和答案，并且表现出果断、坚定、自信等特征。

美国福特汽车公司是美国最早、最大的汽车公司之一。1956 年，该公司推出了一款新车。这款汽车式样、功能都很好，价钱也不贵，但是很奇怪，竟然销路平平，和当初设想的完全相反。

公司的经理们急得就像热锅上的蚂蚁，但绞尽脑汁也找不到让产品畅销的办法。这时，在福特汽车销售量居全国末位的费城地区，一位毕业不久的大学生，对这款新车产生了浓厚的兴趣，他就是艾柯卡。

艾柯卡当时是福特汽车公司的一位见习工程师，本来与汽车的销售毫无关系。但是，公司老总因为这款新车滞销而着急的神情，却深深地印在他的脑海里。

他开始琢磨：我能不能想办法让这款汽车畅销起来？终于有一天，他灵光一闪，于是径直来到经理办公室，向经理提出了一个创意，在报上登广告，内容为："花 56 元买一辆 56 型福特。"

这个创意的具体做法是：谁想买一辆 1956 年生产的福特汽车，只需先付 20% 的货款，余下部分可按每月付 56 美元的办法逐步付清。

他的建议得到了采纳。结果，这一办法十分灵验，"花 56 元买一辆 56 型福特"的广告人人皆知。

"花56元买一辆56型福特"的做法,不但打消了很多人对车价的顾虑,还给人创造了"每个月才花56元,实在是太合算了"的印象。

奇迹就在这样一句简单的广告词中产生了:短短三个月,该款汽车在费城地区的销售量,就从原来的末位一跃而为全国的冠军。

这位年轻工程师的才能很快受到赏识,总部将他调到华盛顿,并委任他为地区经理。

后来,艾柯卡不断地根据公司的发展趋势,推出了一系列富有创意的举措,最终坐上了福特公司总裁的宝座。

由此看来,成功离不开睿智的创意,一个会动脑筋思考的人总能把握住机会,并具有创造性的妥善的解决问题的办法。

如今,我们正处在一个高度智能化的时代,创新能力不再是对某类职业某类人的要求,它已经渗透到社会生活的各个层面,成为对所有职业所有人的要求,这是我们这个新时代的竞争游戏规则决定的,要想从芸芸众生之中脱颖而出,就必须遵守这种规则,否则只会被无情的淘汰出局。

走出自己的思维定势,打破思维惯性

走不出思维定式,无法打破思维惯性,就走不出宿命般的可悲结局;一旦走出了思维定式,便能看到许多别样的人生风景,甚至可以创造新的奇迹。

为了证明思维定势对人的影响,科学家们做了这样一个实验:

用金属圈套住一头年轻的野生大象的腿,把它用链子捆到附近的榕树上。自然,大象会一次又一次地试图挣脱,但尽管它做了巨大的努力,它还是不能成功。几天挣扎并且伤了自己之后,它意识到自己的努力是徒劳的,最后它放弃了。从此刻起，这头大象再也没有挣脱过，即使是别人只用了一条小绳和木桩。作为世界上最强壮的动物之一，竟然连一条小绳子都挣脱不了，可见，思维定势是多么的可怕。

这个试验是否会给你某些启示呢？是的，当人类也像其中的大象一样被安排在一个圈套里，当他们不能够挣脱的时候，就会选择顺从和视而不见。而这个圈套就是人的思维定势。正如一位教授所说，人类的思维过程其实就是自己为自己下套，当人们钻进了自己禁锢自己的思维定式，人类的思想就再也无法自由了。

很多人走不出思维定式，所以他们走不出宿命般的可悲结局；而一旦走出了思维定式，也许可以看到许多别样的人生风景，甚至可以创造新的奇迹。换个位置，换个角度，换种思路，也许我们面前是一番新的天地。

一次，一家建筑设计院为某单位设计了几栋办公楼。办公楼盖好并投入使用了。该单位突然提出：各楼之间的员工交往频繁，如果各楼间连接路线不科学，就会浪费时间，降低工作效率，因此希望设计院在各楼之间，设计出最科学、最省时间的人行道。

设计师们设计出了一个又一个方案，但都被一一否定了。就在大家一筹莫展的时候，一位设计师突然提出了一个方案：现在不正是春天吗？我们不如在楼群之间的主要路线上种点草。人们走得最多的路线，肯定是最便捷的路线，因为为了赶时间，人们走路时总是选择最近的道路。这样一来，就会在草地上留下最深最明显的痕迹，而根据这些痕迹设计出来的路线，就是最科学、最省时的路线。

这个独具创意的方案是设计师陪着身怀六甲的妻子在小区里散步时忽然想到的，当时，他看到很多住户好好的路不走，却非要从小区的草坪上穿过，顿时豁然开朗，于是产生了这个创意。

这个方案提出来后立即就被公司采用了。后来，建筑设计院根据这些痕

迹设计铺设的人行道,果然为公司节省了很多时间。

本来是设计师的问题,却变成了行人的问题。转换了一下看问题的角度,问题就迎刃而解,不能不说这个创意巧妙。

然而,很多人都不愿也不会转个方向、走出自己的思维定势,打破思维惯性,换个角度思考问题,这是人类的一种顽疾。因为人是惯性的动物,抗拒改变是自然反应,也是必然的过程。不是每一个人都能立即全心全意地接受改变,接受新事物意味着放弃旧东西,意味着改变旧有生活模式。人类天生是拒绝改变的,所以抗拒改变是人的本能。我们今天用惯了电话,没有电话已经无法工作和生活,要知道贝尔刚发明电话时,人们嘲笑说人是不可能对着一个装满电线的匣子说话的。

如果你只想保持眼前舒适顺畅的生活而毫不思变,很可能是因为习惯了,或害怕失败,或反对任何新的尝试。"大家都是这样做的"、"我做这一行以来,从没听说过这种事……"一旦自我设限,只会墨守既有规则,有趣的创意以及打破规则的创新,就永远和你绝缘了。所以,一定要善于变通,思维一定要活跃,千万不要有什么束缚,思想要放开些,再放开些。你的思维可以天马行空、可以无限延伸,把所学、所看到、所经历的东西融会贯通,灵活运用才行,要跳出条条框框才能够豁然开朗。所谓无招胜有招,真正的绝学是不拘泥于形式的,是可以自由发挥的。

创新虽然靠的是智慧,可是它永远不会只是想想而已,它只有在行动中才能表现出它的存在。只有行动,理想才能变为现实;只有行动,才能一步一步接近成功;只有行动,才会有结果;只有行动,才能在灵机一动中,产生新的创意。

整天待在办公室里或者窝在家里沉思默想,就算你是个天才,也会被郁闷得半点儿灵感也没有了。没有了灵感,还会有什么创意?平时,钓钓鱼、爬爬山,看看田边的野花、溪水里的鱼游、天上的白云,在享受生活的同时,思考一下,为什么大自然中的颜色是那么的舒服,大自然中生物的形态是那么的奇异?当你在思考,观察大自然的时候,可能就会顿悟到什么而产生新的想法,获得新的灵感,就像人类从舞剑悟到了书法之道,从飞鸟受启发造出了飞机,从蝙蝠联想到了电波,从苹果落地悟出了万有引力……

第 11 章

你爱，激情不冷却

带着爱去工作会让热情延续

> 热情是什么呢？热情就是音乐家痴迷地演奏出一串串美妙的音符；热情就是科学家在实验室里一次次失败后重新来过的执著；热情就是"粉丝"追着自己喜爱的明星的疯狂呐喊；热情就是球迷在赛场上为自己的偶像拼命加油。这就是说，只有干自己喜欢的事情，从事自己喜欢的工作，爱自己所做的工作，才能保持热情高涨，并让这种热情不断延续，永不冷却，有了这种对工作的热情，还有什么困难不能克服的？

工作是我们喜欢去做的事

一个人对工作的态度是他志向的表示，所以，了解一个人的工作态度，就是了解了那个人对生命的态度。

工作中，当你丧失工作激情，当你开始推诿责任，当你对工作产生怨恨的时候，是否静静反思过下面这些简单而又包含着深刻人生意义的问题。

工作是什么？你在为谁工作？你为什么要工作？

仔细地想一想，工作不就是一个施展自己才能的舞台，一个付出努力实现自我的过程吗？我们寒窗苦读来的知识，我们的应变力，我们的决断力，我们的适应力以及我们的协调能力都将在这样的一个舞台上得以展示。除了工作，还有哪项活动能提供如此高度的充实自我、表达自我的机会，以及如此强的个人使命感和一种活着的理由？

由此看来，工作，从根本上说，不是一个关于干什么事和得到什么报酬的问题，而是一个关乎生命意义的问题。从这个本质上来说，工作不是我们为了谋生才做的事，而是我们要用生命去做的事。正如美国前教育部部长、著名教育家威廉·贝内特所说："工作是我们要用生命去做的事。"

所以，你在这个世界上选择什么样的工作，如何对待工作，为什么而工作，决定着你对待生命的态度。要知道，对于人生的真正意义的追求，能够使我们热血沸腾，使我们的灵魂燃亮。这种追求并不仅仅局限于一般意义上的维持生计、赚取更多的钱，它在更高层次上与我们身边的社会息息相关，并且能够满足我们精神上的最终需求以及自我实现的需求。

历任世界首富的比尔·盖茨的财产净值大约是 466 亿美元。如果他的家庭每年用掉一亿美元，也要 466 年才能用完这些钱——这还没有计算这笔巨款带来的巨大利息。那他为什么还要每天工作？

著名导演斯蒂芬·斯皮尔伯格的财产净值估计为 10 亿美元，虽然不像比尔·盖茨那么多，不过也足以让他在余生享受优裕的生活了，但他为什么还要不停地拍片呢？

美国 Viacom 公司董事长萨默·莱德斯通在 63 岁时开始着手建立一个很庞大的娱乐商业帝国。63 岁，在多数人看来是尽享天年的时候，他却在此时做了很重大的决定，让自己重新回到工作中去，而且，他总是一切围绕 Viacom 转，工作日和休息日、个人生活与公司之间没有任何的界限，有时甚至一天工作二十多小时。

诸如此类的例子还有很多。试想一下，如果工作是为了赚钱，他们为什么还要努力工作，又哪来这么大的工作热情？还是看看萨默·莱德斯通自己

对此的看法："实际上，钱从来不是我的动力。我的动力是对于我所做的事的热爱，我喜欢娱乐业，喜欢我的公司。我有一种愿望，要实现生活中最高的价值，尽可能地实现。"

是的，正是这种自我实现的热情，使他们热衷于他们所做的事业。因为只有在追求"自我实现"的时候，人才会迸发出持久强大的热情，才能最大限度地发挥自己的潜能，最大限度地服务于社会。

当然，我们谈的不是瞬间的热情（这种偶尔的热情每个人都体验过），而是可以驱动一个人取得非凡成就的持久热情。相比那些被薪水所驱动的人而言，为满足"自我实现"这一人类最高需求而奋斗的人只占少数，所以说，持久的热情在一般人当中就像钻石般少有，然而，在筑梦者和成功者当中，这种热情就像空气般普遍。

热情是梦想飞行的必备燃料。这种燃料一旦被点燃，将让你的引擎在飞行期间生气勃勃地持续运转。有史以来，热情驱使着世界上最杰出的人士，为追求"自我实现"而在他迷恋的领域里到达人类成就的巅峰，同时推动着社会的进步。

即使你还没有达到自我实现的境界，你也不要麻痹自己——认为自己工作就是为了赚钱，就是为了谋生，不要说："我只拿这点钱，凭什么去做那么多工作。""我为公司干活，公司付我一份报酬，等价交换而已。""我只要对得起这份薪水就行了，多一点我都不干。""工作嘛，又不是为自己干，说得过去就行了。"而应该牢记，金钱只不过是许多种报酬中的一种，你所追求的是自我提高、自我实现，为此，必须要保持积极的工作态度。因为消极的思想会让你看不到自己的潜力，会让你失去前进的动力和信心，会让你放弃很多宝贵的机会，使你与成功失之交臂，也永远无法达到自我实现的最高境界。相反，在工作时，如果能以自强不息的精神、火焰般的工作热忱，充分发挥自己的特长，那么，不论所做的工作怎样，你都不会觉得劳苦。

你过去对工作的态度如何,这并不重要,毕竟那是已经过去的事了,重要的是,从现在开始,你为谁而工作?你将如何对待工作?

做你所爱的,爱你所做的

做你所爱的,爱你所做的。如果一个人不能在他的工作中找出点"罗曼蒂克"来,这不能怪罪于工作本身,而只能归咎于做这项工作的人。

获得诺贝尔物理奖的华人丁肇中说:"兴趣比天才重要。"实践也证明:在影响个人幸福感的众多主观因素中,兴趣就像一双无形的手,所起的作用最大。因为一个人如果能根据自己的爱好去做事,他的主动性将会得到充分发挥。即使十分疲倦和辛苦,也总是兴致勃勃,热情高涨,心情愉快;即使困难重重,也绝不灰心丧气,而是想尽办法,百折不挠地去克服它。正如比尔·盖茨所说:"做自己喜欢和善于做的事,上帝也会助你走向成功。"而哲学家也告诉我们:"做你所爱,爱你所做,幸福就会随之而来。"

这是因为当一个人做他适宜且喜欢的工作,在工作中发挥最大的才华、能力和潜在素质,不断自我创造和发展,他就满足了自我实现的需要。有实现自我的动力的人,往往会把工作当做是一种创造性的劳动,竭尽全力去做好它,使个人价值得到确证和实现。在自我实现的过程中,他就体会到满足感,内心充实就如同植物发芽般迅速膨胀,于是,他就会感到幸福。这也从反面说明了为什么那些为了维持生计而工作的人活得那么痛苦。

因此,如果你想获得幸福的话,最好选择做自己喜欢的事情,并且努力去做好。不要随波逐流,真实地面对自己,尊重内心的感受,这是人生一大快事。自己喜欢的就是最好的,做自己喜欢的,就是最美好的事情。不管是对

人，还是对事都一样，因为你喜欢，你就一定会倾注你全部的感情去面对，去做，所以只要某个领域令你着迷，你就能取得成功。别让其他人告诉你该做什么，你应该寻找自己的路。从一开始，就要将自己的爱好和未来事业紧密结合起来。

只有你喜欢一件事情，才可能创造性地把它做好。其中的主动性、超思维的开拓性会无知觉地发挥出来；对于不是自己的所爱，你难以做到更深入地探求和思考，也就得不到理想的收获。将爱好与事业有机地结合，能够超长地跨越到人生新的高度，开创出一个新的世界。

是的，在这个世界上，没有什么比从事自己喜欢的工作，做自己喜欢的事情更美好的了；只有做自己喜欢的事情，才能让一个人充分发挥自己的潜力，创造出没有遗憾的人生。为了生存，人们往往必须做一些自己并不喜欢的事情，若是长此以往，就会逐渐丧失对自己的信心。日本作曲家横滨在某公司当了六个月的经理，因为他纯属外行，所以每天都因为厌烦而感到闷闷不乐，他认为，与其让一个人去做自己并不感兴趣的工作，倒不如让那些有兴趣的人去做反而有效。

下面是一个职员讲述的自己的亲身经历：

曾经有一段时间，我在一家银行里工作，整天与钞票、算盘为伍，生活过得相当苦闷，早上起来时，经常会感到头痛，当我坐在挤满人的电车里时，心中常会怀疑，到底我是为了什么而活着呢？每次一想到这里，我就会由于绝望而感到心灰意冷。但是上班时，我发现其他人都很愉快，因为我的算盘总是打不好，而且时常发生错误，所以会计主任就经常对我说："唉！你又打错了！真是伤脑筋，不要总是连累别人，多多加油啊！"

如此一来，即使面对女孩子，我也感到抬不起头来，在走廊上也无法昂首阔步，若是被女孩子瞧上一眼，我就感到像是青蛙被蛇盯住一般地难受，当别人欢笑的时候我却孤独地躲在一旁，完全失去了自信心。

有一位热情的女同事可能是同情我的处境，某日下班后就约我一起去看电影，趁此机会她对我提出了一些忠告：

"这种工作并不适合你，若你继续这样下去就等于是浪费生命，虽然适合自己的工作并不好找，但还是去找找吧！因为人们对于自己喜欢的工作，做起来才会充满自信，有了自信才能发挥自己的才能。"

我对她的这份忠告表示感谢后，彼此就分手了。次日，我辞掉了银行的工作。

辞职不久，我便在一家报社找到了工作，是做记者，我很喜欢这个工作，因此我的成绩也一直很好。我发现一个人绝对不能去做自己所不喜欢的工作或是外行的工作，若是勉强做下去，不但没有任何好处，反而会变得更加没有自信心。我深切地感觉到她的话很有道理。

由此可见，一个人在事业上能否取得成功和自己的兴趣有着极为密切的关系。如果你做的是自己喜欢的事情，那么你的内心就会充满快乐与激情；如果你所做的是自己丝毫没有兴趣的事情，那么你将会永远生活在痛苦之中。

台湾艺人张艾嘉年轻时任性不羁，过得轰轰烈烈，在自己人生的舞台上永远都显得那么游刃有余。她也毫不掩饰自己的满足："我很幸福，而幸福的秘诀是不贪婪，永远做自己喜欢做的事，爱自己所做的事情。"

张艾嘉在青春年少的时候，没有人认为她是美女，上镜的机会少之又少，最窘迫的时候每天身上只有几元钱。但她利用那段闲暇的时间来了解自己，到底自己真正喜欢的东西是什么？后来，她发现自己不止喜欢表演，更喜欢幕后的东西。她总是说，因为做着自己喜欢的事，所以再大的辛苦都甘之如饴。

是的，只有做自己想做的事，才能找到乐趣，才会开心；只有做自己想做的事，才可能全力以赴，才能取得最大的成功；只有做自己想做的事，走自己

想走的路,才能始终充满希望,找到真正属于自己的人生殿堂,才能得到真正的幸福。

激情是工作的灵魂

激情是不断鞭策和激励我们向前奋进的动力,对工作充满高度的激情,可以使我们不畏惧现实中所遇到的重重困难和阻碍。激情是工作的灵魂,甚至就是工作本身。

微软的招聘官员曾对记者说:"从人力资源的角度讲,我们愿意招的'微软人',他首先应是一个非常有激情的人:对公司有激情,对技术有激情,对工作有激情。可能在一个具体的工作岗位上,你也会觉得奇怪,怎么会招这么一个人,他在这个行业涉猎不深,年纪也不大,但是他有激情,和他谈完之后,你会受到感染,愿意给他一个机会。"

可见,对于工作来讲,激情是多么重要。

激情,是一种能把全身的每一个细胞都调动起来的力量。激情是不断鞭策和激励我们向前奋进的动力,对工作充满高度的激情,可以使我们不畏惧现实中所遇到的重重困难和阻碍。可以这么说,激情是工作的灵魂,甚至就是工作本身。当你满怀激情地工作,并努力使自己的老板和顾客满意时,你所获得的利益会增加。而工作中最巨大的奖励还不是来自财富的积累和地位的提升,而是由激情带来的精神上的满足。

一个人在工作时,如果能以精进不息的精神,火焰般的热忱,充分发挥自己的特长,那么,即使是做最平凡的工作,也能成为最精巧的工人;如果以冷淡的态度去对待工作,那么,他做起事来就会马马虎虎,稍遇困难就会打退堂鼓,很难想象这样的人能始终如一地高质量地完成自己的工作,更别说能做出创造性的业绩了。然而,如果你不能使自己的全部身心都投入到工作中去,你就难以得到成长和发展的机会,无论做什么工作,都可能沦为平庸之辈。

在充满竞争的职场里,在以成败论英雄的工作中,谁能自始至终陪伴你、鼓励你、帮助你呢?不是老板,不是同事,不是下属,也不是朋友,他们都不能做到这一点,唯有你自己才能激励自己更好地迎接每一次挑战。

杰克在一家贸易公司工作了一年,由于不满意自己的工作,他愤愤地对朋友说:"我在公司里的工资是最低的,老板也不把我放在眼里,如果再这样下去,总有一天我要跟他拍桌子,然后辞职不干。"

"你把那家贸易公司的业务都弄清楚了吗?做国际贸易的窍门完全弄懂了吗?"他的朋友问道。

"还没有!"

"君子报仇十年不晚!我建议你先静下心来,认认真真地工作,把他们的一切贸易技巧、商业文书和公司组织完全搞通,甚至包括如何书写合同等具体细节都弄懂了之后,再一走了之,这样做岂不是既出了气,又有许多收获吗?"

杰克听了朋友的建议,一改往日的散漫习惯,对自己的工作充满激情,开始认认真真地工作起来,甚至下班之后,还常常留在办公室里研究商业文书的写法。

一年之后,那位朋友偶然遇到他。

"现在你大概都学会了,可以准备拍桌子不干了吧?"

"我干得挺好的,为什么不干了?"杰克不解地反问道。

"为什么?"

"因为我发现近半年来,老板对我刮目相看,最近更是委以重任,又升

职、又加薪。说实话，不仅仅是老板，公司里的其他人都开始敬重我了！"

"哈哈，这是我早就料到的！"他的朋友笑着说："当初你的老板不重视你，是因为你工作不认真，又不肯努力学习；后来你痛下苦功，对工作充满激情，担当的任务多了，能力也加强了，当然会令他对你刮目相看了。"

是的，工作时神情专注，走路时昂首挺胸，与人交谈时面带微笑……每天精神饱满地去迎接工作的挑战，以最佳的精神状态去发挥自己的才能，就能充分发掘自己的潜能。你的内心同时也会变化，变得越发有信心，别人也会越发认识你的价值。

不要畏惧激情，如果有人愿意以半怜悯、半轻视的语调称你为狂热分子，那么就让他这么说吧。一件事情如果在你看来值得为它付出，如果那是对你的能力的一种挑战，那么，就把你能够发挥的全部激情都投入到其中去吧，至于那些指手画脚的议论，则大可不必理会。成就最多的，从来不是那些半途而废、冷嘲热讽、犹豫不决、胆小怕事的人。

从来没有什么时候像今天这样，给满腔热情的年轻人提供了如此多的机会！这是一个年轻人的时代，各种新兴的事物，都等待着那些充满激情而且有耐心的人去开发。各行各业，人类活动的每一个领域，都在呼唤着满怀激情的人去投入。

用爱点燃工作的激情

对待工作,充满激情,比获得成就、获取功名更加重要,它使你年轻、进取、富有活力。没有激情,就没有上进心,就没有火热的诗,就没有燃烧的爱,就没有壮丽的人生。

比尔·盖茨有句名言:"每天早晨醒来,一想到所从事的变化、工作和所开发的技术将会给人类生活带来的巨大影响和变化,我就会无比兴奋和激动。"

从这句话中,我们可以看出比尔·盖茨对软件技术的兴趣和激情。在比尔·盖茨看来,一个优秀的员工,最重要的素质是对工作的激情。他的这种理念已成为微软文化的核心,像基石一样让微软王国在 IT 世界傲视群雄。

和比尔·盖茨一样,股神巴菲特也同样对他的工作满怀激情。有人曾问起巴菲特和比尔·盖茨的相似之处。巴菲特回答说:"我们俩拥有激情。我们从事现在的事业是因为我们热爱它,我们并不是为了发财才从事当前事业的。我觉得激情是极其重要的。"

当有人请巴菲特指示方向时,他也总是这么回答:"我和你没什么差别。如果你一定要找一个差别,那可能就是我每天都充满激情地做我的工作。如果你要我给你忠告,这是我能给你的最好忠告了。"他告诫年轻人:"找一份令你兴奋的工作吧,为某个激起你热情的人或者某个机构工作。"在他给予年轻人的所有忠告中,这或许是巴菲特最入情的忠告了。

从这些忠告中我们可以看出,工作的激情来源自对工作的爱,只有爱才能点燃工作的激情。因为满怀激情的原因是真我价值,满怀激情的出发点是

自由选择,满怀激情的外在表现是活出真我,而这些无不需要爱来实现。所以说,用爱来点燃激情吧!

激情是需要释放与体验的,激情更是靠感染与影响的,正所谓由己及人,由人及物,靠的是传递性和影响力。当你改变程序化生活方式之后,你就会意外地感受到自己对返工、加班、失意的抗挫能力和忍耐力都增强了。同时,每周花一天时间,以各种方式清空身心压力,将会对下一周的工作不那么抵触。如果实在找不出一天完整的时间,每天临睡前用半个小时听一听音乐,或仅仅静坐半小时,也是非常有益的减压方法,因为睡眠深沉可以消解大部分的疲惫,压力也就不容易摧毁一个人的自信。

激情可以透过空气而感受到,也可以通过言行举止、神态气色而触摸与体验。职场上的主动权,都是自己争取来的。你把责任上交,把矛盾上交的同时,往往将自主权也上交了,那样会惯坏你自己,也会让自己觉得工作就是无趣的傀儡生活,又怎能奢谈激情?

如果你只把工作当做一件差事,或者只把目光停留在工作本身,那么即使是从事你最喜欢的工作,你依然无法持久地保持对工作的激情;如果你把工作当做一项事业来看待,情况就会完全不同。

让我们先来看看美国前教育部部长、著名教育家威廉·贝内特的一段叙述:

一个明朗的下午,我走在第五大街上,忽然想起要买双短袜,于是,我走进了一家袜店,一个年纪不到17岁的少年店员向我迎来。

"您要什么,先生?"

"我想买双短袜。"

"您是否知道您来到的是世上最好的袜店?"他的眼睛闪着光芒,话语里含着激情,并迅速地从一个个货架上取出一只只盒子,把里面的袜子逐一展现在我的面前,让我赏鉴。

"等等,小伙子,我只买一双!"

"这我知道,"他说,"不过,我想让您看看这些袜子有多美、多漂亮,真是好看极了!"他脸上洋溢着庄严和神圣的喜悦,像是在向我宣讲他所信奉的宗教。

我对他的兴趣远远超过了对袜子的兴趣。我诧异地望着他。"我的朋友,"我说,"如果你能一直保持这种热情,如果这热情不只是因为你感到新奇,或因为得到了一个新的工作。如果你能天天如此,把这种激情保持下去,我敢保证不到 10 年,你会成为全美国的短袜大王。"

看到这里,相信你也会对少年做买卖的自豪感和喜悦感感到惊异。在许多商店,顾客需要静候店员的招呼。当某位店员终于屈尊注意到你,他那种模样会使你感到是在打扰他。他不是沉浸在沉思中,恼恨别人打断他的思考,就是在同一个女店员嬉笑聊天叫你感到不该打断如此亲昵的谈话,反而需要你向他道歉似的。无论对你,或是对他领了工资专门来出售的货物,他都毫无兴趣。

然而就是这个冷漠无情的店员,可能当初也是怀着希望和热情开始他的职业的。刚刚进入公司的员工,自觉工作经验缺乏,为了弥补不足,常常早来晚走,斗志昂扬,就算是忙得没时间吃午饭,也依然开心,因为工作有挑战性,感受当然是全新的。

这种在工作时激情四射的状态,几乎每个人在初入职场时都经历过。可是,这份激情来自对工作的新鲜感,以及对工作中不可预见问题的征服感,一旦新鲜感消失,工作驾轻就熟,激情也往往随之湮灭。一切开始平平淡淡,昔日充满创意的想法消失了,每天的工作只是应付完了即可。既厌倦又无奈,不知道自己的方向在哪里,也不清楚究竟怎样才能找回曾经让自己心跳的激情。他们在老板眼中也由前途无量的员工变成了比较称职的一般员工。

有时,压力也是人们失去工作激情的原因之一。职场人士承担着巨大的

有形或者无形的压力,同事之间的竞争、工作方面的要求,还有一些日常生活的琐事,无时无刻不在禁锢着我们的心灵。在种种压力的禁锢之下,无精打采、垂头丧气和漠不关心扼杀了我们对事业的激情,从热爱工作到应付工作再到逃避工作,我们的职业生涯遭到了毁灭性的打击。

但是,如果你在周一早上和周五早上一样精神振奋,如果你和同事、朋友之间相处融洽,如果你对个人收入比较满意,如果你敬佩上司和理解公司的企业文化,如果你对公司的产品和服务引以为豪,如果你觉得工作比较稳定,只要对以上任何一个问题,你的回答中有一个"是"字,你都可以恢复工作激情。

激情只能是从内燃烧,而不是从外促进。自己对于工作的激情要靠自己发掘,自己的工作士气要由自己负责,天下没有任何一家机构或者任何一个主管能够为你承担这个责任。

不要怀抱着不切实际的想法,以为别人会负责为你加油打气,或是给你更刺激、更具挑战性的工作,我们得靠自己的力量,才能够从事业生涯中获得意义。正如一位著名企业家所说:"成功并不是几把无名火所烧出来的成果,你得靠自己点燃内心深处的火苗。如果要靠别人为你煽风点火,这把火恐怕没多久定会熄灭。"

美国得克萨斯州有一句古老的谚语这么说道:"湿火柴点不着火。"当你觉得工作乏味、无趣时,有时不是因为工作本身出了问题,而是因为你的易燃点不够低。用爱点燃你心中的热情,从工作中发现乐趣和惊喜,在工作的激情中创造属于自己的奇迹吧!

用 100％的热情去做 1%的事情

托尔斯泰说:"一个人若没有热情,他将一事无成。"热情,赋予你鞭策、激励、监督自己的力量;凭借热情,拿出 100%的热情来对待 1%的事情,你就会发现,原来每天平凡的生活竟是如此的充实、美好。

热情,就是一个人保持高度的自觉,就是把全身的每一个细胞都调动起来,完成他内心渴望完成的工作。热情是一种强劲的激动情绪,一种对人、事、物和信仰的强烈情感;热情是一种难能可贵的品质。一个没有热情的员工不可能始终如一高质量地完成自己的工作,更不可能做出创造性的业绩。正如拿破仑·希尔所说:"要想获得这个世界上最大的奖赏,你必须像最伟大的开拓者一样,将所拥有的梦想转化为实现梦想而献身的热情,以此来发展和销售自己的才能。"

一旦缺乏热情,军队无法克敌制胜;一旦缺乏热情,人类不会创造出震撼人心的音乐,不会建造出富丽堂皇的宫殿,不能征服自然界各种强悍的力量,不能用诗歌去打动心灵,不能用无私崇高的奉献去感动这个世界;如果缺乏热情,你即使有多么美好的愿望,也无法变为现实。也正是因为热情,伽利略才举起了他的望远镜,最终让整个世界都为之信服;哥伦布才克服了艰难险阻,领略了巴哈马群岛清新的晨曦。凭借着热情,自由才获得了胜利;凭借着热情,弥尔顿、莎士比亚才在纸上写下了他们不朽的诗篇。

可以说,没有热情,就没有一切。著名人寿保险推销员弗兰克·贝特格在他的自传中,向我们充分诠释了这一点:

在我刚转入职业棒球界不久,我就遭到了有生以来最大的打击——我

被开除了。理由是我打球无精打采。老板对我说："弗兰克，离开这儿后，无论你去哪儿，都要振作起来，工作中要有生气和热情。"这是一个重要的忠告，虽然代价惨重，但还不算太迟。于是，当我进入纽黑文队时，我下定决心在这次一定要成为联赛中最有热情的球员。

从此以后，我在球场上就像一个充足了电的勇士。投出的球是如此之快，如此有力。在烈日炎炎下，为了赢得至关重要的一分，我在球场上奔来跑去，完全忘了这样会很容易中暑。第二天早晨的报纸上赫然登着我们的消息，上面是这样写的：这个新手充满了热情并感染了我们，他是我们队里的"灵魂"。

退出职业棒球队之后，我去做人寿保险推销工作。在经历了十个月令人沮丧的推销员生活之后，卡耐基先生的一席话让我如梦初醒。他对我说："弗兰克，你毫无生气的言谈怎么能使大家感兴趣呢？"于是，在以后的日子我决定以我加入纽黑文队打球时的热情投入到做推销员的工作中来。有一天，我进了一个店铺，我鼓起了我的全部热情去试图说服店铺的主人买保险。也许他从未遇到过如此有热情的推销员，只见他挺直了身子，睁大眼睛，一直听我把话说完，最终他没有拒绝我的推销，买了一份保险。从那天开始，我真正地展开了推销工作。在12年的推销生涯中，我目睹了许多的推销员依靠热情成倍地增加收入，同样也目睹更多人由于缺少热情而一事无成。

可以说，弗兰克·贝特格之所以在事业上能够有所成就，与其说是取决于他的才能，不如说是取决于他的热情。凭借热情，他在烈日当空的酷热中超常发挥；凭借热情，他说服了无数的客户，最终创造出了不凡的成就。

麦当劳汉堡店内的员工，他们的工作很简单，并且有一套非常有效的生产作业在背后支持。他们也很少遇到不寻常的要求，跟客户打交道也不会面临很多困难，但是就是这么简单的工作，员工们对此却倾注了100%的热情。他们永远面带微笑，非常有礼貌地向客人请示。热情让他们做事机敏——工作速度既快,质量又好。

对于每一个人来说,热情就如同生命。凭借热情,我们可以释放出潜在的巨大能量,培养一种坚强的个性;凭借热情,我们可以把枯燥乏味的工作变得生动有趣,使自己充满活力,培养自己对事业的狂热追求;凭借热情,我们可以感染周围的同事,让他们理解你、支持你,拥有良好的人际关系;凭借热情,我们更可以获得老板的提拔和重用,赢得珍贵的成长和发展的机会。

提升态度和热情吧,你会活得更快乐、更成功、更有干劲儿去做出成就。当你拿出 100% 的热情来对待 1% 的事情,而不去计较它是多么的"微不足道",你就会发现,原来每天平凡的生活竟是如此的充实、美好!

热忱的人总能高效地完成任务

工作就像一座煤山,热忱就是火种,用热忱去点燃这座煤山,工作就会燃烧起来,释放出巨大的能量。

热忱这个词语,源自希腊语,意思是"受了神的启示"。它是一种精神特质,代表着一种积极进取的精神力量,这种力量不是凝固不变的,而是不稳定的。不同的人,其热忱程度与表达方式就不一样;即便是同一个人,在不同情况下,热忱程度与表达方式也不一样。但总的来说,热忱是人人具有的,只要善加利用,就可以使之转化为巨大的能量,从而推动工作快捷有效地完成。

耶鲁大学最著名也是最受欢迎的教授威廉·费尔波,在他极富启示性的《工作的兴奋》一书中,如此写道:"对我来说,教书凌驾于一切技术或职业之上。我爱好教书,正如画家爱好绘画,歌手爱好歌唱,诗人爱好写诗一样。每

天起床之前，我就兴奋地想着有关学生的事……工作之所以能够高效地完成，最重要的因素就是对自己每天的工作抱着热忱的态度，热忱是我们最重要的财富之一。"

是的，每个人都具备着火热的激情，只是这种热忱深埋在人们的心灵之中，等待着被开发利用，为高效的业绩和有意义的目标服务。同样一份职业，由具有热忱的人和没有热忱的人去做，效果是截然不同的。前者使人变得有活力，工作干得有声有色，创造出许多辉煌的业绩；而后者使人变得懒散，对工作冷漠处之，当然就不会有什么发明创造，潜在能力也无法发挥。

工作就像一座煤山，热忱就是火种，用热忱去点燃这座煤山，工作就会燃烧起来，释放出巨大的能量。在热忱面前障碍就像田径赛的栏栅一样，等着被征服。

当一个人喜爱他的工作时，你可以从他的神情，他的动作中一眼看出来——他非常投入，其表现出来的自发性、创造性、专注、谨慎和高效十分明显。看着他，你也会默默地受到感染，提高工作的热忱。

相反，一个对工作缺乏热忱的人，不关心别人，别人自然也不会关心他；自己垂头丧气，别人自然对他也不会有信心；如果成为这个职业群体里可有可无的人，也就等于失去了自己继续从事这份职业的资格。可见，培养职业热忱是竞争的至关重要的条件。

托马斯是一个汽车清洗公司的经理，这家店是 12 家连锁店中的一个，生意相当兴隆，而且每一个员工都热情高涨，不仅总能高效地完成任务，对他们自己的工作也感到非常自豪……

而托马斯来此之前不是这样的，那时，员工们已经厌倦了这里的工作，他们中有的甚至已打算辞职，可是托马斯却用自己昂扬的精神状态，对待工作的热忱感染了他们，让他们重新快乐地工作起来。

托马斯每天第一个到达公司，微笑着向陆续到来的员工打招呼，把自己的工作一一排列在日程表上,他创立了与顾客联谊的员工讨论会,甚至为了公司一再地把自己的假期推迟……

在他的影响下,整个公司变得积极上进,业绩稳步上升,他的精神改变了周围的一切,老板因此决定把他的工作方式向其他连锁店推广。

可见,内心里充满热忱,工作时就会兴奋,精神也就会振奋,同时也会鼓舞和带动周围的人提高工作效率,这就是热忱的感染力量。

所以说,在职业生涯中,要想把工作做得又快又好,把自己的事业经营得大有起色,必须保持一股工作的热忱。只有当热忱发自内心,又表现成为一种强大的精神力量时,才能征服自身与环境,创造出一个又一个令人叹服的业绩,保证自己在激烈的竞争中立于不败之地。

曾任纽约中央铁路公司的总裁的佛里德利·威尔森,在一次接受采访时被问及如何才能高效工作促进事业成功,他回答:"我深切地认为,一个人的经验愈多,对事业就愈认真,这是一般人容易忽略的成功秘诀。成功者和失败者的聪明才智,相差并不大。如果两者实力接近的话,对工作富有热忱的人,一定比较容易获得更多的业绩。一个不具实力而富热忱的人和一个虽具实力但不热忱的人相比,前者的成功也多半会胜过后者。"

是的,任何事业,要想获得成功,首先需要的就是工作热忱。一个能够拥有热忱的人,不论是从事什么职业,都会怀着极大的兴趣。因为有了兴趣,自然而然地会热爱自己的工作,认为自己的工作是一项神圣的天职。不论遇到有多少困难,或需要多么艰苦的训练,始终会用不急不躁的态度去进行。只要抱着这种态度,任何人都会快捷完满地达到他所要达到的目标。

你要找到自己的热忱,正如信心和机遇那样,全靠自己创造,而不要等他人来燃起你的热忱火焰。缺少自身的努力,任何人都无法使你满腔热忱;没有自身的努力,任何人都无法使你获得工作的高效。那些充满乐观精神、积极向上的人,做任何事都因为拥有热忱而有使不完的劲。

第 *12* 章

你爱，管理不呆板

人性的关爱比任何制度都贴心

管理即管人，本质还是对人的管理。平庸的管理者只会坐在那里颐指气使、发号施令，惹得员工都讨厌他，避之唯恐不及，工作上消极怠工、怨气冲天，而杰出的管理者总能用真诚打动员工的心，让员工爱上他的工作，自动自发地地去工作，以努力工作来回报公司。

评定一个人是不是一个优秀的管理者，关键在于他能不能得人心，因为任何管理是以"人心"为本的，正所谓"得人心者得天下"。所以，最重要的还是人性的关爱，而不是冰冷的规章制度。

与人为善，善待自己的每一个员工

只有做一个善待下属、富有人情味的管理者，才有可能让企业走上简明而高效的良性运转的发展之路。

古人说："无规矩，不成方圆。"任何一家企业或公司，都会有自己的制度，因为制度是为管理服务的。但制度都是为那些不自觉的人设置的，对于那些自律的人，能够自我管理的人，他们需要的是具有人性化的企业文化。

所以，一个企业，要建造一个和谐发展的环境，并不是依靠冷冰冰的员工手册和管理制度,而是应该靠管理者自身散发出的魅力去感染员工。所以说,真正的企业文化不是严格的制度,而是让员工感受到温暖,从而激发员工在工作中的潜能和对工作的热情。员工只有感受到公司对自己的信任和关心,才会对企业产生安全感、信赖感,才会对工作更上心,更努力……一个成功的管理者,不仅需要卓越的管理能力,更需要用一颗真诚的心与员工相处,和他们建立愉快的工作氛围。

投之以桃,报之以李,中国人自古以来讲究礼尚往来,所谓"滴水之恩,当涌泉相报",说的正是这个道理,其实,每个人的本性都是懂得感恩的,对别人给他的一点点小恩惠也会铭记在心,尤其是在关系不对等的上下级之间,更是如此。

管理是一门很深的学问,也是一门艺术,对待员工要像对待花园中的花草树木,需要用精神上的鼓励、职务晋升和优厚待遇来浇灌他们,适时移植以保证最佳的成长态势,必要时还要细心除去院内的杂草,这样他们才会按照你的意向去成长。

善待下属的管理者,能对每个人的特长进行有针对性的培养与使用,为人才个体的成长和共同事业的发展尽到一个领导应尽的职责。做足了"人文"的功课,无形中便是省去了管理运行中许多繁琐的程序。只有做一个善待下属、富有人情味的管理者,才有可能让企业攀升到"简明高效"的境界。

冯·卡门,美籍匈牙利科学家、空气动力学创始人。在上世纪 60 年代初,接受美国白宫为其授奖的仪式上,他说过这样一句话:"尊敬的总统阁下,您应该知道物理学的一个常识,大凡物体向下跌落的时候,是不需要任何浮力的,只有在上升的时候才需要支持和帮助。"

原来,患有严重关节炎的冯·卡门在从领奖台走回时不慎闪了一下,肯尼迪总统赶忙上前搀扶,而此时冯·卡门说的这句话,便成为事后广为流传的用于形容对下扶植的最好注解。

的确,这个普通的物理常识不仅适用于自然界,在社会人生中的应用也极为恰当。在人生向上攀登的阶梯中,几乎每个人在不同的阶段都需要扶持,而主动扶持下属则是一个深谙简明高效管理的领导者必然具备的素质,他必须能够使下属团结在他的周围,从而让整个团队成为一个充满凝聚力和进取心的集体,向着既定的目标前进。管理者必须尽量让自己和下属的关系更和谐、更融洽,这样才能让团队的运行更加高效。

如此,作为管理者而言,就必须懂得善待下属。孤掌难鸣,团队的价值是需要全体员工的努力而创造的,仅仅凭借一个人的力量是绝对不可能达到的。员工付出了,就应该得到回报;反之,如果对下属的付出视而不见听而不闻,则会让员工感到他们的劳动力是一种浪费,同时,也降低了一个管理者在下属心目中的地位,给今后的企业运作带来了不可预估的麻烦甚至损失。

"善待"的具体含义不仅体现在关心下属,帮助他们解决困难,或给予加薪这些表象上,更多的则是要发自内心地看到下属的长处、优点和贡献,用人之长,避其所短,且不失时机地予以肯定和赞扬。如此,受到表扬的下属就会因此而精神振奋,以更大的成绩作为回报。

在麦克阿瑟任世界著名学府哈佛大学商学院院长时,研究团队的成绩卓著,先后为管理学界做出了一个又一个不可磨灭的贡献;哈佛大学商学院也因此而取得了前所未有的成功。

仔细分析可看出,麦克阿瑟对于商学院的管理要点就在于他对下属的信任和下属对他的真诚。当时,很多人对麦克阿瑟院长给了迈克尔·波特等一大批年轻有为的教师太多的时间、太多的空间以待成长提出了异议。反对者认为,正是因为麦克阿瑟的"善待",才致使哈佛一时陷入了青黄不接的困境之中。

但时隔不久,波特这批年轻人就不负厚望,为哈佛赢回了声誉。其中沉寂三年之久的波特写出了《竞争战略》,随后又出版了《竞争优势》、《国家竞争优势》,因此成为当时全球最受欢迎的一名战略管理学家。

麦克阿瑟在一贯的领导中,都能做到对下属的某些问题公正处理。这样的领导敢于冲破阻力,破除常规,给予一些在特殊情况下的特殊人才以合理的关照,充分展示出其浓厚的人文关怀和与人为善的性情。

可以说,每个人自我价值的实现几乎都是在赖以生存发展的环境中完成的,因此,作为领导的管理者对下属的关怀、指导、培养和帮助就显得格外重要。如果能以开放的心态对待外界变化,以宽容的胸襟善待内部员工,那么就相当于为自己的管理之路扫清了障碍,让原本复杂的团队运行程序变得明快而简单。

善待下属不只是表面文章,团队成员们在乎更多的,是管理者的行动。融入到下属中去,了解他们的苦衷,知晓他们的想法。在为下属创造良好的工作环境的同时,热心帮助他们解决生活上遇到的困难,让下属切身感受到管理者在为他们考虑。同时,勇于承担责任,不与下属争抢荣誉;关心年轻人的成长进步,为他们提供学习进修的机会。这些都是让人们感受到管理者体贴和关怀的具体作为。

当然,善待并不等于宠爱,尤其是在一些原则的问题上,凡事对事不对人,做到公司分明,维护到员工和企业双方的利益。

总之一句话:你为下属付出多少,下属就为你付出多少。只有做一个善待下属、富有人情味的管理者,才有可能让企业走上简明而高效的良性运转的发展之路。

得人心者得天下，尊重下属会让你深得人心

人心向背，是事业成败的关键。高明的领导者，无论是领导一个团体、指挥一支军队，还是治理一个国家，总是把争取人心放在首位。正所谓"得人心者得天下，失人心者失天下"。而这一切都源自对下属的尊重。

既然人生而平等，那么，人与人之间互相尊重就是人际关系的基本原则。人的内心都非常渴望得到别人的尊重和欣赏，而尊重别人就是对他们最大的欣赏和理解。在现代企业管理方法中，管理者必备的基本素质就是尊重员工。并不是说员工为你工作，就有义务看你的脸色，作为一个人，员工同样需要被理解和尊重，在他们心里都渴望自己的工作能力能够得到上司的肯定和赏识。

当然，尊重是相互的，管理者只有先尊重了员工，员工才能反过来尊重管理者。这样才能创造一个互尊互敬、配合默契的良好的工作环境，形成一个良性循环，让企业的整体效率得到提高。

至于尊重的方法，其实很简单，即使是偶尔倾听员工的意见、肯定其独特的品质，都会使对方觉得自己受到尊重，甚至觉得得到了关怀，有了这种感觉之后，他们工作起来自然就会更加积极，甚至会全力以赴。

作为上司而言，尊重下属是一种做人的胸怀，要尊重员工的人格尊严，首先就是要平等待人，因为平等待人是尊重人的基础与前提。管理者与被管理者只有职务和分工的不同，而无高低贵贱之分。只有在坚持人格平等的基础上处理与下属的关系，管理者才能真正赢得下属的尊重，从而有效地实施管理；反之，颐指气使，粗暴僵硬，只能使被管理者感到屈辱，要么唯唯诺诺、俯首帖耳,要么言行不一、阳奉阴违,同时,也可能使管理者自身处于孤立境地。显然,这是无益于管理的有效实施和工作的顺利开展的。

当然,要做到尊重员工,就要理解员工,因为尊重常常与理解相伴而生。古人云:"士为知己者死。"这说明理解人是对人的最大尊重,最有利于调动人的积极性。当下级对领导者布置的工作不认真对待时,不搞强迫命令而是耐心开导;当工作上不去时,不是埋怨,而是多加具体帮助;当工作有过失时,不当众训斥,而是主动承揽责任;当下属对领导者有意见时,不要嫉恨,要注重感化,真正在上下级之间建立一种亲密无间的同志关系,创造一种亲切、融洽、无拘无束的伙伴气氛。这样,被领导者就会感到领导者真诚可亲,值得信赖和可靠,他们会变一般的组织服从为发自内心的由衷追随;如果你总是摆出一副领导的架子,采取一种居高临下的态度,即使你的道理全对,也不能使人心悦诚服,甚至会引起逆反心理。

山姆·沃尔顿生于1962年,世界闻名的沃尔玛有限公司就是由他创立。经过几十年的发展,现在的沃尔玛已经成为世界上最著名的连锁零售商。沃尔玛的成功之道就是尊重员工,能把员工放在平等的位置上进行沟通。

在美国,沃尔玛公司的股东大会是最大的。在每次开会时,除了任职的股东外,沃尔玛还让很多员工参加会议,让每一位员工都充分的了解公司的情况。而且在股东会议后,山姆·沃尔顿还会邀请参加会议的员工到自己的家里举办野餐会,这种做法不仅可以让员工和高层领导者增加接触的机会,而且员工本身的想法也可以得到表达,使员工和领导者共同关注公司今后的发展。为了沟通工作的顺畅,他还让每个团队领导注意收集员工的想法和意见,并且时常带领所有的员工参加公司举办的联欢会等。

山姆·沃尔顿这种做法不仅让员工做好了自己的工作,还让员工的忠诚度增加了。沃尔玛适应了员工的沟通和交流需要,达到了自己的目的。员工有了主人翁的责任感,意识到自己的工作在公司的重要性,感觉自己得到了

公司的尊重和信任，于是就会积极主动地努力争取更好的成绩。

由此可见，尊重往往比金钱产生的激励效果更加明显，给予员工应有的尊重，员工会因为受到尊重，而用百分之百的热情对待工作，提高工作的效率。

当然，除了在人格上尊重员工，还要设身处地地为员工提供交流平台，以满足员工物质和精神方面的需求，这才是对员工最大的尊重。

北宋文学家苏洵在他的《心术》中写道："为将之道，当先治心。"对于军队是这样，对于企业亦是如此。人心向背，是事业成败的关键，高明的领导者，无论是领导一个团体、指挥一支军队，还是治理一个国家，总是把争取人心放在首位。正所谓"得人心者得天下，失人心者失天下"。

我们都知道团结就是力量，怎样才能团结一致呢？那就是凝聚力，因为力量不是指谁有劲儿没劲儿，它可以是信仰、理想、道德、文化、目标、爱……总之，都是人性的力量。不管真假、虚实，这力量可以大到让人舍生忘死、义无反顾，是一切可以带来真勇气、大动能的东西。这东西不可说，也说不尽，所以，要想获得人生的成功与财富，就必须在为人处世治企治国中以"人心"为首。

一个团队，人心凝聚一致，事业必然兴旺；一个团队，人心涣散若沙，事业必然衰败。"得人心者得天下"的道理，通用于天下。人都是有感情的，赢得人心，"情义"两字不能少。尊重别人，能为别人着想，也善于为别人着想，这会使对方一下子就知道你的义气情分，知道跟着你做事绝不会吃亏，他也就心悦诚服地被你收复了。

对员工进行感情管理,让公司充满人情味

在竞争日益激烈、人与人之间的感情日益淡化的今天,情感已是管理者不可或缺的资源和财富。适时地对下属进行感情管理,往往会收到春风化雨般的奇妙效果。

如前所述,在管理的过程中,不仅物质投入可以获得回报,感情的投入也可以起到意想不到的作用,因为人是有着丰富感情世界的生命形式,情绪、情感是人类精神生活的核心成分。在良好的情感环境中生活,人就会产生极大的热情和积极性,尤其是在竞争日益激烈、人与人之间的感情日益淡化的今天, 情感已是管理者不可或缺的资源和财富。适时地对下属进行感情管理,往往会受到春风化雨般的奇妙效果。

在现代企业管理中,注重情感投入而获得成功的例子层出不穷,松下先生依靠"万事拜托"的感恩心态,使自己的公司由几十个人发展到闻名全球的"松下帝国",就是其中的一例。松下先生那种"万事拜托"的感恩心态具有很大的力量, 这种领导艺术和管理艺术的实质就在于它确立了领导者与被领导者、管理者与员工之间健康、和谐的关系,确立了企业及其未来与每个员工之间生死攸关的关系。松下认为,企业犹如一个大家庭,它的兴衰荣辱与其中每个成员都有着十分密切的关系。企业成功了,固然有领导者和管理者的功劳, 但也有普通员工的汗水和心血。作为一名优秀的领导者和企业家,必须具有对下属和员工的感恩心理,真心地感激自己的下属和员工:没有他们,就没有自己的成功。只有这样,才能把下属和员工维系在企业这个大家庭之中,同呼吸、共命运,为企业的兴旺发达赴汤蹈火。

　　松下先生对下属和员工不是以居高临下的心态去发号施令，而是以"请"的心态，以"万事拜托"的心态去与下属和员工相处，使下属和员工们感到，公司就是自己的家，自己是公司的主人。只有这样，下属和员工才能把自己的全部智慧和力量献给公司。例如在20世纪30年代大萧条时期，日本工厂纷纷倒闭，公司接连破产，松下公司也陷入极大的困难之中。这时，有人向幸之助建议，仿效别的公司的做法，大幅度压缩生产，裁员一半。正在病榻上的松下幸之助认为，减产裁员不是最好的办法，只有活跃生产，增加销售，减少失业，才符合公司的长远目标，有助于公司的发展。于是他们做出决定：工人一个不减，生产实行半日制，工资按全天支付。职员在休息的时间全力推销产品。听到这个决定后，全体员工备受感动，上上下下，齐心协力，在几个月的时间里，就把库存积压的产品全部卖出去了，公司渡过了难关。正是凭着这种精神，日本松下公司从1945年战争废墟上崛起，到1969年发展到顶峰。1969年日本国税厅最高收益企业一览表中，松下电器名列榜首，一年收益866.6亿日元，为此，松下幸之助说："我是用爱和协调精神创业，今后还要用这种精神把松下公司建设得更美好更理想。"

　　人都是这样，也许他会拒绝你的钱，不接受你的礼，但他却不能抗拒你对他的好。如果他觉得你是真心对他好，对他是真诚坦率的，你收获的必然是他的忠相报，利用感情做杠杆，是团结部属最有力的手段。

　　所以，一个成功的管理者，为了树立在员工面前的威信，一味地采取"高压政策"、"大棒手段"并不是好的管理方法，那样只会让员工对工作和公司产生抵触、反感的情绪，如果员工在企业中感觉不到自己存在的意义，那么绝不可能去卖力地工作，而长时间的不满情绪就会使其失去对公司的归属感，那么离开公司也就成为一种必然。

　　正确的方式是积极地去赢得员工的信赖，让员工感到自己对公司来说是重要的，并且抓住一些小的细节，感动自己的员工，让员工对工作始终富有激情,才是成功的领导之道。

管理是一门个人艺术,真正懂得管理艺术的人,总能利用一些小细节,让员工感动,抓住员工的心;关爱和尊重员工并不仅仅是从薪水的多少来判断的,有时候也许只是一句鼓励的话或者一个赞赏的眼神,就能让员工感到自己在公司是受到重视的,并对公司产生依赖之心,时刻把公司放在心中的第一位。

美国前总统尼克松在《领袖们》一书中写道:"我所认识的所有伟大的领导人,在内心深处都有着丰富的感情。"换一种说法,这些伟大的领导人都很有人情味,很善于关心下属、理解下属。作为员工也很希望自己的上司多了解一些自己和自己家庭的状况,他们觉得这样管理者对自己的关心和爱护,因此,作为管理者,要学会关心每一个员工的工作和生活。

小美是一家外企的职员,工作业绩一直都很好,分外的工作也能认真去做。可最近,因为自己的感情问题,连分内的工作也完成不了,有时还迟到早退,上班的时候,也是恍恍惚惚,不在状态。对上司的态度也不像以前那样恭恭敬敬,也不和同事来往。总而言之,和从前比起来,完全变了个人。

这一切,他的上司都看在眼里。他想找小美好好聊聊,但寻思了一下,觉得这样做有些唐突,因为他觉得一个人能发生这么大的变化,一定与受到强烈的外界刺激有关,于是他让手下人先了解一下小美的家里情况,原来小美已经30岁了,老公希望她生个孩子,可是要生孩子的话肯定会影响工作,甚至不得不辞职,但是不生孩子,和老公的关系就会陷入僵局,甚至不得不离婚。小美一时抉择不了,因为她既不想离开公司,又不想离开老公,因此才这么苦恼。

上司了解到这些情况之后,就把小美叫到自己的办公室,和她谈了谈心,对她从前的工作给予了肯定,并向她表示,他不会因为她生孩子就把她辞掉,并让她一定要和老公处理好关系,安心工作。得到了上司的支持和鼓励后,小美如释重负,和老公好好谈了谈,解决了他们之间的矛盾,很快就恢

复了先前的工作状态。

其实,员工都有一颗感恩的心,对公司的点滴关爱都会铭记在心。以一颗真诚的心去对待自己的员工吧!你真诚的关心每个人都能体会到的,只要学会了真诚地关心员工的生活和工作,还怕员工不能高效工作吗?

随时保持沟通,管理离不开沟通

企业管理的任何一个环节都离不开沟通。对于管理者来说,让员工对企业产生强烈的归属感,是企业沟通的精髓所在。

记得一位非常著名的企业家曾说过:"当今企业比以往任何一个时期更需要沟通,对企业来讲,沟通的时代已经来临了。"他用两个70%直观的反映了沟通在企业里的重要性。第一个70%是指企业管理者70%的时间都是用在沟通上,其中开会、谈判、会见、做报告等都是常见的沟通形式;另一个70%是指企业中70%的问题都是由于沟通障碍造成的,因为沟通不畅导致的效能低下、执行能力不强等问题很有可能会使企业业绩下滑,人员流失。

另外,在一项对成名企业家的调查中显示,在了解他们的成功因素是什么的时候,其中有八成的人认为是自己超强的沟通能力造就了事业的成功。美国沃尔玛公司总裁山姆·沃尔顿甚至说:"如果你必须将沃尔顿管理体制浓缩成一种思想,那可能就是沟通,因为它是我们成功的真正关键之一。"

由此可见,沟通在企业管理中起着至关重要的作用。

沟通的目的就是为了达成共识,而实现沟通的前提就是让企业所有的员工一起面对现实。这不但会激发员工的工作热情和积极性,还能有效避免因不能理解上级意图造成的工作失误和责任推卸。对于管理者来说,建立良好的沟通平台,让员工对企业产生强烈的归属感,是企业沟通的精髓所在。

如果一个企业的内部,员工普遍出现情绪低落,士气不高,没有激情,对公司文化和企业内涵不认可,就证明企业的管理出现了问题,而沟通不畅很有可能就是导致问题发生的重要原因。

作为管理者,应该深刻意识到沟通在管理工作中的重大作用。有效的沟通不但会降低公司的内部冲突,还会在很大程度上提高企业的工作效率,可以说,沟通在很大程度上决定着企业的发展命脉。

所以,仅仅依靠一些物质手段激励员工,而不着眼于和员工进行工作和思想感情上的沟通,是不够的,应该和员工进行思想沟通与情感交流,这也是非常必要的。

斯特松公司是美国最老的制帽厂之一。1987年公司的情况非常糟糕:产量低、品质差、劳资关系极度紧张。此时,当地的一位管理顾问薛尔曼应聘进厂调查。他的调查结果显示:员工们对管理层、工会缺乏信任,员工彼此之间也是这样。公司内的沟通渠道全然堵塞,员工们对基层领导班子更是极度不满,其中包含了偏激作风、对职工言语粗鲁、不关心员工的情绪等问题。通过倾听员工的心声,认清问题所在,开始实施一套全面的沟通措施,加上有所觉悟的管理层的支持,竟在四个月内,不但使员工憎恨责难的心态瓦解,同时也开始展现出团队精神,生存能力也有所提高。感恩节前夕,和公司的高层领导亲手赠送火鸡给全体员工,隔天收到了员工们回赠的像一张报纸那么大的签名谢卡,上面赫然写着:谢谢把我们当人看。

在良好的情感环境中生活,人都会产生极大的热情和工作积极性。通过与员工或下属之间的思想和情感沟通,适当的时候,员工或下属甚至可能主动向你说出自己的心里话,表现出自己真实的态度。大家在一起就是心与心的交流和沟通,而不是在一起钩心斗角,玩什么心理战术。

用爱和信任点燃员工的热情

信任员工,就要做到"用人不疑,疑人不用"。只有做到真诚对待员工,信任员工,让员工感受到自己的重要性,才能让员工以更大的热情来回报。

员工的忠诚和积极性是企业生存和发展的关键,它是凝聚整个企业组织的黏合剂。只有有了积极性,才能对工作充满热情,而热情是企业前进的动力,是企业走向成功的基础。只要员工能够保持足够的热情,企业就能够基业常青;只要抓住员工的心,让员工自动自发的调动工作的热情,就能更好地促进企业的发展。在竞争日益激烈的今天,不进则退,没有热情的员工为你工作,企业生命就会像鲜花离开了土壤一样逐渐枯萎,因此,想要做一个成功的管理者,就要先学会在工作中如何去激发员工的热情。

美国著名的管理学家托马斯·彼得曾大声疾呼:"你怎么可能一边歧视和贬低员工,一边又期待他们去关心产品的质量和不断提高产品品质呢?"他建议把能激发工作激情当成一个管理者的"硬素质"。

对员工而言,他们希望自己的上司是真诚、讲信誉、有道德的人,而领导者也只有做到真诚对待员工,信任员工,让员工知道自己的重要性,才能让员工以更大的热情来回报。

信任员工,就要做到"用人不疑,疑人不用",这也是传统的信任方式。正如松下幸之助所说:"用他,就要信任他,不信任他,就不要用他,这样才能让下属全力以赴。"

作为一个管理者,要胸怀大志,宁可员工辜负自己,也绝不能怀疑他们的能力,只有这样,才能赢得员工的忠诚。要放手让下属去大胆尝试,不要什么都管，事必躬亲。如果一个企业和员工之间连最基本的相互信任都没有，那就失去了企业和员工之间合作的基础，企业也就失去了凝聚力。

章俊是某大公司的总经理，因一桩大生意赔了本，使公司蒙受了很大的损失。他因此非常自责，羞愧难当中，向公司的董事会递交了辞呈，但董事会并没有批准他的辞呈。董事长握住了他的手，深情地说："我们已为你的学习交了这么多的学费，不希望你就这样走了，学了不要白学。"章俊立刻被感动得热泪盈眶，他当即向董事长保证，为了挽回自己的过失为公司带来的损失，即使粉身碎骨也在所不惜。果然，在以后的工作总，章俊发愤图强，拼命苦干，为公司谈成了一个又一个大单，赚取了一笔又一笔巨额利润。

查理·波西曾是美国参议员，也是贝尔公司的董事长，他在谈及管理心得时曾经说："在我从事管理工作的早期，曾经得到一个教训，不要想着一个人独撑大局，要仔细挑选人才，雇用人才，然后授权给他们去负责，让他们独立作业，并对自己的行动表现负责。我发现，帮助我的下属成功，便是帮助整个公司成功，当然，这也是我个人的最大成就。"

无独有偶，美国通用电气 CEO 韦尔奇的经营最高原则是："管理得少"就是"管理得好"。这是管理的辩证法，也是管理的一种最理想境界，更是一种依托企业谋略、企业文化而建立的经营管理平台。

对员工的不信任，直接挫伤的是员工的自尊心和归属感；间接的后果是加大企业离心力。如果管理者能进行换位思考，与员工建立起彼此信任的关系，在企业建立起一个上下信任的平台，无疑会增加员工的责任感与使命感，激发员工内在的潜能。

通常，成功企业的一个特点是，企业内部成员之间相互高度信任，也就是说，企业内部成员彼此相信各自的正直和工作能力。但是，从个人关系中不难知道信任是脆弱的，它需要很长时间才能建立起来，却又很容易被破坏，破坏之后要恢复又很困难。另外，因为信任会带来信任，反之就会带来不

信任,要维持一种信任关系就需要管理人员处处留意。

人们用"技术之本田、经营之藤泽"、"汽车上的两个轮子"、"理想的分管经营"等等来形容本田和藤泽的关系,他们两个人一直延续到引退时的良好合作关系,正是本田企业取得成功的关键所在。

索尼企业的井深大这样形容本田技研的两位创业经营者:藤泽是一位使本田分之百发挥才能的精明经营者;本田是一位百分之百信任藤泽才华的幸运天才技师。

的确,井深大的话恰如其分地说明二者间精诚合作、相互信任的关系。本田总是呆在技术研究所里,永远是一身工作服,而对销售及资金周转等经营方面的事务,他一概不闻不问。虽然如此,但对企业大致的状况,本田还是很清楚的。对自己的搭档能表现出如此的信任,在其他企业的管理者里还是不多见的。

本田善于解决技术问题,却不善理财;藤泽不懂技术,但颇具筹集资金、推销产品的能力。两个人相互取长补短,形成了完美的组合。两人的关系之所以以本田为主角,是因为本田是商品的研制者,推销能力再强,如果没有作为实体的商品便毫无意义。另一方面,不管本田如何凭自己的技术研制出世界第一的摩托车,单单一辆车,不过是个人的发明爱好罢了,若要当做商品来销售,就必须大量生产,如此藤泽便大有用武之地了。

本田之所以绝对信任藤泽,是因为他确信藤泽对头把交椅没有野心。用藤泽的话来讲,他们两人能做到"琴瑟和鸣",是因为年轻时,或玩世不恭,或历经磨难,深知社会上的人情世故。藤泽曾说:"只要为了本田,我自己什么都可以放弃,没有任何犹豫。"

所以,要想真正建立起一个有效的管理模式,不断提升管理水平,首先要对员工充分信任,坚决做到"用人不疑,疑人不用",鼓励员工独立完成工作;其次是通过合理授权,建立一个员工能充分发挥能力的平台,这一点很重要,因为员工有了自己的发展平台,就会缓解管理者的工作压力。

现在,西方一些企业正朝着"无为而治"的管理模式发展。他们认为,只要人人都学会了自我管理,那些条条框框的管理制度就失去了存在的意义。当然,这也需要员工经历长期的企业文化熏陶,形成共同的价值观,与管理者之间互相搭建信任的平台,管理才能达到"无为而治"的境界。

如果管理者能进行换位思考,与员工建立起彼此信任的关系,在企业建立起一个上下信任的平台,无疑会增加员工的责任感与使命感,激发员工内在的潜能。

用分享的方式激励员工不断进取

把员工当做合作伙伴,和他们一起分享公司的一切,是鼓励员工不断进取的有效手段,有利于提高员工士气,激发员工潜力,使其凡事全力以赴。

过去讲"谋事在人,成事在天"。现在讲的却是"成事在人,谋事亦在人。"肯定了人的价值和意义,强调了一切"以人为本"的精神,所以,"欲造物,先造人"。对于企业来讲也是这样,任何一个企业,成败的关键都在于人,在于团队成员的步调是不是一致,是不是凡事全力以赴的为团队出自己的一份力,和其中的每一个人工作的积极性有着很大的关系。要想让企业立于不败之地,稳步发展下去,就要充分调动员工工作的积极性,使其凡事全力以赴,为此,就需要通过激励,把蕴藏在员工身上的积极性和创造性充分利用起来。

因此,作为管理者,就要学会和员工一起分享,有一种分享的心态。把员工当做合作伙伴,和他们一起分享公司的一切,都是有利于提高员工士气,激发员工潜力,鼓励员工不断追求进步的有效手段。

如果一个企业无视员工的奉献,并认为他们努力工作是理所当然的,即

使企业获得了一定的利润,也不懂得和员工分享,那么在企业遇到危难的时候,作为员工,他们也不会站出来和你共经风雨。很多企业之所以不能做大做强,就是因为企业领导人和管理者不懂得分享的潜在价值,没有把员工看作企业的根基,根基不牢,如何长远发展呢?

对于管理者来说,愿意和员工分享,学会和员工分享公司的资源和成果,不仅是一件能够让所有人都快乐的事,更是一种修养,一种促进公司发展的捷径;不仅是对员工的一种激励,也是对员工的信任和尊重。只有和员工分享企业中一切值得分享的东西,才能让员工和你一起感受成功的喜悦和失败的痛苦,才能让员工感受到自己和企业是一个整体,在福祸共享中和企业融为一体。所谓"有福同享,有难同当",只有先把员工当做自己人,在企业遇到困境的时候,员工才能和企业站在同一条战线上,和企业共渡难关;只有分享,才能让员工感受到对他们的尊重和重视,才能激发他们的工作热情。一个不懂得分享的管理者是可悲的,即使快乐,也会因为孤独而变得痛苦。从心里把员工当成"合伙人",当你和他们有福同享的时候,他们也会反过来和你有难同当,所以,分享是管理者和领导人必不可少的一种心态和胸怀。只有与员工一起分享工作的资源和成果,才有可能使公司不断壮大。

仔细观察微软、英特尔等商业巨头,你会发现,他们的成功都是因为这些商家善于分享。

以微软来说,视窗操作系统的火爆,让微软大赚了一笔之后,微软总裁比尔·盖茨并没有"私藏"这项技术,而是与所有硬件厂商和软件厂商分享着视窗操作系统火爆的商机。现在,很多硬件厂商的产品都支持微软的所有操作系统和软件,所有的软件厂商的产品也能在微软的操作系统中运行,这就是微软的分享精神。正是因为这种分享,微软才能称霸全球操作系统市场。

试想,如果比尔·盖茨气量狭小,不把火爆的操作系统市场与硬件厂商和软件厂商分享,仅凭一己之力,微软能够有今天的辉煌吗?恐怕他会成为众多人眼中的"吝啬鬼",以至留不住优秀人才,抵抗不住竞争对手的压迫!

所以说,和员工分享工作资源和成果的方法,是把企业做强、做大的一种必要理念和管理手段,也是提高企业效益的一个重要途径。企业和员工共享公司的资源,赋予员工对工作环境更多的权限,以业绩和分享去激励员工工作的积极性,打破常理中的上下级关系,形成新的绩效合作伙伴的关系,让员工学会自己对自己负责。

微笑管理,让工作更轻松

微笑,会让员工们感受到一种力量和鼓舞,可以激发他们做好工作的信心,同时也能化解下属员工在工作和生活上的烦恼,更能让他们感受到一种归属感,因此,员工就会付出更多的努力去工作。

卡耐基有句名言:"笑容能照亮所有看到它的人们,像穿过乌云的太阳所带来的温暖。"可以说,微笑是世界上最易懂,最亲切的一种语言。

同样,在企业发展中,微笑的作用不可小视。对内,微笑能够拉近领导与员工之间的距离,让双方的沟通更顺利。例如,如果公司内部出现矛盾,管理者的微笑可以使双方恢复理智,化干戈为玉帛,另外,微笑还可以使企业形象更加正面。因为大多数员工都有这样的思想,当管理者适时运用微笑管理时,一张满面春风的笑脸能够间接消除员工的紧张和对抗情绪,并保持一种轻松的心情进行工作,办起事来也会干劲十足,激情盎然。这种状态在客户看来,是非常难得的,自然也会为企业带来意想不到的收获。

亨利·吉姆是一位著名的企业家,他就是靠着自己的一张"笑脸"神奇地挽救了濒临破产的企业。甚至,他还将"笑脸"作为公司的标志,例如厂徽、信

纸、信封上,全都印着一个乐呵呵的笑脸。他总是笑脸迎人,"快乐"地飞奔于各个车间,跟员工讨论工作。

即便是在管理员工时,他也不忘微笑示人,员工们渐渐地被他感染,公司在完全没有增加投资的情况下,生产效益提高了80%。公司员工友爱和谐,上下团结互助,其乐融融。同时公司的信誉和形象大增,客户盈门,生意红火,没几年的时间,不仅还清了所有贷款,而且还获利丰厚。

一个刚刚体会到微笑管理价值的公司负责人说:"我刚开始对员工们微笑时,大家都非常不解,甚至感到有些不可思议,但没过多久,他们就改变了看法,表示欣喜、赞许,而我也感觉到生活比过去快乐了许多。现在,微笑对我来说,已经成了一种习惯,我对别人微笑,别人回报给我的也同样是微笑,就连过去冷若冰霜的员工,现在也变得热情友好起来。"

方平是一家外企的中层管理者,有一次,企业要招聘一名专业性很强的员工,不久,他找到一个很合适的人,而且还是一位名牌大学的应届毕业生。方平与这个大学生通了几次电话,在交谈中得知,还有几家企业也希望这个毕业生去,而且实力都比方平所在的企业强。所以,当这个毕业生表示愿意到他们单位来工作时,方平觉得很意外。

后来,在一次午餐中,方平明白了这个毕业生来他们公司的原因。这个毕业生对他说:"因为其他公司的经理,在电话里说话总是很生硬、商业味很重,给我的感觉就像是在做生意。可你却完全不同,你的声音听起来很亲切,我能感觉到,你是真诚地希望我能成为你们公司的一员。我似乎看到,在电话的那一边,你正微笑着与我交谈。"

可见,微笑是一种无需增加金钱投入的管理,它不需要任何人力、物力、财力的投入,需要的只是管理者发自心底的一个微笑。不难想象,如果上司每天都以一副严肃、冰冷、生硬的面孔面对员工,免不了会让员工产生处处战战兢兢、恐惧不安的心理状态,而紧张、压抑的心情怎么会做好工作呢?在这种情况下,无论企业的管理制度、管理方法多么完美,都无法为企业创造一个美好的明天。

无论处于哪种行业,微笑管理都必不可少。如果企业内部人际关系像"钢铁般坚硬、冷漠",后果将是员工之间钩心斗角,企业形象必定会大打折扣,更不要谈赢利了。管理者只有自身对事业充满信心,并在工作中保持心情舒畅,以微笑待人,员工的工作状态才可能更加振作,也只有这样,才更容易克服面临的困难。

第 *13* 章

你爱，客户不拒绝

真诚和微笑拉近心的距离

　　营销活动中，难免会碰到各种各样的客户，在面对这些不同的客户时，我们该如何和客户进行有效的沟通，卖出我们的产品，并让客户感到满意呢？真诚、诚恳、耐心、热情、担当负责的服务精神自然是必不可少的。以礼待人、以诚相待，耐心负责地对待客户，不仅是企业服务精神的要求，也是企业责任与社会道德的约束。从根本上讲，这也是保证企业发展、实现企业利益的必要保障。当然，更是我们能够取得成功的关键所在。

用真诚的微笑打动客户的心

　　微笑是人际交往的润滑剂，是世界最美好的礼物。一个真诚的微笑，可以瞬间打动客户的心，拉近彼此心与心的距离，为深入沟通与交往创造温馨和谐的氛围。

　　培根有句名言："含蓄的微笑往往比口若悬河更为可贵。"尤其是在对待客户时，这句话体现得更加淋漓尽致。有时候，对待客户反反复复强调你所销售的产品的优点，可能比不上你对他的一个真诚的微笑，因为笑容是最容易让人感觉到愉快的面部表情，也是最直接接近彼此关系的方式。它可以缩短人与人之间的心理距离，瞬间打动对方的心，拉近彼此心与心的距离，为深入沟通与交往创造温馨和谐的氛围，因此人们常常把微笑比作人际交往的润滑剂，微笑是世界最美好的礼物。

我们知道，婴儿是天真无邪的，所以，婴儿般的微笑也是最为真诚、最让人着迷的。日本曾有一位寿险销售员就是因为练就了一张婴儿般的笑脸，赢得了客户的喜爱与信赖而成为寿险销售冠军，他就是原一平。

在日本寿险业，原一平是一个声名显赫的人物。日本有近百万的寿险从业人员，其中很多人不知道全日本20家寿险公司总经理的姓名，却没有一个人不认识原一平。他的一生充满传奇，从被乡里公认为无可救药的小太保，最后成为日本保险业连续15年全国业绩第一的"推销之神"，最穷的时候，他连坐公车的钱都没有，可是最后，他终于凭借自己的毅力，成就了自己的事业。

原一平也曾经为自己的矮小而懊恼不已，他不止一次地仰天长叹："老天爷对我真不公平！"但是，矮个子是铁的事实，想隐瞒也隐瞒不了，想改也改不了。

自此以后，原一平着手训练笑，他不停地对着镜子练习笑容。

由于一心一意想着练习笑容的事，走在马路上，往往会不自觉地露出笑脸，有时甚至会笑出声来。他练习笑容就跟着了魔似的，他的邻居们见他一人常常独自乐出声时，还怀疑他神经不正常呢。

有一日，原一平对着镜子，想看看自己究竟能做出多少种笑容，他自己都没想到，他竟然能发出40种不同的笑。

婴儿的笑容，说多美就有多美。他们的笑容纯真得令人心旷神怡，令人迷惑。婴儿之多，无以计数，但谁看过他们挖苦的、蔑视的、龌龊的、邪气的笑？婴儿的笑容之所以美丽诱人，是因为以鼻梁为中心线时，脸上左右的表情相同之故。

原一平认为,我们必须拥有左右均匀的、天真无邪的美丽笑容,即婴儿般的笑容。当大人露出接近婴儿的那种笑容,那才是发自内心的笑。这种笑容会使初见面的人如沐春风,如在歇息一般,它也会使接触它的人,自然地展露笑容。原一平把这种笑容作为自己训练的目标。

日复一日,月复一月,原一平一有空就对着镜子练习。也不知持续了多久,一天,他忽然发现镜中的他与以前大不相同了,他的脸大放异彩,细加观看,眼神也有变,这个发现使他信心倍增。一有信心,与镜中的自己对话的训练也就更起劲了,他清清楚楚地看出自己的脸孔逐日有了变化。

原一平自豪地说:"如今,我认为自己的笑容与婴儿的笑容已经相差无几了。"

凭着婴儿般的微笑以及经过自己的努力,在30岁时,原一平创下了全日本第一的推销业绩,此后屡创令人惊异的纪录。与其他同行相比,没人能与之相提并论,造成无人与之竞争的独霸局面。

众所周知,麦当劳是国际上有名的连锁快餐集团,在全世界上大约拥有31000家分店,这些分店主要分布在全球121个国家和地区,店内主推汉堡包、薯条、炸鸡、汽水、沙拉、水果等品种,并且还会根据当地人群的口味进行不同的调整,而亲切的特殊"商标"也让很多顾客津津乐道,这就是——微笑。

麦当劳的领导者认为:顾客来到一家餐厅用餐,他们重视的不单只是食物的口感,更注重餐厅里的气氛。在员工上岗之前,就有人特意告诫他们——在基本规范服务之外,微笑服务必须贯彻始终。除此之外,微笑检查和微笑比赛也是经常举办的活动。

更让人惊奇的是,麦当劳的工时薪金是根据员工的"微笑"程度来调整的。这意味着操作的熟练程度只不过是能否胜任工作的基础标准,而"微笑"才是决定薪资报酬的根本条件。这也难怪他们的老板会说:"笑是最有价值的商品之一。"

又如，世界许多著名饭店管理集团如喜来登、希尔顿、假日等都有一条共同的经验，那就是把微笑作为一切服务程序灵魂与指导的"十把金钥匙中最重要的一把"。他们之所以把微笑看得这么重要，是因为他们深深地懂得，微笑是世界上最易懂、最亲切的一种语言。

的确，没有什么比微笑更容易被人理解和接受，它的魅力是无穷的，是一个人取得成功的关键因素之一。不论一个人地位高低，不管是富翁还是穷人，只要用微笑去面对人生、面对客户，便会给你带来成功，带来快乐和温馨。

微笑服务是顾客满意的基础

生活中不能没有微笑，服务更离不开微笑。"笑迎天下客"，是服务的宗旨，是与客户打交道的必然态度，也是让顾客满意的基础。

纵观历史，在任何时代，任何地区，任何民族中，微笑都是表示友好意愿的信号，所以，在面对客户时，最能使客户感到满意的无疑就是一张笑脸了。这表明你对客户交谈抱有积极的期望，也是你和客户之间建立起相互的信任和一座沟通的桥梁。

微笑是人的天性，是内心真诚的外露，它丰富了那些接受的人，而又不使给予的人变得贫瘠。它能在一刹那间产生，却给人留下永恒的记忆。它不仅可以缩小心理的距离，更是人们情感之间交流的阶梯，它能在瞬间拉近彼此心与心之间的距离。

微笑是城市文明的窗口，是世界通用的语言，它没有国界、宗教、种族的隔膜，人人皆会、皆懂；微笑是尊重他人、平等待人的高尚品德，它不仅能诠

释文明,还可显示出一个人的品德与涵养;微笑是一份最好的礼物,虽价值连城,却不花费一厘钱,它使赠送的人心情愉悦,同时使收受的人变得富有;微笑是快乐之源,是人与人之间交流的名片,它不仅仅是一个简单的面部表情,更是一个人内心世界的真实写照,一个浅浅的微笑,不仅会给人以春风拂面的感觉,还能缩短人与人之间的心理距离,化解令人尴尬的僵局,沟通彼此的心灵,使人产生安全感,亲切感、愉快感。所以,微笑是世界上最简单却又最美的妆饰。亦是盛开在对方眼中最有魅力的鲜花。

当然,微笑还是"润滑剂",当客户与企业之间发生矛盾时,你的微笑能化解敌意,增进和谐,帮助你营造融洽的人际关系。著名的希尔顿饭店创始人康拉德·希尔顿曾经说过:"如果我们的饭店只是拥有一流的设备,而没有一流微笑服务的话,那就像一家永不见阳光的饭店,又有什么情趣可言呢?"

服务行业的巨头"沃尔玛"连锁超市服务顾客的标准是"三米微笑,八颗牙齿露出来"。三米之外的微笑,直达人心。这应该是沃尔玛成为全球零售巨头的原因之一。调查表明,43.5%的营业员会主动跟顾客说礼貌用语,46.5%的营业员会主动推销商品,9.5%的人则会跟顾客聊天;当营业员称赞顾客,34.3%的人出于真心赞美,60.3%是希望气氛融洽,4.9%仅仅是为了推销商品。顾客决定购买商品时,12.1%的营业员会为有提成而高兴,47.2%的人感谢顾客,希望他们会再来。

由此可见,微笑服务是多么重要!如果你从事着服务业或者营销业,那就微笑着为客户服务,让客户感动于你发自内心的微笑,因为微笑服务不仅可以使客人产生宾至如归之感,也是让客户满意的基础。

"笑迎天下客,满意在我家",保持微笑服务的人,走到哪里都是受欢迎的,谁都喜欢与其打交道。微笑着赞扬他人使对方感到你的诚心,微笑着批评他人使对方感到你的善意,微笑着拒绝他人使对方体谅你的难处;而不知道微笑服务的员工会使顾客避之犹恐不及。微笑是对顾客最好的礼遇和尊敬,也是最基本的表现。

我们所提倡的微笑服务,是健康的性格、乐观的情绪、良好的修养、坚定的信念等几种心理基础素质的自然流露。是真诚的微笑,不是讨好的媚笑;是发自内心的微笑,不是暗含讥讽的嘲笑;是轻松自如的微笑,不是皮笑肉不笑的干笑。一个人可以没有资产,但只要有信心、有微笑,就有成功的希望。

所以,微笑服务的重点不在于你微笑了没有,而是在于你微笑的时候是否真诚;更不在于你的微笑到底维持了多少时间,关键在于你的微笑是否发自于内心,是否出自于真诚。

俗话说得好"伸手不打笑脸人",在气愤的时候都会不忍心打笑脸人,所以微笑服务对服务行业来说是很重要的,它会给你挡掉很多麻烦,也会给你招来很多意想不到的收获,但要每时每刻做到微笑服务还真不是一件易事。相信各位都知道,人的面部表情千变万化的,俗话说相由心生,发自内心的微笑会令人愉悦、坦诚和真实。微笑是自信的展示,勇敢的流露,机智的体现。

作为服务行业,微笑服务是我们与客户打交道,赢得客户真心的法宝。我们对客户真诚友善的微笑,能迅速消除客户的陌生感,拉近心的距离,营造和谐的气氛,增加客户的信任感。对客户无理的埋怨和责备我们报以微笑,是对衣食父母无言的宽容。

生活中不能没有微笑,服务更离不开微笑。"笑迎天下客",是服务的宗旨,是与客户打交道的必然态度。只要我们的微笑能像呼吸那样自然,像灯光那样灿烂,见人就微笑以待,讲话则微笑相伴,如此还怕做不好服务,还会担心顾客不满意吗?

以真诚感动客户，以服务赢得客户

每个人既是服务者，又是被服务者。若想得到别人的服务，首先要学会服务他人，以服务赢得客户。

人非草木，孰能无情。一般情况下，人是很难拒绝别人的真诚、友善与赞美的，这些态度与行为是促使人的内心情感趋向的引向剂，人们往往在这样的不易拒绝中很快乐地接受施以这些真诚、友善与赞美之人的建议，因此极有可能最终在对销售人员形成的好感与情感引向中产生消费行为。尤其是那些本身就很真诚、友善、热情的人，他们的内心更易接受真诚、友好和赞美，很难生硬地拒绝别人的热情与友好。因此，在对待客户时，以礼待之，辅以适度的赞美，是最容易抓住对方心里的微妙认同感与对方的人性情感倾向的最佳、最有效的方式。

这个世界上最伟大的营销员当属乔伊·吉拉德了，15 年中，他一共卖出了 13001 辆汽车，甚至还曾创下一年卖出 1425 辆车的记录，而他成功的秘密，就在于真诚待人。一天，一位中年妇女走进了乔伊的展销室，说她想看看车，但不一定会买。

乔伊说没关系，并且很热情、真诚地接待了她。在跟这位妇女的闲谈中，乔伊知道了她想买一辆白色的福特轿车，但是，对面福特汽车行的服务员说店内现在不方便接待客人，请她稍等一会儿再过去。于是，她为了打发时间，走到了乔伊的店里。

偶然间，乔伊听这位女士说，今天是她 50 岁的生日。"生日快乐，夫人，"他一边说，一边请她过来随便看看，一边出去交代了一些事情，回来后乔伊说:"夫人,既然您喜欢白色的车,而且您现在也有时间,就让给您介绍一下我们这里的双门轿车,也是白色的。"正在乔伊跟她交谈的时候,女秘书走进来递给了乔伊一束玫瑰花,他又把这束花送给了这位妇女说:"祝您长寿,尊敬的夫人。"这位妇女收到花后,感动的眼睛都湿了,并说:"很久都没人送我礼物了,刚才我在对面的福特营销店看车时,那个营销人员一定是见我开着旧车来的,以为我买不起新车,我说要看车时,那个营销员却说要去收一笔款。"

顿了一下,这位女士又说:"其实我只是想要一辆白色的车,因为我姐姐的车是福特的。所以我也想买辆福特车,但是现在想想,其实品牌无所谓,只要性能好,其他牌子我也是可以接受的。"最后,这位妇女在乔伊的推荐下,买了一辆雪佛兰,并写了张全额支票。乔伊事后说,其实他在跟这位妇女的交谈中,能感觉到她非福特不买的心意,只是那位妇女临走时说了句话——是乔伊让她感觉到了真诚,于是放弃了原来的选择。

由此看来,与人为善,以礼待人,是为人之本,更是经商之道。

当然,在以礼待人的过程中,也必须做到以真诚为原则,也就是说,你表现出来的真诚必须就是发自你内心的诚恳,而且一切行为都必须以适度为准则。就是说,虽然我们需要热情地服务客户,但热情不可因为过度而让对方感到不舒服;虽然我们需要适度地赞美对方,但赞美不能因为没有根据或过火而使对方感到虚伪;虽然我们需要礼貌地迎合对方,但礼貌与迎合不能因为没有尺度而使对方感觉到我们在讨好他们。这些因为没有尺度的热情、友善、赞美会产生极为不良的负面效应,会使对方怀疑我们的真诚,甚至产生逆反的心理。

要做到这些,首先就要对自己充满自信,一个没有自信的人做事往往要求不够完美,作为一个销售人员一定要自信,有了自信才会产生进取的动力。有一位魔术大师在他上台之前就会大声喊道:"我爱我的观众。"他的自

信也常常感染现场的观众。同样，在销售中你的自信能感染客户对你的信赖，是销售中最不可缺少的要素之一。

从服务精神要求准则的角度讲，真诚友好地服务于客户，不仅是对于真诚、友好的客户的特殊要求，更是我们对所有客户的服务精神的准则要求，是构建企业信誉、塑造良好企业形象的准则要求，因此，以礼对待客户，是我们必须遵守、必须坚持的服务原则。

一切以客户的需求为中心

你关心我吗？这句话的威力会有多强呀！如果你想卖出自己的产品，就得关心客户，关心客户的需求，一切以客户的需求为中心，这样才能有的放矢，赢得客户的信赖。

如今没有哪位顾客是单纯为了取悦商家而去购买他的商品的，所以，一个成功的企业必须通过与顾客建立一条感情的纽带，并借助这一纽带传递他们尊重顾客的信息，使顾客感到满意。

试想一下，你到一家鞋店去买一双新鞋。售货员会问："你想买什么样的鞋？"

"噢。我想买……"

他打断你的话说："我想我知道你喜欢什么样的鞋。人人都穿着这种鞋。相信我的话没错。"

售货员匆匆拿来一双你所见过的最难看的鞋，然后对你说"看看这鞋怎么样？"

"可是我真的不喜欢。"

"人人都喜欢的,这是目前最热销的式样。"

"我想找双别的样子的。"

"保证你会喜欢的。"

"可是我……"

"听着,我已经卖了10年的鞋了,好坏我一眼就看得出来。"

听着这样的话,你还会在这家鞋店买鞋子吗?当然不会了。你还会再来这家鞋店吗?当然不会了。为什么会这样呢?其实,那是因为你不会再相信那些在还没有了解你的需要就给你答案的人。

客户是我们的衣食父母,没有客户的支持,公司就无法生存。为了使公司在激烈的竞争中生存下来,我们必须尊重客户。尊重客户要求就是:我们着装要整洁大方,言谈举止要得体有度,要耐心倾听客户的诉求,了解客户的期望,从心态上为客户着想,为客户创造更多价值,从而赢得客户的认同和赞许。

这就需要你善于"移情"了,移情也就是从别人的眼中看待问题,将自己的思想投入别人的情感之中。你越是能清楚地理解顾客的感觉、需要和问题,便越是能更好地满足他们。

因此,对待任何一个客户,首先要去关心他,了解他的需求,并尽力满足他的需求。举个例子来说吧,假如说你去一家电脑专卖店想买一台新电脑。有些人是电脑专家,别的可能就不懂行,而你介于两者之间——只懂一点儿。店里有两名销售人员。

第一名销售人员走向你,说:"你好!这里有128M内存、40G硬盘、英特尔奔腾4处理器……"你站在那儿,挠着头说:"你在说什么,我不明白?"那销售人员说:"你想买这台电脑吗?"

第二个销售人员走向你,说:"在给您推荐之前,我想问您几个问题:您有什么特殊需求吗?您想拿它来做什么?"

你说:"我想拿它在家里做报表,孩子们想玩游戏,我不需要那种配置很高的。"

你愿意跟谁打交道呢?是那个"专家式"的销售员,还是那个问你有何需求的销售员呢?他们俩都是想卖出一台电脑,但你肯定更愿意从那个上来就关心你并想满足你需求的人手中买,即便他并不是电脑专家。

你关心我吗?这句话的威力会有多强呀!如果你想卖出自己的产品,就得关心客户,关心客户的需求,一切以客户的需求为中心,这样才能有的放矢,最后,再加上真诚的微笑、真诚的态度,还有哪个客户不动心呢?

善待客户就是对企业的忠诚

善待客户,赢得客户的信赖,让客户忠诚于企业,就是对企业的忠诚。

如果将忠诚仅仅理解为对企业负责、对老板负责、对自己负责,这未免有些太狭隘了,因为忠诚不仅有内部忠诚,还包括外部忠诚。内部忠诚是对企业的忠诚、对领导者的忠诚,以及员工彼此间的相互忠诚。外部忠诚是对于客户的忠诚,只有用最好的服务让顾客满意了,顾客才会愿意再来,才会忠诚于你的企业,你的企业才会不断地发展。所以,善待客户,让客户忠诚于企业,就是对企业的忠诚。

善待客户也是企业生存、发展和成功的关键。世界一些著名的成功企业,都非常看重外部的忠诚,也就是说对客户的忠诚。正是他们这种对顾客的忠诚,使企业获得了成功。事实上,只有自己的员工能够忠诚于顾客的企业,才能获得顾客的忠诚和信任。

对于员工而言,根植于内心的服务观是一种没有尽头的追求,顾客满意更是永远的心愿,今天是这样,未来也不例外。企业员工应该把服务当做一种习惯,把服务视为一种修行,把服务作为一种表达感谢的行动。

根据美国白宫消费者相关机构调查的资料显示,有 68% 的顾客不再上门的原因,是因为服务人员对顾客态度不佳所致,其重要性不言而喻。曾经有一位服务业的经理说:"我那里的职工说,IBM 公司工作人员办事让人放心。"在每个实例中,顾客对 IBM 公司在处理具体问题上体现出来的人之常情,都是采取回报的态度。

小汤姆·沃森在《企业及其信念》中谈道:"随着时间的推移,优质服务几乎成了国际商用机器公司的代名词。父亲生前总爱夸耀公司能够做些什么,1942 年战争物资生产委员会的一位官员给他提供了一次夸耀付诸行动的好机会。这位官员在星期五的傍晚给父亲打电话订购 150 台机器,要求他下个星期一把所有货物送达华盛顿。父亲说,他一定把机器准时送达。星期六上午,他和身边的工作人员分别给公司的全国各地办事处打电话,指示他们在周末把总共 150 台的机器送达华盛顿。为了保证订货人了解实情,父亲指示其工作人员:每辆货车一踏上前往华盛顿的征途,立刻给那位官员的办公室或住宅打电话,告诉车辆出发时间和预期抵达时间。父亲还做了具体安排,请警察和陆军军官护卫这些昼夜行驶的各辆载货卡车;把客户工程师请到现场;而且在乔治城建立了一座小型的工厂,处理这批机器的接收和安装事宜。那个周末,国际商用机器公司及战争物资生产委员会都有许多人在夜以继日地工作着。"

在这里提及这一事例的重要意义在于:这些并非都是小事。摆正公司人员与顾客的关系,相互依赖,重视公司的声誉,始终坚持顾客第一的思想——所有这一切,如果企业人员真心实意地付诸实施,那么,企业的前景必将辉煌起来。

企业的每一个员工必须充分认识到为顾客提供优良服务的重要性,企

业的顾客是多种多样的，由于顾客的类型不同，对企业产品和服务的要求也不同。即使是同一类的顾客也有着不同的要求，且他们的要求是在不断变化的。顾客对本企业及人员的要求应当理解为对企业的信任，应当理解为是在给自己带来为顾客服务的机会，满足顾客的要求，特别是一些临时性、突发性的要求，可以为企业树立良好的形象，给顾客留下难以忘却的印象。

乔·吉拉德说过："最好的餐厅替顾客想得非常周到，使顾客感到温暖。我的顾客从这里买到汽车离去的时候就有一种在最好的餐厅享受完美味佳肴之后步出大门的感觉。当顾客把车开回来要求修理或提供其他服务时，我尽一切努力为他们争取到最好的东西。"

作为企业员工，必须搞好与顾客的关系，自觉地为顾客服务。要树立正确的经营、工作思想，具备良好的服务意识，了解顾客的需要，研究顾客的心理，认真听取顾客的意见，争取顾客的理解和支持。企业员工为顾客服务并不是在帮顾客的忙，而恰恰是在帮自己，顾客如果给予这个服务机会，这不但是企业员工的成功，同时更是企业的成功。

树立顾客第一、服务至上的观念

每一个人都是在为别人服务的同时，享受着他人的服务，树立顾客第一、服务至上的观念，是激发你的工作热情，赢得客户信赖的前提条件。

从某种角度来说，人就是为他人服务的，不要觉得服务他人就是低人一等，谁不是在为别人服务的同时，享受着他人的服务呢？所以，要树立顾客第一、服务至上的观念。只有有了这种意识，你才能对你的工作充满热情，而你的热情常常会在生意即将失败之际力挽狂澜。想一下，你自己对产品都缺乏热忱，怎么能指望顾客会有兴趣呢？仔细想一想，对于一个热情地对你说"走吧，伙计，今晚的电影听说棒极了"的朋友，你怎么不感到心动呢？而如果换成另一个心情沮丧的人对你说："真是无聊死了，去看场电影吧！"你又将作何感想呢？

当然，"礼貌待客，热情服务"并不等于优质服务，这仅仅是服务态度上的要求，企业要做到全面优质服务，就必须将为顾客服务的观念贯彻到营销活动的全过程中去。IBM 提出了"IBM 就意味着服务"的经营理念，对每个员工都进行企业理念的培训，帮助他们懂得本企业的宗旨就是为顾客提供最好的服务，达到顾客满意的水平，并使员工认识到与顾客打交道，不单纯是为了销售产品，而是要为顾客解决实际问题。IBM 公司以其完善的服务和对顾客负责的精神使人们对其产生了充分的信赖感。

刘凤茹是北京一个鲜花市场的商户，刚进驻市场时，刘凤茹对鲜花一窍不通，但是到后来，她凭借努力学会了插制精美的花艺作品，并且将年均纯利润增至 20 万元左右。

最初，刘凤茹在一家美容院工作，后来经过朋友的介绍，她开始经营鲜花销售的工作。创业之初，跟别人一样不顺利，但是，她真诚、踏实的做事原则，赢得了客户的信赖，渐渐地为自己带来了一些固定的客户。

大多数的人买东西都喜欢货比三家，通常到最后，选择的都是刘凤茹的店，人们发现她这里的价格比别人的要便宜，就问她原因，她回答说："最近没什么节假日，鲜花销售比较惨淡，为了保证销售额，所以大家提高了利润空间，但我不喜欢这种做生意的方式，我觉得做人就要实实在在，不能宰客人。"而且，刘凤茹通过细心观察，发现前来购买鲜花的顾客大多都根据摊位前的花束插制水平进行挑选，如果能插制出精美的花艺作品，或许就会拉到更多的客源。

为此，她买来大量有关花艺方面的书籍，利用销售空隙和晚上的时间自

学，学习插花艺术，如果达不到理想效果，她就重复试验。刘凤茹感慨地说："虽然在学习花束制作的过程中损耗了大量花材，但我觉得值得，只有做出让顾客满意的花束，才能赢得顾客的认同。"

同时，刘凤茹的细心也让前来购买鲜花的顾客觉得非常难得。有位顾客每周末都会来她的店里购买几只百合，几次过后，刘凤茹就记住了这位顾客喜欢的品种和花色，每次都实现挑选并包装好，等待这位顾客来取。对于一些长期大量用花的顾客，她还会在平时的聊天中得知顾客的生日和对花品种的喜好，在生日当天或节庆日为顾客送上自己的祝福，她的这种真诚对待客户的做人原则，使得她的客户群越来越大，生意也越做越好。

是的，客户就是上帝，把东西卖出去了还不算成功，只有让客户满意了，愿意回头再来，你才算真正成功了！

耐心负责地处理好顾客的抱怨

客户就是上帝，对待客户，虽然忍耐之花是苦的，但最终会结出甘甜而柔软的果实。

人的性格是多种多样的，在人际交往中我们会遇到各种各样的人物，包括行为举止怪异、性情脾气古怪、不易接近的人。在工作中，我们同样会遇到各种各样的客户，毕竟客户也是由"人"组成的，既然客户群体中有友善礼貌善解人意的客户，自然也会有傲慢无礼沟通困难的客户，碰到这样的客户，即便是极尽忠诚地为其服务时，有时候也难免会受到批评、指责、冷遇、刁难等不公正待遇。遇到这种情况，一个有经验的员工，往往会抱着客户永远都是对的这种观念去对待。只有这个观念牢记在心，才能冷静地找出有针对性的解决办法。

　　当然,有时候客户的抱怨确实是因为感到自己受到了伤害,不管怎样,当遇到客户的抱怨和投诉,甚至是和客户发生冲突时,切记要遵守"客户是上帝"的最高服务精神准则,不可无礼待之,必须忍耐、宽容。这是因为,一方面,对客户忍耐,是我们的工作责任要求;另一方面,对客户的抱怨,如果因不能忍耐而爆发,损失的是我们自身的企业形象与企业利益,间接地也是对我们切身利益的损害。虽然忍耐之花是苦的,但最终会结出甘甜而柔软的果实。

　　一般情况下,当顾客对服务不满意的时候,会有如下反应:70%的消费者将到别处消费,39%的人表明投诉太麻烦,24%的人会告诉其他人不要买某公司的产品或到某地方消费,17%的人将对其进行投诉,9%的人会责备抱怨。以上结果说明:提供恶劣服务而使顾客不满意的,毫无疑问将失去顾客,不是一个,而是更多的顾客。

　　因为一个顾客的抱怨可以影响到一大片顾客,因为他的尖刻评价比广告宣传更具权威性。抱怨直接妨害销售产品,威胁着企业形象和声誉,也阻碍着销售工作的深入与消费市场的拓展,企业员工对此千万不能掉以轻心。如果企业将顾客的抱怨处理得好,则有70%的顾客仍会继续光临;若能在24小时之内尽快解决,会有95%的顾客再上门。

　　她是一个普通的女性,无私地奉献着自己的青春。她,所服务的区域,在武汉成品油市场竞争中最激烈的区域,服务的客户共有15家以上,涉及行业非常多。她,在短短的三年客户经理的生涯里,荣获了武汉分公司年度优秀客户经理,劳动竞赛年度单位销售能手等荣誉称号。她就是武汉销售分公司销售部的客户经理程燕淋,也是武汉销售分公司唯一一名女性客户经理。

　　在销售过程中,程燕淋始终把客户的困难当做自己的困难,坚持用优质的服务赢得客户的认可。有一次,一个客户深夜打电话抱怨说公司配备的油

品数量不够数儿,并且强行扣留配送油罐车和司机不让离开,程燕淋获知此情况后,本着快速处理问题的原则,通过电话了解情况后,程燕淋顾不上哭闹的孩子,立即起床,打车到达客户那里。为不影响公司其他配备计划,程燕淋经与客户反复沟通并做出保证,让油罐车司机签字确认后先行离开。她则留下处理此事,查验客户过磅单,客户地磅年检报告,监质所的质检证明以及其他相关资料,与公司相关部门进行协商,一起针对这个问题制订解决方案,最终承诺运输公司对超耗油品进行赔付,客户对她的服务感到非常满意,通过这件事加深了彼此之间的感情,之后,该客户对公司的信任度和忠诚度大大加强,称赞公司的服务态度,不断向其他客户宣传中国石油的服务态度。

针对自己取得的成功,程燕淋说:"服务是快乐的,我的事业是销售,我愿意在这个岗位上去拼搏,荣誉和成功也给了我巨大的动力,我要做得更出色,在不断追求中实现自己的人生价值。"

每一个优秀的员工都明白,一旦让客户产生丝毫不快的感觉,要让他们购买自己的产品或再来自己处消费会比登天还难。当他们遇到将要引起争执的场合时,往往会巧妙地转移话题,促使整个沟通过程朝向有利于自己的方向发展。

争论是说服客户的大忌,许多人不是不懂得这个道理,而是不懂得怎样有效地控制自己。克制与回避是减少争论的最好办法,比如:微笑着保持沉默,试着改善双方洽谈的气氛;打断客户的话题,给他们展示一件与此时争论无关的物品,转移他们的视线;或者乘机与对手谈论别的问题;表示某种歉意,扰乱对方希望争论的兴趣,有时候,可以转过身去做一件小事,以消除紧张气氛;让对方稍等片刻,做出好像有急事要处理的样子,缓冲对方激动的情绪。

即便是在售后服务中,当我们戴上耳麦,听到客户的抱怨和投诉时,也要通过话筒,将微笑传递给客户,耐心的聆听客户的抱怨、安抚客户的烦躁、消除客户的不满情绪,为客户解决问题,重新赢得客户的信赖。虽然对方看不到你的笑脸,但他一定能从微笑的声音中感受到你的热忱和友善。只要让客户感到你的态度是诚恳的,你的歉意是发自真心的,即使在什么地方出现差错,也会得到客户的谅解的。

第 *14* 章

你爱，亲情不褪色
爱的砖瓦支撑起完整的大家

敢问亲情是什么？是母爱的无私，还是父爱的含蓄？或者……是一句关切的叮嘱，是大雨中一把小伞撑起的一方晴空。也许它只是那首耳熟能详的《常回家看看》。但，无论亲情是浓是淡，它一定每时每刻都伴随在你身边，把你的生活染得绚丽多彩。

然而，岁月是无情的，不要等到失去了再来哀叹"子欲养而亲不在"。从现在开始，把家放在心上，把爱付诸行动吧！多抽出点时间陪陪父母，多关爱一下兄弟姐妹，多给孩子一点鼓励。只要你爱，亲情便不会褪色；只要你爱，便能时刻感受幸福。

爱是需要表达的

家就是一切，有家就有一切，失去了家就失去了一切，那些没有亲情的人和被爱遗忘的人，才是真正没有家的人。所以，心中有爱就要善于表达，爱是需要表达的。

家是什么？1983 年，发生在卢旺达的一个真实的故事，也许能给家做一个比较贴切的注解。

卢旺达有一个叫热拉尔的人,37 岁,他的一家有 40 口人,有父亲、兄弟、姐妹、妻儿,在战争期间他们几乎全部离散丧生。最后,绝望的热拉尔打听到5 岁的小女儿还活着,几经辗转,冒着生命危险找到了自己的亲生骨肉后,他悲喜交加,将女儿紧紧搂在怀里,第一句话就是:"我又有家了。"

家是什么?在热拉尔看来,家就是亲人和亲情,是一个充满亲情的地方,是心灵的栖息地,是感情的目的地,既不是你居住的大房子,也不是你拥有的万贯家财。其实,对于我们来说又何尝不是呢?

很多人总是身在福中不知福,在拥有家的时候,家对我们来说实在是太熟悉了,大多数的时间,我们都是待在家中,因此就自认为家人、房子、环境、安全感、舒适感、一草一木等等都是与家俱来的,尤其是把这看成是一种理所当然的想法。于是,我们都"身在福中不知福,身在家中不知家,身在爱中不知爱",也就忘记向家人去表达自己的爱,甚至在自己心里想当然的认为家人不需要常常听到这样的话,或是不需要自己去表达,或是自己不表达他们也知道。其实真正的原因在于我们没有养成经常表达自己爱的习惯。正是因为家对我们太熟悉了,我们才更要不时提醒自己向家人表达自己的爱,因为越是熟悉越是会忽视一些不可或缺的东西。

有爱是一回事,人非草木,每一个人心中无疑都充满爱,都渴望爱,然而,会爱是另一回事。即使我们有满腔的热情,如果不能好好地表达,仍然不会被人接受,因为,每个人都是需要别人关爱的,生病时的嘘寒问暖,心情不好时的耐心陪伴,这些都是爱的表达;反之,如果我们只是想着自己如何如何,别人该怎样怎样,那么这样的爱就已经变成了一种索取,暂时可以,时间久了,是谁都无法忍受的。

因此,任何爱都要说出口,有时候,一句"我爱你",往往会比一个眼神、一句赞美,更让人感动;如果只是一味地行动,有时会麻木对方的心,使他饥渴的心灵无法得到被爱的满足。

　　有一次，某教育专家问在座的几对父母亲："你们当中，有谁愿意为自己的孩子牺牲生命？"

　　在座的每一个人都举起了手。

　　"有多少人愿意承诺，每天向自己的孩子和配偶做出'爱的声明'来表达心中的爱——不管是用正面的评语、有意义的游戏，或者以轻抚、声音和眼神来跟他们进行接触？"教育专家接着问道。结果没有一个人举手。

　　"你这是在开晚会还是在闲聊？"听众中的一位父亲不耐烦地抗议道："你要知道，我没有那么多闲工夫，我还要养家糊口呢！"

　　"至少你是坦白的，"教育专家回答说，"但是你的观点，正是一般父亲角色的传统观念。现实生活中，许多人只会在嘴上说他们爱自己的孩子和配偶，到了愿意为他们牺牲生命的程度。但他们每天只顾忙着赚钱养家，却在忙忙碌碌之间，错失了发展亲子关系和表达亲情的良机……"顿时说得那位父亲无言以对。

　　"我爱你"，虽是简单的三个字，但就是这简单的三个字，很多人却难以说出口，好像那会要了他的命似的，如果一个人总是把爱藏在心里，不愿意表达出来，那么亲人或者是朋友就会因为无法感受到你的爱而疏远你。

　　无论过去是否经常表达爱意，关键是在当你说出"我爱你"时，听到的人都会觉得心里很温暖、很幸福。你是在经常提醒他们，他们并不孤单，因为你仍然在关爱着他们。你不仅提升了他们的自信心，而且自己也会因此而开心愉快起来。

　　我们每天真正要做的是花一点点时间，以实际的行动向家人来表达我们心中的爱，你说得越多，获得的回报也会越多。也许只是短短几分钟，衷心感谢家人在自己生命中无法替代的意义。

　　大胆地说出你的爱吧，让你所爱的人感觉到你的爱，这样，他们也会毫不犹豫地对你说："我爱你！"

人生路上,不要忘了回头修缮助你过河的桥

有句话说:父母是助儿女走过一生的桥。人生路上,当你走过了桥,到达河的对岸,就不要忘了回头修缮助你过河的桥,只要你心中有爱,就算哪天这座桥垮了,爱依然会存留心中!

人世间最美的是亲情,最值得留恋的也是这难以割舍的亲情。许多时候,能让我们超越极限的力量,不是名,不是财,不是爱情,而是在血管里涌动的,一次次浸过心底的对亲人的爱!

这些年,有了一定生活的阅历之后才发现,生活总是徘徊在起点与终点之间,没有谁能一步到达终点,也没有谁从生到死都待在起点一步不动,什么都不是一劳永逸的,什么也不是一蹴而就的。谁都会经历各种挫折、经历曲折,一帆风顺在任何时候对于任何人都不会存在,然而在生活遭遇挫折、历经曲折的时候,亲人总是守候在我们身旁给予我们以引导以鼓舞以激励以力量。他们以湖的平静,抚平心灵的高低起伏;以爱的眼光,目送孤独的远航;以有力的臂膀,拥抱感情的经年流浪。

所以,在人穷的时候,最缺的可能就是钱,最不缺的必是亲情,这就是生活本身的平衡和慰藉。可能在我们一帆风顺的时候,我们感受不到它的真正价值,但是,当我们感到绝望无路的时候,就会感受到亲情无处不在、无时不在,从而感受到亲情对于我们来说是多么重要和不可或缺。

亲情的力量永远都是无法估价的,也是无法预测的,亲情的热火可以把冷冰冰的家照得暖洋洋的,这样的亲情是无价的,也是无法比拟的。亲情的海,可包容你的过错、你的不足,可激发你的热情、你的斗志。正因为亲情的

存在,生活才会如此美好。亲情,总能让不可能成为可能,总会改变不太让人相信会改变的事实。

记得在某文摘上读到这么一个故事:

有一对夫妇,他们有一个儿子,一家人靠着父亲在工地上干活维持着生活,所以生活过得很清贫。也许是穷人家的孩子早当家吧,他们的儿子通过自己努力考上了一所重点学校。可自从儿子上了大学之后,由于年轻人的虚荣心作祟,开始不顾家中的贫困与父母的辛苦操劳,在学校过起了奢侈的生活。除了向家里要钱,儿子绝对不会给家里打电话,更不要说主动关心父母了。由于不思进取,成绩一落千丈。刚开始,夫妇俩还以为他在大学不适应,生活过得不好,就东借西借地凑钱给他,好让他吃得好一点,把学习成绩提上去。

但是看到成绩一次比一次糟糕时,夫妇俩似乎觉察出了什么。经过一番商量后,决定让做父亲的偷偷地去学校看看。于是,父亲来到了年轻人所在的学校,发现他穿得跟在家完全不一样,虽然父亲认不出儿子穿的是什么名牌,但他知道那肯定都不便宜,更让父亲担心的是,跟他在一起的朋友,一看就知道都是那种不爱学习的孩子,父亲什么都没想就跑了过去,想跟儿子问清楚是怎么回事。让父亲不可思议的是,儿子竟然因为他穿得太破旧怕丢面子而无视他,当父亲问儿子是否认识他时,儿子竟然当着同学的面撒谎说没见过这人,说他认错人了。父亲一阵眩晕,靠着强大的意志支撑着才没有晕过去。父亲并没有因此而回家,而是一天又一天地去找儿子,而儿子不是躲他就是装作不认识他。终于有一天,父亲忍无可忍在众人面前打了儿子,然后气吁吁地回了家。就是这一巴掌,让父亲从此失去了儿子的消息。打电话到学校,学校方面说他已经退学了。于是,夫妇俩又满世界地找儿子,在报上、电视上登寻人启事,却依然没有儿子的消息。最后做父亲的写了一封信,运用所有可能让儿子看见这封信的途径将这封信发了出去。

这位父亲在信中写道："儿子，从小到大，父母只求你穿得暖，吃得好，过得好，从没想过自己过得有多好，只要你有出息，将来能有一番作为就是给我们最大的回报。你考上了重点大学，让我们觉得一切付出都是值得的，我们为你感到骄傲，为你自豪。可是，没想到你上了大学后，却完全地变了。不知道到底发生了什么事，作为父母的我们为你担心，你母亲为了你已经病倒，我也不知道还能撑到什么时候。有句话说：父母是助儿女走过一生的桥。我跟你妈妈就是助你成功的一座桥，总想让你平安顺利地高兴地走过，然后有着成功的事业、过着幸福快乐的生活。家里穷，很对不起你，是爸没用，但是正因为如此我们更希望你能有所成就，不图你将来能让我们过得有多好，只要你过得好，我们就心满意足了。总之，孩子，回来吧，只要你回来，一切从头再来，我们永远爱着你，你永远是我们心目中最好的孩子。"

最后，这位父亲终于用这份如山一般深厚的爱，把儿子从远方呼唤回来了。

这篇文章，最能引起人们共鸣的大概就是"父母是助儿女走过一生的桥"这句话了。多么精辟的比喻，想一想，父母不愧是子女们的一座桥。他们倾尽心血助我们走向更加美好的生活，却忘了自己已经操劳一生，已经精疲力竭了。虽然对我们的操劳在我们成年之后就不再是义务，可是他们却乐此不疲地为我们操劳着，直到身心疲惫不堪也为我们操着心担着忧。

作为儿女，让父母劳有所得，劳得有意义是我们责任和义务。不要让自己的父母徒劳一生，既然从桥上走过了，那么就要时常回过头来看看这座助你走向成功的桥。父母爱你，但他们也需要你的爱、你的照顾，他们的心用在了你的身上，那么你的心呢，是不是也该分点给他们，让他们在晚年拥有一个美好的生活？

让我们用满心的爱去回报父母这座无怨无悔地为我们操劳的桥吧。你无法完全把从父母那儿得到的一切回报给他们，但是也尽你的心回馈给他

们你最大最纯真的爱吧，让父母享受到福也是你的福。就算哪天桥垮了，爱依然存留心中！

岁月无情，不要等到成功了再回报父母

岁月是无情的，等到你明白时间意味着什么的时候，你就会发现，亲情不是别的，就是常回家看看的感动。

张爱玲说：出名要趁早。其实对于我们来说，尽孝也要趁早，因为在这个世界上，有一种痛，无法弥补。等到醒悟时，已经晚了。那就是岁月不饶人的痛。对于父母来说，并不一定是物质上的极大给予才是尽孝，时常能陪在父母身边，一句问候的话，也是尽孝，父母更需要子女精神上的尽孝。不要等到"子欲养而亲不在"时而悔恨。

人生之初，我们便沐浴在亲情之中。啼哭，让父母心焦；微笑，让父母心醉；跌倒，让父母心痛；病痛，让父母担忧；外出，让父母牵挂。无论我们在哪里，亲情无所不在，在絮絮叨叨中，每一句嘱咐，每一声叮咛，每一声夸奖，每一次嗔怪，每一声祝福，每一句问候；在默默无言中，一杯清茶，一碗热汤，一粒糖果，一个水果，一双布鞋，一件毛衣；在脉脉表情中，一个笑靥，一个眼神，一次舒心，一次皱眉；在下意识的行动中，擦一擦汗珠，拍一拍灰尘，扯一扯领口，抻一抻衣角。

当我们生命的第一声号角吹响时，亲情就是那荡漾在母亲眼眶中的泪水，是那绽放在父亲脸上的笑痕容；当我们的生命之舟开始摆渡时，亲情就是那拨动着清水推动小船向前的双桨，是那守候在空中为小船指航的灯塔；当我们的生命之舟即将靠岸，亲情就是那静静的港湾，是那拥抱着你的默默

的流水。

对于我们来说,小的时候,亲情是温暖的家,那里住着爸爸、妈妈,是输了石头剪刀布都要耍赖把纸条贴在爸爸脸上的调皮,是犯错时爸爸那可怕的拳头;那时候,我们还小,父母就像我们的天,我们像小雏鸡一样躲在他们的翅膀底下,认为那是世界上最安全的港湾,而父母也乐得将我们像皇帝似的娇纵着、溺爱着;少年时,亲情是爸爸妈妈为儿女升学时的劳苦奔波,是风霜在爸爸妈妈脸上写满日子的苍老,是希冀却又欲言又止的眼神;成年时,亲情是一张永远有效的船票,是一根永远扯不断的风筝的线,是一种贴上邮票就不愁寄不到的信件。

如果说在这个世界上还有人会没有任何条件的爱我们的话,那,一定是我们的父母,即使父母从来不用说"我爱你",你也能体会到他们是多么地爱你,甚至愿意为你牺牲一切,所以亲情是内敛的,内敛而热烈!

再来看看面对如此深厚的亲情,我们是怎么回报的吧!

就不说小时候了,那时候,我们根本就不懂什么亲情,好像父母为我们所做的一切都是天经地义的,理所当然的,就别谈什么回报了。所以,就从我们工作后,我们真正有能力孝顺父母时开始说吧!看看我们又是怎么做的?

工作后,我们朝九晚五,为了自己的事业在外奔忙,而父母总是在我们深更半夜回家后亮着一盏温暖的灯等待着我们;

恋爱了,那个海誓山盟的人仿佛成了生活的全部,而父母,早已被我们抛到九霄云外了,好像有没有他们我们都无所谓似的。

后来,结婚了,生活中除了孩子就是丈夫或妻子,自己一大家子的事情还顾不过来呢,哪还有时间去过问父母的生活?

可是父母呢,依然在不远不近的地方默默地关心着我们,看着我们生活得幸福,平平安安的,就是他们最大的快乐了。就算我们忽略了他们,从来没有记得为他们过生日,有时甚至在节假日都忙得没有时间打一个电话问候

一下，他们都没有半点儿埋怨。真是可怜天下父母心啊！

然而，当别人真的指责我们不孝顺父母时，我们却又会感到很委屈，好像别人冤枉了我们一样。是的，对于父母，我们并非没有孝敬之心，但我们常犯的错误是：等我成功了，我一定好好孝敬他们，可什么是成功，什么是不成功？成功，没有一个绝对的概念。或者，等我有了钱，等我买了大房子一定接两位老人来住，等我忙过这段时间一定回家看他们，可是父母却等不起我们，岁月不饶人，父母不可能站在原地等你。等你成功了，有钱了，忙完了，可能父母早已不在人世，到那时，我们只能空叹，"树欲静而风不止，子欲养而父不在"。

大学毕业后，为了干出一番事业，让父母过上好生活，陈晨选择了留在北京发展。她是个不善于言辞的女孩，一向不爱向家里打电话，虽然对父母情深义重，但却总是难以言辞，只好将其埋在自己心里，等着将来用自己的行动来证明自己。

工作后，由于一切才刚刚开始，各方面都需要学习，再加上她还想报考研究生，学业上和工作上的繁重，让她也没顾上向家里打电话，关心一下自己的父母。

一天，正在上班的时间，嫂子忽然打电话告诉她说："妹妹，你赶快回来，妈快不行了。"

"我走的时候，不是还好好的吗？怎么突然就不行了呢？"陈晨很不解地反问道，仿佛她刚刚才离开家里一样。

"你走的时候是什么时候，还好意思说。反正，你快回来，以最快的速度赶回来，咱妈还想见你最后一面。"嫂子说完，就挂上了电话。

陈晨都来不及站在那里发呆，连忙向公司告了假，坐飞机赶回了家。等到她赶回去时，看到躺在病床上奄奄一息的母亲时，她才知道，晚了，一切都晚了！此时的母亲脸色苍白，双眼紧闭，呼吸微弱，已经不能说话，陈晨抱着母亲的头哭个不停。一边哭一边说："妈妈，我对不起你，对不起你。为什么不早点告诉我?!"感动得在场的人全都跟着哭泣起来。在一旁的嫂子流着泪安慰她说："妹妹，你知道吗?咱妈能坚持到现在，完全是为了等你。"陈晨看到了母亲流下最后一滴眼泪，然后母亲扔下她撒手人寰。

如今，从成功的一般意义上来说，陈晨也算取得了一点成绩，可母亲却没能跟着她享一天的福。"子欲养而亲不在"，这是做子女最大的悲哀。她也只能一次次的将这悲哀的泪水咽进肚里。

其实，反问一下自己，难道我们真的忙的没有时间去孝顺父母了吗?忙，只是借口。所以，直到现在陈晨也没能原谅她自己，她后悔因工作忙碌而忽略了家人，后悔没有及时向家人表达自己的爱，更后悔那不能报答的亏欠。

只有当我们走过人生的风风雨雨，经历了世事沧桑之后，开始真正了解到父母的不容易，想要好好孝顺一下他们时，我们才猛然发现他们都已经老了，他们的手不再那样坚强有力，他们的青丝已经变为白发，他们的身板不再高大硬朗。他们可能已经走不动了，哪里也去不了了;他们的牙齿也掉光了，什么也吃不下了;他们的身体开始频频生病，经常要跑医院，打针吃药，他们很快就要和我们告别了。

是的，现在明白还不算晚，就从现在开始孝顺父母吧!常回家看看，多陪陪父母，和他们聊聊天，说说自己的心里话，多抽时间陪他们出去散散心。就像那首耳熟能详的《常回家看看》中所唱的那样:"常回家看看，回家看看，哪怕帮爸爸捶捶后背，揉揉肩，老人不求儿女为家作多大贡献，一辈子总操心只奔个平平安安……"在父母还健在时，珍惜每一次与父母在一起的时光，就算再忙，也别忘记给他们打个电话，有时间带着孩子一起回家陪他们吃个饭，多让他们脸上绽放笑容，多让他们心里感觉快乐吧!这样，当有一天他们老去，真的要离开我们，我们就不会后悔和遗憾了，因为在他们的有生之年，我们给了他们最想要的爱与关怀。

将来不管走到哪里，你都要记着爸爸、妈妈，而且更要趁现在在他们身边的时候，多孝敬他们。等到明白这些的时候，你就会发现，亲情不是别的，就是常回家看看的感动。

谨以此和天下所有有情人共勉。

对兄弟姐妹多一份关爱，别让人生留下遗憾

当我们的心都被尘世所染，还记得儿时和兄妹在一起玩耍时留下的美好记忆吗？当我们因为父母而涉及彼此的利益时，我们还会顾及兄妹之情吗？不要在等到一切都无可挽回的时候，再去抱恨终生。

说起兄弟姐妹，就不免让人想起了《我的兄弟姐妹》这部感人至深的电影，大概是因为它留下的影响实在太深刻了吧。这部电影讲述了原本一户幸福快乐的家庭，由于家庭变故，一夜之间孩子们成为了孤儿并失散。在 20 年后，其中的一个孩子，年轻女指挥家齐思甜首度回国举行演奏会，其实她是想趁机会找寻失散多年的兄弟姐妹的。

20 年前，他们本是东北某小市镇里的一户幸福家庭，父亲在小学里教音乐课，生活虽然清贫，但在母亲的操持下也过得有滋有味。

一个风雪交加的夜晚，由于长期的积劳成疾，母亲突然病重，父亲不忍心眼睁睁地看着母亲就那样死去，于是，决定连夜将母亲送到医院，不料，在途中两人遇上了车祸。一夜之间，孩子们失去了父母，成为了孤儿。

后来，好心的表叔决定收养这四位可怜的孩子，但却遭到表婶的强烈反对。略为懂事的大哥齐忆苦，为了不让表叔为难，不让兄弟姐妹受辱，他只好带着弟妹们偷偷离开了表叔的家。

前路茫茫,对于这四个孩子来说,哪里才有路呢?为了让弟妹们不被饿死,日后能过上好日子,大哥忆苦决定忍痛把弟妹送给他人收养。因为他知道这是唯一的出路。为了日后能够相认,他洗了几张全家福照片,然后交给他们每人一张全家福,并告诉弟弟妹妹们,无论如何都要保存好这张全家福。然后,将小妹齐妙送给一对孤寡老人;弟弟齐天交托给一对中年夫妇;而二妹思甜则托付给准备出国的李东夫妇。从此四兄弟姐妹天各一方,各散东西……

回到 20 年后,此时的忆苦是一名出租车司机,在思甜从美国归来的那天,本来两兄妹有机会重逢的,但命运却让他们失之交臂。一天,无意中,忆苦从报纸上看到有关思甜的消息,决定亲自到旅馆与思甜相认,谁知却意外地卷入了一宗交通事故,还成为了嫌疑犯,使忆苦不得不东躲西藏。

思甜在男友戴维的帮助下,先找到了在东北大学读书的齐天,并一起到父母坟前拜祭。从齐天的口中,思甜才知道别后大家的情况。随后,思甜又在舞厅找到了高中毕业后无所事事的齐妙,然而对于意外出现的姐姐,齐妙不但不感到高兴,还冷言相向,令思甜十分沮丧,两人不欢而散。

无家可归的忆苦在小店独自喝酒,却因为那张有思甜消息的报纸与一伙年轻人起了冲突,还打起架,幸亏齐妙及时解围并将他带回家。酒醒的忆苦凭着全家福与齐妙相认了,两人不禁喜极而泣……当齐妙带着思甜回家时,却发现忆苦不见了。两人根据忆苦遗下的驾驶证,到出租车公司找忆苦,才知道忆苦出事了。

演奏会的日期临近,继续藏匿的忆苦偷偷地买了两张票,而心急的思甜和齐妙在不停地寻找忆苦,企盼能兄妹重逢。

演奏会当天,齐天和齐妙都到场,唯独缺忆苦。忆苦在到音乐厅的路上由于过于惊慌而被警察发现并逮捕,在恳求之下,忆苦终于出现在音乐厅……在父亲的音乐中,齐家四兄妹拥抱在了一起……

是啊,还有什么比兄弟姐妹之间的情谊更可贵?可惜的是,这一点,往

往只有等到人历经世事沧桑，甚至是失去后才知道。

这是发生在一个朋友身上的故事。

他有一个哥哥，天生身体就不健全，在他21岁那年，原本身体就不好的哥哥雪上加霜，因为脊髓里长了一个骨瘤，压迫了下肢神经而瘫痪在了床上，做手术需要很大一笔钱，对于这个家来说无异于一个天文数字，所以只好放弃了。而他此时正在上大学。于是，哥哥就等待着他上完大学，赚到钱为他治病。

他也想为哥哥治病，让他好起来，他的理想是当导演，大学学的也是导演系。他以为只要拍出一部电影来，就可以赚到钱为哥哥治病了，所以，大学毕业后，他只顾着追求自己的理想去了，虽然这也是为了哥哥，可他却从来没有主动地去为他争取其他的活下去的机会。

四年后，哥哥病故，而他的电影也没有拍出来。直到这时，他才意识到他没有对哥哥尽到自己的责任。很长一段时间，他都生活在不能原谅自己的痛苦中，沉沦在痛苦的深渊中无法自拔，成天借酒浇愁。直到有一天他终于想通了，既然哥哥已经不在了，如果他这样自暴自弃下去，就更对不起哥哥了，于是，他又重新振作起来。

然而，什么都不是一劳永逸的，这次彻悟后，他虽然不在生活在痛苦中，但痛苦却随着时间的流逝，变得越来越沉重。它总是突如其来，只要是和哥哥相关的一点一滴，都会让他忽然想起他来，想到自己的自私，想到自己的失败，想到一个不能安息的灵魂，而且越是在他感到生命的意义时，这种痛苦就越是强烈，越是让他感到对不起哥哥。他把这份痛苦珍藏在心中，仿佛那痛苦就是他失去的兄弟之情似的。一方面，哥哥的精神在不断地激励着他，可与此同时，他对哥哥的负罪感也在指责他、挫败他、折磨他、毁灭他。从某种角度来说，他的一生也因此而毁了。

每当看到这个朋友落寞、孤寂的背影时，总是不禁让人感慨万千。还记得，他曾说过一句至今还言犹在耳的话："他活着的时候，看到他那么痛苦，总觉得如此痛苦地活着，还不如去死。可是真正失去他后，我才知道，原来只要他活着，对我来说就是最大的幸福。"此时，想起这句话时，不禁又想起电影《唐山大地震》中主人公李元妮说的一句话："没了，才知道啥叫没了。"

所以，请珍惜兄弟姐妹之间的情谊吧，当一切还不是无可挽回的时候，多给他们一点关爱和帮助，别让人生留下遗憾。

用鼓励、赞扬帮助孩子摆脱自卑的阴影

为人父母者，不要滑入溺爱孩子的"泥潭"。因为温室里的花朵，是经不起风吹雨打的。要放开溺爱的双手，相信孩子，鼓励孩子，适时赞美孩子，帮助孩子摆脱自卑的阴影，给孩子一片属于自己的天空，让孩子独自去"远行"。

自卑是一种非常严重的性格上的缺陷，往往产生于儿童时代，成型于青少年阶段。一般说来，自卑的孩子往往带有以下几种特征：缺乏必要的自信心，往往只看到了自己的缺点，却看不到自己的长处，且常常因为外界而惩罚自己。回避竞争，害怕竞赛，猜疑心很重，胆怯怕事，在表达自己的看法时说话磕磕巴巴、讲话困难，承受不了外界的压力，对别人的评价很在乎、很敏感。

所以，一定要尽可能地关注孩子的生活和学习，研究一下自己的孩子有没有自卑心理，一旦发现孩子的性格中带有这种倾向，必须尽早地帮助孩子矫正和克服自卑心理，用不断的鼓励、赞扬来打破他们心中的自卑，避免孩子在以后的成长过程中形成自卑的性格，从而保证孩子的健康成长。

千万不要抓住孩子的缺点不放，本来这些所谓的"缺点"已经在他们的

心理上留下了阴影，给他们造成了伤害，我们再在他们的伤口上撒盐只能让孩子仅有的一点点自信进一步丧失掉；聪明的家长会把注意力放在孩子的优点上，抓住孩子身上的闪光点做文章，用鼓励、赞扬的方式强化孩子的自我认同，使他们渐渐地树立起自信。

爱因斯坦小时候，是一个被人看不起的学生。他常常提出一些怪问题，如指南针为什么总是指向南方、什么是时间、什么是空间。别人都以为他是傻子。当爱因斯坦毕业时，他的父亲找到校长，不好意思地问道："我的孩子，他将来从事什么职业会有点出息呢？"校长竟然回答道："您的孩子，将来从事什么职业都不会有出息。"

有一次，母亲波琳带他到郊外游玩，别的亲友家的孩子，一个个欢蹦乱跳，有的游泳，有的爬山，唯独爱因斯坦一个人默默地坐在河边，凝视着湖面。这时，亲友们悄悄地走到爱因斯坦母亲身边，不安地问道："小爱因斯坦为什么总是一个人对着湖面发呆？是不是神经有毛病啊？还不趁早带他去医院检查检查？"爱因斯坦的母亲十分自信地对他们讲："我的小爱因斯坦没有任何毛病，你们不了解，他那不是发呆，而是在沉思，在想问题，他将来一定是位了不起的大学教授。"

对于孩子来说，鼓励和爱是生命中最好的养料，哪怕只是一句话、一个眼神。孩子渴望听到表扬或鼓励的话，这是人最基本的心理需求，作为父母不要吝啬你的赞美之辞，纵然孩子只做了一件小事，即使是微不足道的事，只要是孩子做到了，都应该给予鼓励。这样还可以培养孩子的自信心，让孩子得到力量。像爱因斯坦的母亲那样鼓励你的孩子，给你的孩子信任的勇气，你的孩子也会成为日后的爱因斯坦。

当然，对那些不自卑的孩子，也要在他表现优秀的时候不失时机地赞美他一下，正所谓受到赞扬的孩子早开花，要鼓励他不断尝试，让他懂得只有自己的经历才是可信的。

　　18世纪下半叶，本杰明·韦斯特在英国画坛的行走被称为艺术奇才的"横空出世"。这位英国皇家美术学院的院长，一生的作品除少数宗教、神话题材的以外，绝大多数是描绘英国在殖民北美洲时期的一些历史题材。他被英王乔治三世奉为上宾，雷诺兹爵士称他为最值得尊敬的怪物。本杰明·韦斯特1738年10月出生于美国，不到20岁就已经是纽约市颇有名气的肖像画家了。

　　关于自己的成功，他宣称是母亲的一个吻才使他有了今天的成就。本杰明·韦斯特的母亲年轻时叫萨拉·皮尔森，是一个贵格会信徒的女儿，她嫁给了一个贵格会信徒韦斯特之后就一直定居在宾夕法尼亚州的印第安人居住地。他们共有十个孩子，本杰明·韦斯特是十个孩子中的最小的那一个。韦斯特的家庭很清贫，十个孩子的大家庭的重担几乎都压在了萨拉一个人的身上。

　　1745年，本杰明韦斯特7岁。这年夏天的一天，母亲让本杰明去照看亲戚家的一个婴儿。让他用扇子赶走婴儿脸上的苍蝇。那天中午，在本杰明的细心呵护下，婴儿慢慢地进入了梦乡。小本杰明·韦斯特被熟睡着的婴儿的异常美丽吸引住了。他用手在扇子上比画着，好像要画下婴儿美丽的脸庞。这一切被母亲萨拉捕捉到了。"你想画下宝宝的脸吗？"萨拉微笑着问本杰明。"我不会画画，我画不出。"本杰明说。"可是你不画怎么知道你画不出呢？"萨拉指着桌子上的一红一蓝两瓶墨水说，"你试试。"母亲说完便走了。本杰明拿出一张纸，打开墨水瓶，画了起来。过了好一会儿，画是画好了，可是他的脸上、衣服上都沾了很多的墨水，桌子上也是一片狼藉。他担心母亲看到这个脏乱的局面他可能会挨骂。哪知母亲走来后，用她特有的慈爱目光看了一眼那张画，声音颤抖着惊叫起来：

　　"哦，天哪，这简直就是小萨莉的照片啊！"然后她搂着本杰明的脖子，亲吻了他一下，并且说，"总有一天，你会成为一个伟大的艺术家。"

其实,孩子的成长过程也是他们认知的过程,大人的经验固然对孩子的成长有很大的帮助,但孩子的亲自尝试要比大人的教诲深刻得多,会转化成他们自己的经验,即使孩子在尝试的过程中犯错误,我们也要允许他们犯错误。因为他们有能力去犯错误,也同样有能力改正自己的错误,在犯错误中得到正确的答案,那是最珍贵的。

犹太圣典《塔木德》上说,如果上帝不尝试,世界就永远是旧的。身为父母,我们都应该像本杰明·韦斯特的母亲那样,鼓励孩子勇于尝试,让孩子摆脱自卑的阴影,不断提升自我,完善自我。

用宽容、豁达拓宽孩子狭隘的心胸

面对心胸比较狭隘的孩子,需要显示出我们的宽容和豁达,并努力让孩子学习这种宽容和豁达的心态。一旦孩子学会了宽容,学会了善待别人,拥有一颗友善的心,他在今后的日常生活中定会是一个宽容豁达的人,定会是一个心胸开阔的人。

狭隘是一种心胸狭窄、气量狭小的性格缺陷。心胸狭隘的孩子常常表现为:凡事斤斤计较,对待周围的人吝啬小气,从来不愿吃亏,总是想方设法去弥补自己认为的"损失";容不得父母、老师和同学的批评教育,一点委屈也受不了,要是受到他人的误解,不管人家事后怎么赔礼道歉,心里总会对人家耿耿于怀,甚至要找机会报复;在人际交往方面,没有什么好朋友,接触面窄,不能和那些对自己有意见有分歧或者在某方面比自己强的人交朋友。

孩子的心胸狭隘的个性,成因是多方面的。首先,是生活环境的影响。今天的孩子多为独生子女,家长望子成龙心切,很早就开始进行超越孩子承受能力的教育,使孩子失去了天真烂漫的个性,也失去了敞开胸怀接受大自然的机会,缺乏同龄人间的嬉戏,再加上万般宠爱集于一身,更难以培养出谦让、容人的优良品质。进入学校后,成绩至上的学习氛围,使孩子经常放弃课外活动,放弃相互帮助,并引发妒忌、不正当竞争、自卑、自伤等缺点,令孩子稍不如意即暴躁易怒,带有强烈的神经质特点。

其次,父母的性格和教养方式的影响。父母的性格、爱好、习惯对孩子的言传身教和孩子的性格起着关键作用,甚至许多孩子的性格完全是父母性格的翻版。

最后,孩子个人认知上的挫折经历影响。孩子缺乏社会生活锻炼、独立思考和计划安排能力,遇事手足无措以致失败受挫。认识的偏激往往会无限夸大失败的后果,进而导致心理紧张、狭隘偏激。

面对心胸狭隘的孩子,要用宽容和豁达来拓宽他们的心胸。这其实包含了两层意思:一方面对心胸狭隘的孩子要宽容、要豁达,不要动不动就训斥打骂。比如说,就因为说了孩子几句,他就记在心头了,一连几天不跟你说话。这时,就应该宽容孩子的无理和记恨,主动和他们沟通,千万不能打冷战,那样做的结果只能适得其反;另一方面,也是最重要的一方面,需要让孩子学会宽容和豁达,用宽容和豁达来拓宽原本狭隘的心胸。心胸的宽容和豁达是孩子将来事业的一个重要的支点。现在的社会有一个鲜明的特点,那就是团队合作。一个人如果缺乏和他人合作的能力,那么他的将来可想而知,一定会一无所成,而要和他人建立良好的合作关系,宽容豁达是最基本的素质,一个心胸狭隘、斤斤计较的人,绝对不能和他人建立良好的合作关系,不能把自己融入社会融入团队,不能和他们默契合作的人,他的事业终将一事无成。因此,宽容豁达是一个人事业上的支点。

那么,应该怎样让宽容和豁达拓展孩子原本狭隘的心胸呢?除了上面提

到的父母应该以身作则,对待孩子要宽容豁达以外,下面的方法也值得一试。

首先,应该让孩子明白"人无完人"的道理,谁都会有犯错误的时候,所以斤斤计较不如宽容豁达。

其次,培养孩子善待他人的意识。

有这样一个故事,生活在大山里的一个孩子,一直不知道回声是怎么一回事,有一次,他对着一个山谷大声地喊"喂!喂!"不远处的大山上立刻有一个孩子回应他的喊声:"喂!喂!"这个孩子就冲着那边的大山喊:"你是谁?"那边的声音紧接着问他:"你是谁?"他很生气,立刻尖声地骂他:"你是个大笨蛋!"但那边的山上的声音立刻回骂他:"你是个大笨蛋!"这个孩子非常愤怒,把最难听的话都骂了出来,但那边的声音也不甘示弱,都一一回敬了他。这个孩子回到家怒气冲冲地和妈妈说起这件事,他的母亲对他说:"孩子啊,这是你的错,假如你很有礼貌地和他说话,他一定会客客气气地对待你的。"孩子想了想,对母亲说:"那我明天一定和他说好话。""这就对了,"孩子的母亲说,"在我们的生活中,不管面对谁,只要你对别人好,别人就会对你好的;反之,你对人家没有礼貌,态度粗鲁,人家就不会善待你,也会对你恶言相加的。所以,孩子,你一定要记住,只有你善待别人,别人才会善待你啊!"

上面故事里的这个聪明的母亲, 简简单单的几句话里包含了人和人相处的真理,恰到好处地点醒了孩子为人处世的原则,教会了孩子怎样待人接物。一旦孩子学会了宽容,学会了善待别人,拥有一颗友善的心,那么孩子在今后的日常生活中定会是一个宽容豁达的人,定会是一个心胸宽广的人。

第 *15* 章

你爱，友情不背叛
唯有真心才能换来不离不弃

试问友情是什么？是钟子期与俞伯牙的高山流水，断琴祭友？是马克思、恩格斯几十年的风雨同舟？还是……见面后一声久违的问候，患难中的一只温暖的手，或是同病相怜时一个会心的微笑。但无论友情有多伟大，或是多普通，它一定是重要的。生活需要它！

对待朋友，相识就是一种缘分，不管这份情谊能走多远，且珍惜当今有缘！生命是一种缘，友情也是，你刻意追求的东西或许终生得不到，而你不曾期待的灿烂反而会在你的淡泊从容中不期而至。还是那句话，重要的是爱，是对朋友的真诚相待。唯其如此，才能换来朋友的不离不弃。

友谊是最值得我们珍惜的感情

余秋雨说："人生在世，可以没有功业，却不可以没有友情，以友情助功业则功业成，为功业找友情则友情亡。"

试想一下，是谁，在我们情绪低落的时候，陪伴在我们身边，和我们一起哭一起笑，帮助我们振作起来？是谁，在我们遇到困境的时候，安慰我们，鼓励我们，支持我们，帮助我们走出困境？是谁，在我们苦恼的时候，不厌其烦

地倾听我们的苦恼，帮我们解惑释疑？毫无疑问，是朋友。就像父母亲人一样，朋友也是我们生命中不可或缺的一部分。没有人能独自在人生的海洋中航行。尽管医生可以医治我们身体上的疾病，但如果没有朋友，谁又真的能保持心情愉快或从精神创伤中恢复过来呢？真是无法想象，如果没有朋友，生活会是什么样子。

这种同甘共苦，真情患难的朋友对我们来说就像亲人，但比亲人更难能可贵的是没有那份血缘关系，有的只是那份患难的情谊，这就足够让我们把自己的真心回报给他们，用一生的真情培育这份难得的友谊之花。

有个富翁生了 10 个儿子，他计划自己去世的时候给他们每人 100 两金子。

可是，随着时光流逝，他失去了一些钱，只剩下 950 两金子。所以他给前 9 个儿子每人 100 两金子。最后他对最小的儿子说："我只剩下 50 两金子了，我还得留出 30 两做丧葬费。所以，我只能给你 20 两了。不过，我有 10 个朋友，准备都介绍给你，他们比 100 两金子好多了。"小儿子点了点头。

于是，那个富翁把最小的儿子介绍给朋友们，不久就死去了。

那 9 个儿子各自谋生，最小的儿子也慢慢地花着父亲留给他的那点钱。当只剩最后一两金子时，他决定用它请父亲的 10 个朋友美餐一顿。

父亲的朋友们一起吃啊喝啊，纷纷说："在这么多兄弟中，他是唯一还记得我们的人。让我们对他仁慈一些，报答他对我们的好意。"

于是，父亲的朋友们每个人给他一只怀了牛犊的母牛和一些钱。母牛产下小牛，他卖了牛犊，开始用换回来的钱做生意。后来，他成为一名比父亲还富有的富翁。他感慨道："我父亲说朋友比世上所有的钱都珍贵，这话一点都不假。"

确实，友谊是任何感情都无法替代的，也是人的一种不可或缺的情感需求。它是金钱买不来，虚情假意换不到的，只有真心才能够换来最可贵、最真实的友谊。

人与人之间是相互影响的。正如金属和金属之间会彼此影响,人和人之间也会产生同样的作用。没有一个人能够独自成长或独自堕落,在你的一生中,你应该把寻求一些适合自己的朋友当做一件很重要的事。

还有一个人,在总结自己一生的得与失时,发现自己的一生简直没有什么朋友。他过去总是以为相对于事业和家庭来说,友谊是无关紧要的。然而,到了老之将至的时候,他才体会到没有朋友的孤独,才懂得友谊的真正价值。为此,他不无遗憾地给想象中的朋友写了一封信,吐露了自己没有得到友谊的失落心情,仿佛所有的人都是他的朋友,他可以向之倾诉朋友似的。

是的,没有朋友就如同失去手臂一样。友谊是朋友间交往的情谊,是我们在社会上互相帮助、互相支持、互相欣赏、互相交流的纽带,也是我们在社会上生存的条件之一。每个人一生都会结识很多朋友,在生命的每个阶段里,这些朋友都有自己不同的价值,这些友谊你都要珍惜。

然而,对于任何一份友谊来说,有益的建立和保持也是最不容易的事情,真正的友谊需要慢慢地培养,朋友间需要彼此真诚相待、真心交往、肝胆相照,只有经过长时间的相互了解,彼此欣赏,才能获得真正的友谊,友谊之花才能开放。

生命就像一棵华美的树,独自成长只能享受一种果实,假如能够将自己的果实真心奉送到别人面前,又乐意别人的枝条伸到自己的世界里,就会分享到更多香甜的果实,这就是积极交往、真心交往的秘密和价值所在。

敞开封闭的心，欣然接纳他人

没有朋友，没有人关心，没有爱的人生是最孤独的、不健全的人生。只要你敞开心胸，欣然接纳他人，就不怕找不到关心你的人，也不怕交不到真正的朋友。

俗话说：有啥别有病，没啥别没钱，少啥别少朋友，可见朋友对我们来说多么重要。也正因为友情如此可贵，所以，在古今中外，有无数的文学名著都是以朋友之间的情谊为主题的。最让人感动的大概要数大仲马的《三个火枪手》了，在这部伟大的小说中，大仲马为我们讲述了几个朋友之间不离不弃的故事，虽然他们在一起时相互捉弄，互相伤害，彼此相互取乐，可是真正在对方遇到困难的时候，他们宁愿舍弃自己的前程，也不愿意牺牲自己的友情。因为对于他们来说，没有什么比朋友之间的友谊更为可贵的了。

但是，有的人却习惯于孤立自己，封闭自己，把自己限制在一个狭小的圈子里，结果有了心事时，连一个可以倾诉的朋友都没有。

有一位建筑公司的项目经理，30岁出头，说自己没有任何朋友，因为他接触的人皆在忙于工作。他又不愿与下属交往，认为这样会影响不好，在他看来"要把自己的事情做得十全十美，就得与他人保持一种不带任何感情色彩的关系"，于是，为了让自己把工作做到完美，他克制着自己的感情，结果不说是朋友，30多岁，连一个女朋友都没有谈过，和他打过两次交道，感到他简直不是一个人，而是一个机器人。

现实生活中，像这样的没有一个伙伴或知己的人已经不足为奇，许多人都吐露出他们没有一个可以完全信任和倾诉心事的亲密的朋友，更可悲的是，他们甚至都觉得这很正常。没有朋友，没有友谊，结果陷在孤单的漩涡中，不幸的也是自己。

一个号称"铁娘子"的女经理谈到友谊时曾说："我真希望为自己找一个知心朋友，我有不少生意场上的朋友，但无一是可称得上知己的，我感到十分孤独。偶尔心血来潮，毫无缘由地打电话，结果仅仅是问个好，谈天说地的事从来没有过——根本就没有这样一个对象。"

显然，人们在交往过程中自始至终受着约束，但他们不愿意让别人知道自己的弱点——挫折、焦灼、失望等等，怕被人视为懦夫，表现得像只会一味怨天尤人的失败者，使他人对自己失去兴趣和尊重。同时，他们也不愿意与人分享成功的喜悦，怕这样一来会惹起别人的竞争、嫉妒，或怕被别人理解为狂妄而受到指责。

很多成年人都承认，过分亲近配偶之外的另一个人会引起对方的警惕和怀疑。只要一个人向另一个人表露出热情，后者必然有所防范，头脑里马上冒出一个可怕的念头："这家伙到底想从我这儿得到什么？"所以成年人大多数都渐渐把寻找伙伴看做是不成熟的表现，或干脆当成儿戏处理。然而，偶尔碰到孩提时代的老伙伴时，他们潜在的寻找热望，便会在彼此热烈的反应中暴露无遗，而这种友情的返璞归真，说明人们内心深处还是渴望友谊的。

可是，在现在的社会中，我们却深切地感受到，人们只有在为共同目标奋斗时，他们之间的关系才能和谐、亲密，好像没有利害关系，彼此就没有关系似的，这是一个可悲的讽刺。十来岁的孩子走到一起，就能组成一个球队，同心协力去击败另一个球队；成年人却只有在战火纷飞的年代才会团结一致，面对共同的敌人。大多数情况下，人们彼此之间总是处于战备状态，他们的谈话很少涉及各自心中的秘密。内心世界的封闭使人们无法通过情感交流建立真正的友谊，而友谊的缺乏使现代人陷入一种强烈的孤独感中，因此，有些心理学家呼吁，哪怕是成年人，也应多交朋友，敞开友谊之门，接纳

朋友。只要你敞开心胸，就不愁找不到真正的朋友。

为什么要这样说呢？因为友谊是一种相互关心、同甘共苦、彼此相爱的深厚情谊。和别人不能说的话，和朋友却可以说。当自己苦闷失落时，能一起排忧解难的，是朋友；有了喜悦，首先想到要与其分享的，还是朋友。没有友谊、没有关心、没有爱的人生是最孤独的、不健全的人生，所以，我们应该多结交有价值的朋友，互相勉励，互相帮助，互相分享成功的喜悦与互相分担失利的苦痛，这样我们就不会经常陷入孤独的包围之中。

朋友一生一起走，那些日子不再有

漫漫人生路上，有了朋友的扶持和分担，生命之重才不会不堪承受。在人生的风风雨雨中，朋友可以为你遮风挡雨，为你分担烦恼，为你解除痛苦和困难，朋友时时会伸出扶助之手。他是你受伤时的一剂创可贴，是你饥寒时一碗滚烫的白米粥，是你落泪时的一块手帕。

常言道："在家靠父母，在外靠朋友。"又说："朋友多了路好走。"有朋友的天空总是阳光明媚，舒畅宜人。当你的朋友义气为先，愿意为你两肋插刀，赴汤蹈火，在所不辞，这样好的朋友难道我们不应该好好珍惜吗？

在这个忙碌而物欲横流的社会，能够交上几个朋友甚至是遇到一个知己，那真是太幸福的事了。朋友两字说说容易，但能够真正成为彼此的朋友，却又是那么不容易。大千世界，缘分来去匆匆，茫茫人海中，朋友能够彼此邂逅，能够走到一起，彼此相互认识，相互了解，相互走近，实在是缘分，是一种幸运。缘分不是时刻都会有的，应该珍惜得来不易的朋友。周华健在一首歌中这样唱道："朋友一生一起走，那些日子不再有，一句话一辈子，一生情一杯酒,朋友不曾孤单过,一声朋友你会懂……"

生活中,人人都会有朋友,朋友是什么?朋友就是彼此信任的人,彼此相知的人。友情是一种最纯真、最直接、最质朴、最平凡的感情,也是最贴心、最温暖、最坚固、最永恒的感情。人人都需要友情,你可以没有爱情,但是你绝不能没有友情,如果没有了友情,生活就不会有"高朋满座"的欢愉时光,就会百无聊赖。友情无处不在,友情相伴你左右,萦绕在你身边,和你共度一生。

记得看过这样一个感人的故事:

在日本国的一所普通的民宅里,主人在闲暇的时候,时常看到有只壁虎叼着昆虫在木板墙壁上跑来跑去。出于好奇,主人便把木板墙壁拆下来看个究竟,一看不要紧,他惊奇地发现在木板墙壁的夹层里,有一只壁虎正在大口地吞吃着昆虫,而身体却被铁钉牢牢地钉在了木板上,那只横穿过壁虎尾巴的钉子,却是10年前主人修理墙壁时钉上去的,已经锈迹斑斑。这说明这只被钉住的壁虎,已经在这狭小、黑暗的空间里存活了10年了,仍然很快乐,看上去没有一点儿忧伤的样子。它是怎么活下来的呢?主人马上想到了那个整天忙碌的小壁虎,答案不容置疑。这个被困住的壁虎,正是靠了另外一只壁虎朋友,不断地把食物送来才得以活到今天,对于人而言,10年是很漫长的,而对于小小的壁虎却是尽其一生。况且,每次出去觅食,都可能有生命的危险,但是那只小壁虎就这样年复一年,为了在困境中的朋友能够存活下去,它们付出了一生的精力。

漫漫人生路上,有了朋友的扶持和分担,生命之重才不会不堪承受。在人生的风风雨雨中,朋友可以为你遮风挡雨,为你分担烦恼,为你解除痛苦和困难,朋友时时会伸出扶助之手。他是你受伤时的一剂创可贴,是你饥寒时一碗滚烫的白米粥,是你落泪时的一块手帕。这是金钱买不来,虚假换不到的,只有真心才能够换来最可贵、最真实的东西。

当某一天你蓦然回首往昔,常常会不经意地发现,在你成长的每一段路

中，当你被迷惘和困惑、孤独和无奈包围时，当你曾经绝望到想要结束生命时，你倾诉衷肠的对象往往并不是父母、兄弟、姐妹，而是你的知心朋友，那个愿与你一起分担痛苦和悲伤的朋友。

当曾经促膝交谈、亲密无间的朋友忽然有一天因为某种原因离你而去时，你的心情一定会如绵延不绝的梅雨季节，潮湿而阴冷。你们过去点点滴滴的美好时光便瞬间如冲洗底片般愈见清晰。你们曾经共同唱过的一首歌，共同喜欢的一个物件，共同看过的一部电影，还有清晨中共同走过的那一条小路……这一切，都会在你的记忆里不断翻拍。这时的你，便深刻地体会到你失去的不仅仅是一个人，而是一段美好时光和真挚的情感。也许在你们朝夕相处时，感觉一切都习以为常；也许你们互相冷战、互不理会，而当朋友真的一去不复返时，这一切都会突然显得可贵无比，一切都成了记忆中最美好的永恒，不能忘记那个同你一起笑过、一起哭过的人。

失去时才懂得珍惜，当朋友的身影真的消失在你视野的尽头时，你才开始深刻体会到这句话的含义。失去一件东西可以再买，而失去一个朋友却是千金都难以换回的。有句话说得很好："得不到友谊的人将是终身可怜的孤独者，没有友谊的人生则只是一片繁华的沙漠。"所以，此刻当你正沉浸在朋友的"相濡以沫"中时，请用发自内心的真诚炙热对待身边的每一位朋友，因为拥有朋友就是拥有了世界上最宝贵的财富。

拥有了朋友，就要珍惜，要用心呵护。有一个在乎你的朋友关心你，是一种幸福；有一个在意你的朋友扶持你，是一种幸运。朋友的爱是一种寄托与动力，不要漠视、轻看这份可遇不可求的情缘！

是的，朋友一生一起走，那些日子不再有，就让我们善待与珍惜友情吧！

心心相印是奠定知己关系的基石

人生在世,待人接物,都讲究用"心"。交朋友更要出于真心,只有真心,彼此心心相印,才能得到知己。

记得有一首歌这样唱道:"心相印,手牵手,爱情的道路铺满锦绣。"其实,不仅爱情需要心心相印,对于友情来说也是如此。面对瑰丽的宝山,只有两人同心相结、和谐相处,才能探测出人生的宝藏,挖掘出宝贵的人生经验。正像俗话所说的那样:"两人一般心,有钱堪买金;一人一般心,无钱去买针。"声学中把此现象叫同频共振。人与人之间,如果能主动地找到共鸣点,使自己的"固有频率"与朋友的"固有频率"相一致,能够使人们之间增进友谊,结成知己,发生"同频共振"。

结交知己是一种人生历练。一个人只有在与知己彼此的灵魂合唱中,才会有真正的成长;在人生意志和智慧的磨合历练中,才能得到完美。古人所谓的"海内存知己,天涯若比邻",无疑就是知己之间友谊的最高境界。

"管鲍",是指春秋时期的政治家管仲和鲍叔牙,他们俩是好朋友。

春秋时代,齐国著名的宰相管仲,辅佐齐桓公,使齐国成为东方的霸主。管仲有一个从小在一起的好朋友,叫鲍叔牙。

鲍叔牙家比管仲家富有,他们曾经合伙做买卖,每次赚了钱,管仲总是多分些,朋友都认为鲍叔牙糊涂,吃了大亏了。有的说:"鲍叔牙真糊涂!跟管仲两个人合伙做买卖,表面说是合伙,其实本钱都是鲍叔牙的!结果赚了钱,管仲还多分,至少也应该一人得一半啊!鲍叔牙太亏了。"

而鲍叔牙却回答说:"你们不明白,管仲的家境不好,他有老母亲要奉

养，多拿一些是应该的。"

后来，管仲和鲍叔牙一同上战场。在打仗的时候，管仲总是躲在最后面，表现得一点都不勇敢，人们都对管仲很不满。鲍叔牙知道这件事后，就对人们说："管仲不肯拼命的原因，是他的母亲年纪大了，只有管仲这么一个儿子，万一他有一个三长两短，他的母亲就没有人奉养了。"管仲听到之后说："生我的是父母，了解我的人可是鲍叔牙呀！"

再后来，齐国的国王死掉了，公子诸当上了国王，诸每天吃喝玩乐不做事，鲍叔牙预感齐国一定会发生内乱，就带着公子小白逃到莒国，管仲则带着公子纠逃到鲁国。

不久之后，齐王诸被杀，齐国真的发生了内乱，管仲想借机杀掉小白，让纠能顺利当上国王，可惜管仲在暗算小白的时候，把箭射偏了，射到了小白的裤腰，小白没死。后来，鲍叔牙和小白比管仲和纠还早回到齐国，小白就当上了齐国的国王。小白当上国王以后，决定封鲍叔牙为宰相，鲍叔牙却对小白说："管仲各方面都比我强，应该请他来当宰相才对呀！"小白一听："管仲要杀我，他是我的仇人，你居然叫我请他来当宰相！"鲍叔牙却说："这不能怪他，他是为了帮他的主人纠才这么做的呀！"小白听了鲍叔牙的话，请管仲回来当宰相，而管仲也真的帮小白把齐国治理得非常好。

管仲说："我当初贫穷时，曾和鲍叔牙一起做生意，分钱财，自己多拿，鲍叔牙不认为我贪财，他知道我贫穷啊！我曾经替鲍叔牙办事，结果使他处境更难了，鲍叔牙不认为我愚蠢，他知道时运有利有不利。我曾经三次做官，三次被国君辞退，鲍叔牙不认为我没有才能，他知道我没有遇到时机。我曾经三次作战，三次逃跑，鲍叔牙不认为我胆怯，他知道我家里有老母亲。公子纠失败了，召忽为之而死，我却被囚受辱，鲍叔牙不认为我不懂得羞耻，他知道我不以小节为羞，而是以功名没有显露于天下为耻。生我的是父母，了解我的是鲍叔牙啊！"

鲍叔牙推荐管仲以后,自己甘愿做他的下属。鲍叔牙的子孙世世代代在齐国吃俸禄,得到了封地的有十多代,常常成为有名的大夫。天下的人不赞美管仲的才干,而赞美鲍叔牙能了解人。

后来,大家在称赞朋友之间有很好的友谊时,就会说他们是"管鲍之交",用"管鲍之交"来形容朋友之间亲密无间、彼此信任、心心相印的关系。

说起"管鲍之交",就不禁让人想起了闻名于世的马克思和恩格斯之间心心相印的友谊。他们的著作都被人们誉为友谊的结晶,因为在马克思的著作里渗透着恩格斯的智慧和辛劳,在恩格斯的论著中同样包含着马克思的智慧和辛劳。

法国工人运动领袖、马克思的女婿保尔·拉法格说:"当我们回忆恩格斯的时候,就不能不同时想起马克思;同时,当我们回忆马克思的时候,也就不免会想起恩格斯。他们两人的生活联系得如此紧密,简直是不可分的一个人。"这正好应验了古希腊盲诗人荷马的一句话:"真正的朋友是一个灵魂寓于两个身体,两个灵魂只有一个思想,两颗心的跳动是一致的。"

可见,真正和他人交心、真正信任一个人,才能交到真朋友,才能得到知己,才能做到互相信赖,才能成就一番事业。

给朋友一些力所能及的帮助

朋友之间要互帮互助，当发现朋友在生活和工作中遇到困难时，要主动为他们提供一些力所能及的帮助，用我们的真心回报朋友相知相契的情谊，温暖他们的心，点亮他们的希望和梦想。

有一句老话说："如果你需要朋友，就要先成为别人的朋友，把朋友的事当做自己的事，像做自己的事一样做好朋友的事。"朋友就像一面镜子，他所表现的态度是你的真实反映。你如果总是乐于助人，急他人之所急，且善于站在他人的角度想问题，你的朋友必然慷慨大方，像你一样富有爱心；你如果视友谊为理所当然的事，并常常为自己的付出要求对等或更多的回报，你会发现朋友们都会离你远去。

真正的友谊是基于不求回报的付出之上的，和朋友交往，我们应该经常反省自己：你给朋友打电话或发电子邮件了吗？你还记得那些对于朋友来说意义重大的事情吗？在他们处于低潮期时，你能否主动安慰或是承担他们的一部分痛苦？你是不是在自己需要帮助时才与他们联系？

朋友是生命中最不可遗忘的人。关心朋友不应挂在嘴上，而应该付诸行动。当朋友处于无助时，我们应该伸出援助之手；当朋友遇到不顺心的事时，我们应该安慰、鼓励，而切忌袖手旁观，或以漠然的态度视之。只要我们付出真心，就能赢得友谊与信任。

记得有位哲人曾说："拥有几个知心的朋友，是人生的一大福气。"的确，朋友是我们生命中不可或缺的人。当你需要他们时，他们永远都在你的身边，他们会默默倾听你的心声，分享你的喜怒哀乐，也会关心你的一切。想哭时,你可以哭湿了他的肩膀;想笑时,也可以笑倒在他怀里;他也可能和你相拥而泣,并肩欢呼,因为他能充分了解你的感受。

必要的话,他们也会毫无保留地助你追求目标。你退缩时,他会鼓舞你前进;你犹疑时,他会为你分析前程;你绝望时,他会为你点燃一盏明灯;你跌倒时,他会搀扶着你走完全程。

这是一则发生在周围身边的朋友之间的故事。

韩信和王勇是大学的同学,他们俩从高中时起就是同学,后来一起考进了大学。两个人关系好得连衣服也交换着穿,让身边的同学无不羡慕。因为王勇的听力有点问题,大学毕业之后回到家乡的一所中学教书去了,而韩信选择留在了大学所在的城市。后来,因为分隔两地,两个人的交往越来越少,彼此之间的情谊似乎也越来越淡薄了。

这样过了三年,有一天,王勇忽然被学校辞退了,并不是因为他教得不好,虽然他的听力有问题,但在课堂上还是能和同学正常交流的。可学校的同事和领导总是戴着有色眼镜看待他,不管他做得多么好,都得不到他们的认同。被学校无情的辞退后,王勇的生活一下子陷入了困境。由于他的听力有障碍,找工作就更难了,很久都没有找到一份工作,生活越发露出了狰狞的面孔,王勇一下子陷入了绝境。就是在这个时候,韩信听说了王勇的遭遇,鼓励他不要悲观。

"活人难不成还能被尿憋死,"韩信鼓励王勇说,"你上大学时文采不错,不如当个自由撰稿人吧,挣稿费,先试一试,不行的话再想办法。你只负责写,其他的交给我。"

韩信的话让王勇重新燃起了生活的希望,他抱着试一试的心态拿出笔来开始写作。

韩信在工作之余,帮着王勇找报纸和杂志,搜集投稿信箱和地址,甚至为此订阅了几份报纸,他以前可是从不看报的。

　　然而，写稿子也不是一件容易的事情：全国的报纸和杂志倒是很多，但稿费真正可观的却没几家，有时一篇文章投出去，不是杳无音信，就是被退稿，即使被发表了，换回来的只是区区十元钱，养活自己都成问题。王勇刚刚燃起的希望之火再一次熄灭了。

　　就在王勇再次陷入绝境的时候，韩信又拉了他一把，他鼓励王勇说："我们才刚开始呢，别泄气啊，你知道现在有个很有名的大作家，当初写稿子的时候，寄出去的稿子根本没人要，所以他就非常沮丧。他的母亲就告诉他说，你写的稿子就像我卖的菜，今天卖不出去就明天卖，明天卖不出去就后天卖，总有一天会卖出去的。这个作家听了以后，就有了信心，坚持了下来，最后终于有了名气。"

　　王勇听后非常感动，决心坚持下去。他想，就是为了韩信的这份不离不弃的友情，自己也要坚持下去。果不其然，在王勇的坚持下，他现在已经成为一个小有名气的作家，并在一家杂志社担任主编。

　　是的，当朋友遇到困难和麻烦时，只要你愿意，总是能给予朋友一些力所能及的帮助的。假如我们不把朋友的困难放在心上，处处为了自己的利益着想，即使朋友曾经和我们一起面对苦难，在我们人生中最黑暗的时候帮助过我们，但在最后也会因为我们的自私而离开我们。毕竟任何友谊都是相互的，只有我们拿出真心对待朋友，这种共患难的情谊才能够长久地维持下去。

　　所以，一旦发现朋友在生活或工作上遇到了什么困难和麻烦，就要主动帮助他们，用我们的真心回报朋友相知相契的情谊，温暖他们的心，点亮他们的希望和梦想，成就我们和朋友一生的友谊。

宽容之花结出友谊之果

如果宽容是芬芳的花朵,那么,友谊就是它累累的果实,当我们绽放出芬芳的宽容之花时,那么紧随其后的,就是硕果累累的友谊之果。

如果把友谊比成一颗小小的种子,它需要关怀当露水,慢慢浇灌;有宽容当养料,慢慢滋润。这样,才能开出馥郁的友谊之花,结出丰硕的友谊之果。

有人说:“宽容是理解的桥梁,它蕴含着真诚和信赖。”没有宽容就没有友谊,没有善待就没有朋友。宽容和理解是一种力量,是搭建在朋友之间的桥梁,是照耀自己和朋友内心深处的阳光。在现实的交往中,我们要想拥有不离不弃的友谊,就必须学会宽容。

如果宽容是芬芳的花朵,那么,友谊就是它累累的果实,当我们绽放出美丽的宽容之花时,那么紧随其后的,就是硕果累累的友谊之果。

有两个小孩在沙滩上玩,因为几句话而发生了争执,结果一个小孩走了,而另一个小孩却伤心地留在了那里,捡了一块小石头在沙滩上写下:“今天我和他吵架了,我很伤心。”过了几天,他们两个和好了,他们玩得很高兴,于是那个小孩捡了一块石头在岩石上写下:“今天我们又在一起玩了,我很高兴。”于是另一个小孩便问他:“你上次在沙滩上写,为什么这次写到岩石上呢?”那个小孩说:“我写在沙滩上,是因为沙子被水一冲,上面的字便没有了,我和朋友的不愉快也就被带走了,而我写在岩石上,岩石上的字不会被潮水冲走的,我希望我和朋友的快乐能永远持续!”

是的,写在沙滩上的不愉快不久就会被海水冲走,而写在岩石上的快乐能够永存。因为写他的人懂得用宽容之花结出永恒的友谊之果,让彼此之间

的不愉快随风消散。

所以，对朋友要不苛求、不挑剔、不相疑，不拔高择友层次。不能对朋友有过高的期望、过度的依赖和过分的攀缠，更不能指望朋友为自己打天下。处处麻烦朋友会成为朋友的负担。要知道"超负荷"的寄托对友谊是一种磨损，朋友终会因不堪重负而摆脱你。更不要因为朋友不帮你而生他的气，即便是好朋友，他也没有义务帮你，能帮你的还是你自己，正如能拯救自己永远是自己一样。

另外，对待朋友要真诚，没有真诚就不会存在真正的友谊，这是通往友谊之门的钥匙，我们的态度应该是坦率真诚的，首先要讲真话，朋友才可能对我们推心置腹；其次，要真心地倾听，人生的道路艰难而又漫长，跋涉于此道，多数人的内心或多或少的都积聚着难以言状的郁闷和创伤，天长日久便有独自承受不了的重压。当苦难降临时，我们便会有意无意地寻找一个可以宣泄的窗口，那么，对于朋友来讲也是一样，遇到这种情况，就要做一个真诚的倾听者，让朋友通过倾诉把内心的郁闷和痛苦都发泄出来，有了我们的共同承担，他们的内心就会感到好受得多。当彼此之间有什么误会或矛盾的时候，要及时相互沟通，只有和朋友进行更多的沟通，进行心与心的交流，才会开出鲜艳的宽容之花，结出累累的友谊之果。有句话不是说了吗，如果你们之间有什么问题，那只能说明你们之间没有更好的沟通。

当然，朋友交往贵在求同存异，追求的是一种和谐，但并不是一味投其所好、退让妥协，因为友谊之树除了需要宽容当养料，也需要朋友之间相互勉励的批评精神来浇灌，凡事都说好，没有原则地一味妥协，这样的话，相互间也很难达到真正的和谐。一个真正的朋友，他必然能理解你的不宽容、不妥协，要不还算什么朋友呢？正如爱因斯坦所说："世界上最大的幸福莫过于有几个心地和头脑都很正直的朋友。"

第 *16* 章

你爱,爱情不走样

风花雪月的浪漫不如平淡流年的相守

> 真正的爱情,不只是风花雪月的浪漫,更是经得起平淡流年的相依相守。再长的爱情,也长不过生活,唯有把一份爱真真切切地溶解在生活中,才能够让爱情的火花永不熄灭。在漫长而平淡的婚姻岁月里,多给爱人一点空间、一点宽容,彼此的关系会更融洽、更亲密;多看看对方的优点,少一点苛责与埋怨,婚姻就不会变成一根刺,伤了爱人的心。幸福的婚姻需要爱,更需要用心经营,唯有真正地懂得爱、学会爱,才能够让平淡的每一天变得闪闪发光。

平淡的相依相守就是幸福

简单的人,都是有着平凡的梦想,只想过着平淡的生活,实现自己平凡的目标,只希望有一个平淡的人生,一个平淡的家,一个相依相守的他(她)的人。因为他们知道,平淡的相依相守就是幸福。

有人说过,爱情无药可救,唯一的良药就是越爱越深。所谓深,就是温暖深厚的感情,换言之,就是相依。

从爱情的生命历程上来看,爱情是在成长的,都是先从相恋时的相吸到

相守时的相依,再到老年时的相依为命。在过了甜腻的相吸阶段之后,就进入了相依的阶段,这个阶段,虽然没有第一阶段甜美、痛苦的精神那么紧张,可是因为把生命交付给了彼此,所以有一种强烈的安全感,这种安全的感觉从内而外,从身心到灵魂,感觉一样非常美妙和幸福。它是建立在双方共同努力上的,彼此相互信任,不离不弃。双方都觉得对方是自己的终身伴侣了,不信任感终于消失,不会把不稳定情绪发泄出来。

其实,从相吸到相依是感情升华的一个过程,如果能区分相吸和相依是爱情不同的两个阶段,不把两者混为一谈,就能得到长期保质的爱情。在感情从相吸升华为相依后,彼此有了相互迁就和容忍的涵养,这时候,虽然没有了相吸时期的那种激情,但感情却变得比以前更深沉、更稳固,对于那些追求轰轰烈烈的人生,没有激情就活不下去的人来说,这可能有些残酷,但这不是冷酷的现实,而是自然现象。

根据心理学家的看法,千万不要瞧不起这种相依相守,平平凡凡的生活,类似亲情的爱情,它比起激情来,一点也不卑微。一般来说,当激情过去之后,感情逐渐稳定下来的时候,两个人在一起,都会有反抗心理,夜里睡觉的时候大家都会想,都会怀疑,莫非我这辈子就和这个人在一起了?这是两人感情的必经阶段,这种怀疑和随之而来的思考对逐渐的爱情延续有着重要的意义,如果没有怀疑,不去思考这个问题,感情反而会出现问题。思考过后,往往会坚定自己的认识,对两人的爱情保质很有作用,因为你会去更换你的感动系统,过去你为他送你的玫瑰而感动,现在你可能为他下班回家带给你的小点心而感动。这不是屈服于现实,而是让自己柔软起来,爱人们在这种柔软状态中,才能坐卧自如。

相反,如果一味地在现实生活中追求激情,就只能遭受无谓的痛苦,甚至最终走向悲剧。说到这里,就让人想起在文学史上具有划时代意义的《包法利夫人》,这是法国著名小说家福楼拜的成名之作,描写了一位小资产阶级妇女因为不满足平庸的生活，沉浸在书中美好而又浪漫的世界里而逐渐堕落，最后走向毁灭的过程。

主人公爱玛十三岁进了修道院附设的寄宿女校念书。她在那里受着贵族式的教育，并在浪漫主义小说的熏陶下成长，成天沉浸在罗曼蒂克的缅想中。

后来，爱玛嫁给了乡村医生查理·包法利，起初，天真无知的她以为自己终于得到了那种不可思议的爱情，然而，婚后，她却发觉查理是个平凡而又庸俗的人。失望之余的爱玛，成天郁郁寡欢。一次，徐赦特的地主罗道耳弗·布朗皆来找包法利医生替其马夫放血。这是个风月场中的老手。他见爱玛生得标致，初次见面便打下勾引她的坏主意。

在罗道耳弗的追求下，爱玛经不过罗道耳弗的诱惑，终于委身于他，做了他的情妇。他们瞒着包法利医生常在一起幽会。初尝到爱情的激情的爱玛感情迅速升温，发展到了狂热的程度，她以为自己终于找到了自己梦寐以求的爱情，她要求罗道耳弗把她带走，和他一同私奔。

然而，罗道耳弗完全是个口是心非的伪君子。他抱着玩弄女性、逢场作戏的丑恶思想，欺骗了爱玛的感情。他答应和她一同出逃，可是出逃那天，他托人送给爱玛一封信。信中说，逃走对他们两人都不合适，爱玛终有一天会后悔的。他不愿成为使她后悔的原因；再说人世冷酷，逃到哪儿都不免受到侮辱。因此，他要和她的爱情永别。爱玛看完信后气得发昏。傍晚，她看到罗道耳弗坐着马车急驶过永镇，去卢昂找他的情妇——一个女戏子去了。爱玛当即晕倒。此后，她生了一场大病。

在此之前，为了追求浪漫和优雅的生活，爱玛一直从时装商人勒乐那里赊购各种昂贵的物品，以满足自己各种虚荣的爱好，于是，欠款越累越多，数额之大，以致连勒乐也害怕起来，不敢再赊购东西给她，并多次向她索要赊购的欠款，在爱玛一次次的拖延下，勒乐遂将其告上了法庭。

一天，爱玛接到法院的一张传票。商人勒乐要逼她还债，法院限定爱玛

在二十四小时内,把全部八千法郎的借款还清,否则以家产抵押。爱玛无奈去向勒乐求情,要他再宽限几天,但他翻脸不认人,不肯变通。爱玛去向律师居由曼借钱,可是这老鬼却乘人之危,想占有爱玛。爱玛一气之下逃走了。最后,她想到徐敏特去找罗道耳弗帮助,罗道耳弗竟公然说他没有钱。爱玛受尽凌辱,心情万分沉重。当她从罗道耳弗家出来时,感到墙在摇晃,天花板往下压她。她走进一条悠长的林荫道上,绊倒在随风散开的枯叶堆上……回到家,爱玛吞吃了砒霜。她想这样一来"一切欺诈,卑鄙和折磨她的无数欲望,都和她不相干了"。包法利医生跪在她的床边,她把手放在他的头发里面,这种甜蜜的感觉,越发使医生感到难过。爱玛也感到对不起自己的丈夫。她对他说:"你是好人。"最后,她看了孩子一眼,痛苦地离开了这个世界。

爱玛的悲剧就在于她不知道文学的世界和现实的世界是两个价值体系。因为文学表现的是美,是戏剧的冲突,追求的是极端的力量,而现实生活奉为核心的价值观是平安、稳妥和屈服,总不屈服,总不醒来,人就毁了,就像包法利夫人那样。

现代心理学将这种不断追求激情体验爱情的行为视为一种疾病,因为已经"上瘾成症",所以,永远也不能完全满足,只能给自己和他人带来痛苦。

其实,婚姻生活,有点像两个人一起吃火锅,双方不断向里面加东西和调料,有的火锅到最后,汤越来越鲜美,因为两个人往里面加的都是正面的东西,可是有的火锅到最后完全不能吃了,因为加进去的更多的是负面的东西,爱情能否保质,在于两人往里面添加了什么。

世界上的爱情有很多种,不是每份爱都是惊天动地、轰轰烈烈的,即便是再轰轰烈烈、浪漫非凡的爱情,当激情退却后,剩下的也只有周而复始的平淡。当你看到相互搀扶的一对老人在夕阳下漫步,一定能闻到一种幸福的味道。其实,真正的幸福就是这样,平平淡淡的,相互依偎着,没有太多的言语,可他们脸上洋溢的微笑却是那样的幸福。

是的,两人的相守,也许没有惊天动地,亦没有如泣如诉,多数时候只是一起慢慢变老。慢慢变老,看似波澜不惊、平淡无奇,其实却是青丝白发里最浪漫的事,是寂寞岁月中的相依相伴,是回首时不温不火的慢慢倾诉。

简简单单,平平淡淡就是真

当历经沧桑,回顾人生百味时,你就会发现,原来,与你心灵贴得最近的,还是那些我们曾经并不看重的平淡与真实;原来,平平淡淡、从从容容才是真。

"好的爱情让你时刻反省自己付出得够不够多,使你不害怕老去,因为即使年华老去,你也不会失去对方。你不会担心十年后,你们的步伐不一致。因为你们携手漫步在草原上,而不是在屋檐下避雨,当雨停了,也就没必要相依下去。"针对爱情,著名作家张小娴如是说。在这个快餐文化时代,"爱得死去活来"已经成为矫情的代名词,经典的奢侈品。可是,当真正生死关头到来时,我们会发现,曾经柔软的情感瞬间会让我们变得坚强,曾经多变的情绪瞬间会让我们变得执著,曾经迷惘的未来瞬间会变得清晰可辨。而最终能够让们感到此生不枉活的,就是在平淡的岁月中的相依相守的爱情了。

有一个叫寒的女孩,结婚前,她是一个很活泼开朗的女孩,在她和现在的先生长达七年的恋爱里,两个人一直都如胶似漆。可是结婚后,当新婚的甜蜜和激情退去之后,寒发现当初被她认为是浪漫多情、细致体贴的男人却变得有些不讲道理、懒惰起来,不再为她多花心思,再加上家务的繁琐,工作的压力,两个人似乎很难再有激情的火花碰撞。说不到一起,做不到一起,矛盾、争吵、分居,甚至各自负气出走。

寒变得郁郁寡欢，每次和朋友聚会时，她总是抱怨婚姻生活就是家长里短、柴米油盐，平淡地近似无趣。

寒很困惑：难道婚姻真的就是爱情的坟墓吗？婚姻生活就真的是这样平淡无趣吗？

同为婚姻中人，相信每个人都有过和这个叫寒的女孩类似的感受和困惑，也都能理解她的抱怨。然而，婚姻的本质就是脱去热恋时华丽的包装，归于平淡而真实的生活状态，是实在在的过日子。想要获取一份长久的幸福和白头到老的浪漫，就需要用宽容和平淡的心态去对待。

也许，平淡的生活把热恋时的激情越磨越少，褪去了热恋时的甜言蜜语，淡漠了求婚时的海誓山盟，剩下的只有实实在在、简简单单的日子，还有各自真实的性格与脾气。但往往，就像那首《最浪漫的事》的歌中所唱："我能想到最浪漫的事，就是和你一起慢慢变老。"又如那首耳熟能详的老歌所唱的一样："曾经在幽幽暗暗、反反复复中追问，才知道平平淡淡、从从容容才是真。"两个人携手走过无数个简单而平淡的日子之后，才是一种相依相守的挚爱。

就像我们的父辈，甚至更老的父辈们一样，只有真正经历了世事的沧桑之后才会发现，无论多么荡气回肠的故事总要回归现实的平淡，无论多么伟大的成就都不能取代来自平淡生活的那份从容与宁静。当回顾人生百味时，才从心底有所感悟：原来，与我们心灵贴得最近的，还是那些我们曾经并不看重的平淡与真实。

有这样一对老夫妻，他们年近八旬了，在一起生活了五十多年，岁月的痕迹给他们留下来满脸的皱纹和花白的头发。但他们依然健朗矍铄，常能看到他们脸上慈祥的笑容。

每天早晨，他们都要去早市买菜。去的时候，大爷拄着拐杖，大妈拎着空篮子，两人并排而行。回来的时候，空篮子里装满了蔬菜水果，拐杖穿在篮子中央,两人抬着。大爷走在前面,大妈跟在后面。

上午,大妈拿着小凳在大树下开始择菜,大爷躺在树荫下的躺椅上,摇着扇子看着报纸。很多时候,看着看着,报纸会滑落,扇子也会停止摇动,大妈拿出薄毛巾被轻轻地搭在大爷身上。

傍晚,他们在小区里悠然而缓慢的散步。并排走着,偶尔,大爷走快了两步,停下来,回过头等着大妈赶上来,再并排一起走……

在被人问及有什么"爱情保险秘籍"时,大爷回答道:"我们是娃娃亲,不像现在的年轻人那么浪漫。我们相濡以沫才走到今天,不容易。虽然过得很平淡,但相互间的感情不在于言语之中。平平淡淡才是真嘛!"

像大爷和大妈这样相依相守、相濡以沫的老夫妻,我们在生活中一定也遇到过。可能就在你上班的路上,在你和心爱的人手牵着手散步的公园里,他们从你身旁擦肩而过,只是从不曾被你注意。

正所谓年年岁岁花相似,岁岁年年人不同。幸福的婚姻其实就是简单而平淡中的踏实,它蕴含在生活中的每一个细节之中。如同煲汤,需要温火慢慢熬炖,这样做出来的汤菜醇香而回味。能守住属于自己的一份简单而平淡的生活,就已经是一个幸福的人了。能够在一起时,便要好好惜福,不离不弃。"执子之手,与子偕老",在平淡和琐碎的日子里,保持一颗简单如初的心,与自己的另一半牵手一生。如此,眼下的每一刻对于我们来说,都将如一生般永恒。

给爱一点空间，爱要亲密有"间"

爱是需要距离的，夫妻之间不可能时刻都亲密无间，否则爱情之花就会凋谢。

佛祖对一对热恋中的男女说："如果你们想要天长地久地在一起，当你们要共进早餐的时候，不要在同一碗中分享；当你们要共享欢乐，想要饮酒小酌的时候，不要在同一杯中啜饮；其实你们就像一把琴上的两根弦，既是分开的也是分不开的；像一座神殿的两根柱子，你们既是独立的也是不独立的。"

相爱中的两个人总以为亲密无间是维持恋爱关系的最佳状态，于是巴不得两个人时时刻刻能够腻在一起，耳鬓厮磨，但是亲密过度，人在幸福之余就会感到"有点累，有点烦"，生活中的矛盾也就不断增多了。

这就如同两只刺猬相互取暖一样。靠得太近的话，身上的刺就会刺伤彼此。难怪有人说："两个人相爱，就像两只刺猬在一起取暖，靠得太远了起不到取暖的效果，靠得太近了又会因为没有自由的空间而伤害到彼此。"

有一对夫妇，每天先生上班后，身为家庭主妇的太太就一个人在家买菜、做饭、看电视、锻炼身体等，时间完全由自己安排，做一切事情都无拘无束，就连拖地板也爱哼着歌儿，夫妻感情更是深厚，互不相疑。

为了能尽量多地陪陪妻子，在设计院工作的先生忽然宣布要做 SOHU 族，把工作室搬到了家里。刚一开始，夫妻两人还很快乐地在家一起做饭、吃饭，享受美好的二人时光，但时间不久，夫妻之间就爆发了玫瑰战争。

先生开始觉得太太横看竖看都不顺眼，一会儿指责她打扫卫生的动静太大影响了他工作,一会儿又责怪她边看电视边择菜做事没个做事的样子,再不就嫌她炒的菜太咸或者太淡了。在先生的抱怨声中,太太也开始觉得和先生特别难相处。为了不影响先生的工作,她每天只好看着哑巴电视,做饭、打扫卫生更是蹑手蹑脚,不敢发出一丝声响,久而久之,她觉得生活不再有乐趣,情绪变得十分消沉。

毫无疑问,两人的生活距离近了,可是心理距离却渐行渐远了。因此,两个人无论关系再怎样亲密,也必须有一定的距离。都说距离产生美,但是夫妻之间怎样的距离才会产生美呢?这个距离其实就是我们今天要说的这个:亲密有间的这个“间”。

亲密要有“间”,并不是要你离爱人远远的,而是适当地离开一段距离,这可以让再次相处的双方激情锐增,爱情的感觉更加新鲜刺激,这样的恋爱才是生机勃勃,令人心情舒畅的。这正印证了“小别胜新婚”这句名言。

樊辉和老公同在广州上班,“朝九晚五”的他们无论在工作上还是生活上都十分规律,当对方的吃喝拉撒全部出现在视线范围之内,相处时间长了,两个人那种恋爱的感觉也就慢慢淡化了,生活矛盾也就多了起来。

这让樊辉不得不思考应该怎样给爱情保鲜,把婚姻经营下去。经过一番思索之后,她跟老公提出了一个新的出路尝试“分居”。两人一人一间房,按各自喜欢的方式摆设,共同点是两人的房间各有一张大床。

现在,他们可以随心所欲地在自己的房间里做喜欢的事情,想念对方时就在自己或者对方的床上“浪漫”,热烈的翻云覆雨过后,两人互道一声“晚安”,然后回各自的房间睡觉。如今两人结婚已经一年多,仍然觉得跟恋爱时的感觉一样。

因此,真心相爱的两个人就不必非要时时刻刻黏在一起,要给彼此独立的空间和时间。谁也不束缚谁,到头来仍然是谁也离不开谁,关系拉得开,但又扯不断,这才是完美的距离,完美的恋爱关系。

多给爱人一些宽容，婚姻会更美好

懂得"舍得"，对待自己的爱人，多一些宽容，少一些计较，多一些善解人意，少一些睚眦必报，这才是正确对待一段感情的态度。如此，才会拥有快乐幸福的婚姻，美满如意的生活。

在生活中，我们对普通朋友或是陌生人都能够以宽广的胸怀宽恕别人的过错，然而对自己的爱人我们却要求严格，哪怕有一点小错，也会激起轩然大波，或许这就是爱之深责之切，越是在我们亲近的人面前，我们就越不能控制自己吧。

在现实生活中，我们经常能够看到一些女人为男人的过错动怒，有的因为爱人回家抽烟而吵架；有的因为爱人挖鼻孔吵架；有的因为爱人不会收拾屋子吵架；有的因为爱人上床没有洗脚吵架等，闹得天翻地覆，使家庭陷入痛苦的深渊，甚至走上离婚之路。

方方和丈夫经营着一家物流公司，丈夫好交友讲义气，且能说会道，经营有方，生意做得不错。但他有一个令方方不能容忍的缺点，就是喜欢喝点小酒，且不胜酒力每饮必醉，两人为此经常闹矛盾。

这天，方方去邮局办事情，丈夫说好在家做晚饭。可是，方方晚上六点多回到家一看，还是冷锅冷灶，也不见丈夫的影子，打手机去问，说是有一个朋友约他吃饭。方方气不打一处来，气愤地挂了电话。

十点左右时，丈夫回来了，喝得有点醉，身上一股酒味。方方看见丈夫进门就骂上了，"你就知道喝酒，为什么不喝死在外面？"丈夫一听也火了，推了方方一把。这一推无异于火上浇油，方方扑向丈夫，与丈夫扭打在一起……

结果,丈夫的脸被抓的鲜血淋漓,方方的腰也扭伤了。后来,两人闹起了离婚,虽然在朋友的劝解下,这场战争好不容易化解了,但是战争的硝烟仍然弥漫在二人的周围,婚姻没有幸福感可言。

俗话说:"夫妻没有隔夜仇,半夜三更睡一头。"就算是犯了再大的错误,夫妻之间也应该懂得宽容、原谅对方。朋友方方就是因为不能对自己的爱人宽容一点,最终导致了一场夫妻大战,婚姻走向崩溃的边缘。

其实,生活中难免会有一些磕磕碰碰,夫妻之间没有什么大不了的事情,也没有什么深仇大恨,又何必因为一点小事情而耿耿于怀,总是生活在不愉快的争吵之中,伤害夫妻之间的感情呢?

爱一个人不是看给他多少爱而是看给他多少宽容,我们在爱他优点的同时,也要包容他的缺点。我们已经拥有了爱人的现在,那么就应该以宽广的胸怀包容他的过去,这样你手里的感情才是美好的。

善解人意的罗莉,有着一个温文尔雅的丈夫,还有一个漂亮可爱的女儿,三人在一起过着安宁幸福的日子。但是,细心的罗莉发现最近丈夫有些心不在焉,看自己时眼光也躲躲闪闪,敏感的罗莉意识到自己的婚姻出现了问题。

一天,罗莉洗衣服时,在丈夫的上衣兜里无意发现了一封信,信是一个女人写来的:"几年过去了,我很后悔当初和你分手,这几年我根本无法爱上别人,你在我心中的地位,没有人可以取代,现在我觉得两人距离再远也没有问题,我不管你有没有结婚,我要去找你……"落款为丽。

通过和丈夫的好朋友打听,罗莉了解到丈夫在大学里曾经和这个叫丽的女孩有过一段刻骨铭心的恋情,两人曾是大学里令人羡慕的一对,很多同学都以为他们会喜结连理,但毕业后两人无法在同一个城市工作,丽终因为地理原因,提出了分手。

知道了丈夫的这些秘密之后,罗莉伤心地哭了,去责骂丈夫吗?可是她

明明看到了丈夫的矛盾和挣扎。该去咒骂丽吗?她爱了老公这么久,一直未嫁也挺感人的,或许她根本不知道丈夫现在结婚了,而且过得很幸福。再三思虑后,罗莉没有吵,也没有闹,反而对丈夫比以前更加体贴,更加温柔。

几天后,当罗莉下班回到家时,看到了找上门的丽。她没有冷待丽,而是热情招待,为她准备了一桌丰盛的晚餐,席间还对她嘘寒问暖,谈自己现在幸福的家庭。饭后,罗莉还借口要带女儿出去散步,给这对旧恋人单独在一起的机会,去处理他们之间留下来的感情。

望着妻子疲倦的面容,想起妻子平日的种种,丈夫感动了,他对待丽始终像一个老朋友,还不时夸赞罗莉几句。丽知道了旧恋人的心意,告别时,她真诚地说:"我祝福你,你有一个好妻子。"

面对丈夫昔日的恋人,罗莉表现出了宽容、理解的态度,不但没有使他们的家庭受到任何的影响,反而让丈夫进一步认识了她,更感激她,他们的夫妻关系进一步得到了升华。她实在是一位聪明的女性。

其实,夫妻生活并不像谈恋爱时那么甜甜蜜蜜,那么轰轰烈烈,一切都归于生活的油盐米醋茶,有时候就是需要我们对彼此拿出一点宽容和理解,不要为一些小事而斤斤计较,不要因为一时的愤怒而争吵。

人生是一场苦旅,需要我们跋涉,能够与你相携相伴,共度风雨的人,只能是一个。也许你们在携手之前,有过一段刻骨铭心的爱恋,这样的婚姻理应倍加珍惜,彼此都要时刻怀着一颗真诚的、温柔的、满怀感激的心,与对方共同耕耘家庭与事业,共同分享欢乐与成功,共同承担困难与不幸;也许你们是没有爱情的婚姻,甚至是一场错误的婚姻,但是既然最终选择了对方,你就有责任有义务去承担由此带来的痛苦、寂寞和失落。要时刻怀着一颗宽容的、信任的、互相理解的心去接纳对方,多想想对方的好处和优点,多承担一份家庭的责任。随着时间流逝岁月蹉跎,当你们共同走到白发苍苍的暮年,蓦然回首,原来,人类的婚姻就是在宽容、理解和共同承担的过程中才得以一个圆满的结局。那就亮出自己的双肩去替对方承担吧!

这一切,都只因为爱,因为"我爱你"!

多看伴侣的优点,不如意自然就会减少

人无完人,不要总期待别人变得很完美,也不要总是盯着他人的缺点不放,更不要拿自己的另一半和别人比。如何看待自己的另一半,全在于你的一念之间。如果你能多看看对方美好的一面,生活自然就会变得和谐而又美好。

俗话说:"牙齿与舌头也难免会有打架的时候。"这话一点也不假,在平凡的日子里,夫妻之间难免也有磕磕碰碰的时候。所以我们对待伴侣除了充满爱意,满怀信任之外,我们还要学会宽容,多看伴侣的优点,少看伴侣的缺点,烦心的事情自然会减少。若总是只抓住对方的缺点斤斤计较的话,怎么可能幸福一生白头偕老呢?

有一个女人,总感觉她的婚姻不幸福,感觉自己嫁错了人。原因是她现在的丈夫每天都特别忙,经常要加班,所以没有时间做家务。就算某一天没有加班,在家的时候家务也是一根手指头都不碰。于是,她就向我的朋友也是她的朋友抱怨说,她的前男友干家务怎么怎么样,完全不用她操心,每天家里都是窗明几净的。朋友就问她,那你为什么不嫁给前男友呢?她说前男友窝囊,每天都待在家里,赚不到钱,木讷寡言,一点都不浪漫。

像这种心态,恐怕不管嫁给谁都不会觉得幸福。人无完人,不管多么好的人,也会在这里那里有一些不足,当激情过去的时候,缺点往往就会暴露出来。如果你只注意这些缺点的话,每个男人看上去都很糟糕,干脆不要结

婚算了。如果例子中的这个女人可以看到她丈夫精明能干，懂得浪漫的优点，她的婚姻会很幸福；如果她可以多注意她前男友忠厚老实，体贴顾家的优点，恐怕也轮不到跟她现在的丈夫结婚。

多看伴侣的优点，你会觉得生活中会少了许多的不如意。当你回家看见他躺在家中，全然不顾环境一片狼藉的时候，请不要生气，请看见他还像二个大孩子一样纯真可爱，请叫他起来跟你一起打扫卫生。当你跟别人因为一点小事发生冲突而他没有帮你去指责别人的时候，请不要生气，请看见他忠厚老实的一面，而不要指责他胆小懦弱。当他不肯为工作的门路去给领导送礼的时候，请看见他公平正直的一面，不要指责他不懂变通。这样你会觉得身边的伴侣其实如此的可爱，你会觉得对他少了很多不满意，对生活少了很多的不满意。

陈小姐的婚姻很幸福，但是大家常常会纳闷她的丈夫赚钱也不是特别多，又不是每天包揽所有的家务，又不是很幽默风趣，为什么陈小姐会觉得那么幸福呢？大家问起陈小姐的时候，陈小姐说："现在男人有钱就学坏，他赚钱少，正好学不坏啊。家务是两个人的事情，凭什么叫他一个人干呢？我们两个一起干正好体现男女平等嘛。只有喜剧演员才每天都表现的那么幽默的，你们可不知道，他偶尔坏起来一次，笑死人了。"

很显然，陈小姐幸福的秘诀是因为她总是能看到自己伴侣的优点，在她的眼中，她的丈夫总是那么优秀，她还有什么不满意呢？多看伴侣的优点，会让我们很容易感到幸福。每天盯着伴侣的缺点，只会让我们越来越不如意，越来越不快乐。很多时候，我们看问题的角度决定了我们所看到的东西。其实你的伴侣往往并没有那么多的缺点，但是你心情烦躁的时候，往往会感觉对方很糟糕，如果我们换个角度来看伴侣呢？哪怕是真的缺点恐怕也会觉得特别的可爱并且与众不同吧。当你看伴侣不如意的时候，不妨换个角度试试，你会发现其实他的优点很多很多，而你却一直没有发现。

人人都说相爱容易相处难,相爱的时候我们看到的往往只是对方的优点,而到相处的时候就会看到对方不尽如人意的地方,如果我们在相处过程中只会放大伴侣的缺点而忽略了他的优点的话,只会让家庭产生越来越多的不如意。人无完人,但如何看待自己的另一半,全在于你的一念之间。多看看他(她)美好的一面,不如意自然就会减少。

用理智的爱来构建和谐幸福的家庭

婚姻的本质不是激情,而是平淡。在婚姻生活中,最重要的不是恋爱时的相互迷恋,而是会爱,有理智地去爱,因为只有有理智的爱才是可贵的,也只有这样的爱,才能构建一个和谐幸福的家庭。

身处一个压力无处不在的社会,倘若家庭生活也存在压力,那我们的职业生活压力就会更大;相反,幸福的家庭生活、与丈夫、妻子或孩子之间存在的相濡以沫、亲密无间的关系对我们抵抗压力的能力会产生重大影响。因为被家人和朋友关爱,需要和赞扬有助于恢复被白天事件所打击的自我形象,使我们能享受到温馨、安全的生活,还能证明他人与我们存在共识、关心我们的疾苦,我们不是孤立无援的。

既然家庭的幸福和谐对我们来说如此重要,我们如何创建幸福和谐家庭呢?下面的这个例子也许能让我们从中获得一些启示。

一天晚上,有位不知如何获得幸福的妇人做了一个梦,她梦见自己从屋子里走到了屋外,看见前院坐着三位留着长白胡须的老人。她并不认识他们,于是说:"我想我并不认识你们,不过如果你们饿了,请进来吃点东西吧!"

"家里的男主人在吗?"老人们问。"在,"妇人说:"他正在睡觉。"

"那就等他醒了我们再进去吧!"

妇人只好折了回去,将正在熟睡的丈夫摇醒,把事情的经过告诉了他。

"去告诉他们我醒了,并邀请他们进来!"她丈夫听后说道。

于是,妇人走出去邀请三位老人进屋。

"我们不可以一起进入一个房屋内。"老人们回答说。

"为什么呢?"妇人不解地问道。

其中一位老人指着他的一位朋友解释说:"他的名字是财富。"然后又指着另外一位说:"他是成功,而我是爱。"接着又补充说:"你现在进去跟你丈夫讨论看看,要我们其中的哪一位到你们的家里。"妇人进去告诉她丈夫刚刚谈话的内容。她丈夫非常高兴地说:"原来是这么一回事啊!那就让我们邀请财富进来!"

妇人并不同意,说道:"亲爱的,我们何不邀请成功进来呢?"

他们的儿媳妇在屋内的另一个角落聆听他们淡话,并插进自己的建议:"我们邀请爱进来不是更好吗?"

丈夫对其太太讲:"就让我们照着儿媳妇的意见吧!快去请爱来做客。"

妇人到屋外问那三位老者:"请问哪位是爱?"

爱起身朝屋子走去。另外二者也跟着他一起。

妇人惊讶地问财富和成功:"我只邀请爱,怎么连你们也一道来了呢?"

这时,老者齐声回答道:"如果你邀请的是财富或成功,另外二人都不会跟进,而你邀请爱的话,那么无论爱走到哪,我们都会跟随。因为哪儿有爱,哪儿就有财富和成功。"

由此看来,用爱来构建家庭,当你的家中充满爱时,财富和成功也会相伴而来,于是,幸福也就会不期而至。

在美国有一对恩爱的夫妇,然而他们却很贫穷。

这个家庭的主妇为了节省,不得不"每次一个、两个向杂货铺、菜贩和肉店老板那儿死乞白赖地硬扣下来"。尽管如此,到圣诞前夕全家只剩下一块八毛七分钱。深爱丈夫的主妇德拉把这钱数了三遍,然后她开始哭泣。因为这些钱无法为丈夫购得一件称心的"圣诞礼物"。无奈之下,她想到了一个办法——卖掉她那头美丽的长发。

然而丈夫吉姆却非常喜爱妻子这头美丽的褐发。因为那"美丽的头发披散在身上,像一股褐色的小瀑布,奔泻闪亮"。他深知爱妻为了装扮头发对百老汇路上一家商店橱窗里陈列的玳瑁发梳渴望已久。但是他同样没有在圣诞节来临之前赚到足够的钱。怎么办?为了给爱妻赠送玳瑁发梳作为"圣诞礼物",吉姆忍痛卖掉了三代祖传的金表。

德拉的美发和吉姆的金表,是这个贫穷家庭中唯一引以为自豪的珍贵财产。为了对爱人表示深挚的爱,他们在圣诞之夜失去了这两件最珍贵的财产,换来了已无金表与之匹配的表链和已无美发借之装扮的发梳。金表和美发,对这个每星期只收入20块钱的家庭来说是一笔不可复得的巨大财富。

结果自然不言而喻。他们各自得到的礼物已经派不上用场,他们熬费苦心换来的只是苦涩与悲伤。但是,夫妻二人的感情更加深厚了,他们更能坦然面对严峻、贫困的生活了,他们并没有失去生活的信念,他们是自信而幸福的。

想必大家都已知道,这就是欧·亨利最著名的小说《麦琪的礼物》。在那个唯金钱万能的社会中,他们的礼物不能算作是智慧的"麦琪的礼物"。因为一个剪掉了头发,换来了一块表链;一个卖掉了金表,买了一套发梳,互赠的礼物都变成了最无用的东西。但是,他们却得到了世界上最珍贵的爱,在爱情与财富的矛盾中他们为了前者牺牲了后者。所以,作家在小说末尾留下了一段意味深长的话:"让我们对目前一般聪明人说最后一句话,在所有馈赠礼物的人当中,他们两个是最聪明的……他们就是麦琪。"

是的,有爱就有幸福,用爱安守我们的"财富",让平淡的岁月在爱中闪

闪发光，正如那首歌里所唱的一样："因为我们是一家人，相亲相爱的一家人，有福就该同享，有难必然同当，用相知相守换地久天长，我喜欢一回家就把乱糟糟的心情都忘掉，我喜欢一起床就带给大家微笑的脸庞……"让我们记住这首歌，让我们拥有它所说的幸福，用理智的爱构建我们的幸福家庭。